项目资助

全国教育专业学位研究生教育指导委员会教育硕士专业学位案例库建设项目成果（项目编号:202215331）

吉林省社会科学基金项目《基于案例教学的全日制教育硕士人才培养模式研究》成果（项目编号：2019B105）

借鉴与重构

教师教育案例课程开发研究

冯茹 ◎ 著

中国社会科学出版社

图书在版编目（CIP）数据

借鉴与重构：教师教育案例课程开发研究 / 冯茹著.
北京：中国社会科学出版社，2024.11. -- ISBN 978-7-5227-4247-2

Ⅰ. G652

中国国家版本馆 CIP 数据核字第 2024G8K658 号

出 版 人	赵剑英	
责任编辑	赵　丽	
责任校对	王佳玉	
责任印制	郝美娜	

出　　版	中国社会科学出版社	
社　　址	北京鼓楼西大街甲 158 号	
邮　　编	100720	
网　　址	http://www.csspw.cn	
发 行 部	010-84083685	
门 市 部	010-84029450	
经　　销	新华书店及其他书店	

印　　刷	北京明恒达印务有限公司	
装　　订	廊坊市广阳区广增装订厂	
版　　次	2024 年 11 月第 1 版	
印　　次	2024 年 11 月第 1 次印刷	

开　　本	710×1000　1/16	
印　　张	16.25	
字　　数	258 千字	
定　　价	98.00 元	

凡购买中国社会科学出版社图书，如有质量问题请与本社营销中心联系调换
电话：010-84083683

版权所有　侵权必究

序　言

20世纪20年代以来，案例教学在实践取向的人才培养专业课程与教学改革中备受重视，作为一种凸显理论与实践结合的教学方式，广泛运用于法学、医学和管理学，其教学效果得到普遍肯定，成为越来越多的本科生和研究生专业教学改革模式。进入21世纪，中国高等教育事业快速发展，大学本科和研究生教育专业设置和招生数量逐年增加，应用型专业设置和人才培养迅速拓展。2009年，教育部决定扩大招收以应届本科毕业生为主的全日制硕士专业学位研究生，旨在培养具有硕士学位的高层次中小学教师。这类应用型人才培养的课程设置和教学方式，与以往以科学研究为主的研究型人才培养具有很大区别。然而，多年形成的学术型研究生培养模式，囿于先理论后实践的前提假设，分科设置的学位课程传递的结构化知识无法与真实教育场景所运用的缄默性、情境性知识相对接，使得教育硕士培养效果不理想，难以满足培养目标的要求。实施案例教学成为此类应用型人才培养的关键措施，旨在使学习者在学习期间将理论与实践更好结合。为此，教育部等部委联合发布文件，强调加强案例教学是强化专业学位研究生实践能力培养、推进教学改革、促进教学与实践有机融合的重要途径，是推动专业学位研究生培养模式改革的重要手段。

冯茹博士在攻读博士学位期间，敏锐捕捉到案例教学的关键在于开发实用的教育教学案例这一研究主题，以"面向教育硕士的教学案例开发研究"为题进行深入研究。在全面梳理国内外案例教学和教学案例相关理论与研究成果基础上，对教学案例开发的核心问题进行理论分析与实践探索。厘清教学案例开发、教学案例与案例教学三者之间的联动关系，结合教育硕士研究生培养实际，建构教学案例开发的理论框架；厘清教学案例开发的本体论、知识论和方法论三层逻辑理路；构建了教学案例开发的四模块循环实践模型和教学案例开发质量评估的基本思路，并针对小学教育领域语文、数学两个学科，以及小学教育活动类教学案例进行详细剖析，完成具有较高质量的博士学位论文。

《借鉴与重构：教师教育案例课程开发研究》一书是冯茹博士在其博士论文基础上修改完善而成，是一部专门探讨面向教师教育案例课程开发的学术专著。此书体现如下特点。

首先，研究领域的独特性。目前，有关于案例研究的著作主要集聚于工商管理等领域，如以哈佛大学和毅伟商学院为主的案例写作与案例教学实施研究，多聚焦于管理领域经典案例剖析。教师教育案例开发的理论与实践研究散见于教师教育类图书的个别章节和论文之中，缺少系统的研究。本书立足中国本土，系统探讨教师教育案例课程的本体问题、案例课程开发的理论基础，以及如何超越技术理性开发案例课程等问题，为教师教育案例课程开发提供理论框架和实践模型，对提高教师教育类案例教学质量，特别是提高教育硕士培养质量提供重要参考。

其次，研究视角的针对性。作者依据课程开发理论研究教师教育领域案例开发问题，聚焦教师教育案例课程本质研究、案例课程逻辑理路构建和案例课程开发技术研究，不仅融合了管理学、法学和医学领域案例教学研究成果，而且构建了案例开发的课程话语和理论规范。此书对案例课程开发理论的构建，有助于从基础上、内容上、技术上保证案例课程研究的方向性、科学性和规范性，有助于推动教师教育课程与教学改革，提升教师教育质量。

最后，研究思路的实用性。此书不拘泥于技术理性主义，而是将案例课程研究视作集静态的内在剖析和动态的外在组织为一体的系统工程，从本体论、知识论和方法论构建教师教育案例课程的理论基础，展示并剖析不同类型的教师教育案例课程样例，便于师范院校教师和学生、中小学一线教师和基础教育研究人员，更深刻地理解、开发和运用案例课程，进而助推我国教师教育从知识观、教学观、师生观，到具体课堂组织形式、教学手段的系统变革。

本书不仅为教师教育类专业课程的建设者提供借鉴，也为广大教师教育实践者提供研究的理论框架和实践模型。相信本书的出版对于推进教师教育专业学位课程与教学建设,特别是教育专业学位人才培养质量的提升能够作出贡献。

2023 年夏 于东北师范大学

目　录

导　论 ………………………………………………………………（1）

第一章　何为案例教学 ………………………………………（34）
　　第一节　案例教学的历史变迁 ……………………………（34）
　　第二节　案例教学的理论识读 ……………………………（40）
　　第三节　案例教学的实践探索 ……………………………（51）

第二章　何为教学案例 ………………………………………（63）
　　第一节　案例与教学的关系定位 …………………………（63）
　　第二节　教学案例的理论识读 ……………………………（66）
　　第三节　教学案例的实践探索 ……………………………（78）
　　第四节　文献总结 …………………………………………（86）

第三章　案例课程开发走向"知性方法" ……………………（91）
　　第一节　研究话语的转换 …………………………………（91）
　　第二节　研究范式的转换 …………………………………（92）
　　第三节　研究角色的转换 …………………………………（94）

第四章　教师教育案例课程开发需求分析 …………………（96）
　　第一节　案例课程的理解状况 ……………………………（97）
　　第二节　案例课程的实施状况 ……………………………（100）

  第三节 案例课程的差异分析 …………………………………（106）
  第四节 案例课程的影响因素 …………………………………（117）

第五章 教师教育案例课程开发理论基础 ……………………（122）
  第一节 案例课程开发的本体论 ………………………………（122）
  第二节 案例课程开发的知识论 ………………………………（129）
  第三节 案例课程开发的方法论 ………………………………（137）

第六章 教师教育案例课程开发要素组织 ……………………（155）
  第一节 案例课程标准——寻求共识 …………………………（155）
  第二节 案例课程主题——回归理论 …………………………（161）
  第三节 案例课程素材——实地研究 …………………………（184）
  第四节 案例课程文本——加工写作 …………………………（188）
  第五节 案例课程生成——过程演示 …………………………（191）

第七章 教师教育案例课程样例评析 …………………………（199）
  第一节 小学语文学科教学类案例评析 …………………………（199）
  第二节 小学数学学科教学类案例课程评析 ……………………（207）
  第三节 教育活动类案例课程评析 ………………………………（213）

第八章 结论、建议与反思 ………………………………………（219）
  第一节 研究结论 …………………………………………………（219）
  第二节 研究建议 …………………………………………………（224）
  第三节 反思与展望 ………………………………………………（229）

附 录 ………………………………………………………………（231）
  附录1 教育硕士案例教学现状调查问卷 ……………………（231）
  附录2 教育管理类教学案例基本结构 ………………………（236）
  附录3 学科教学类教学案例基本结构 ………………………（237）

附录4 《班级管理》教学案例访谈原始素材 …………………（239）

参考文献 ……………………………………………………（245）

后　记 ……………………………………………………（251）

导　论

　　20世纪20年代以来，案例教学作为一种能够有效融合理论与实践的教学方式，被商业、法律和医学领域所青睐，尤其被广泛运用于MBA教学。但案例教学在教师教育领域一直未得到应有的重视，直到20世纪80年代，舒尔曼首次提出案例知识是一种潜在的可以被编码化的、传达实践智慧的知识主体，与从教育研究中提取的原则性知识一样。至此，教师教育领域开始关注案例教学，将案例教学作为教师教育的重要手段加以应用与研究。近年来，中国教师教育领域也在积极引入、学习和研究案例教学，探索案例教学的取向和路径问题，试图建构和发展一种适宜教师培养的案例教学范式。

一　研究背景

　　随着社会经济的发展和基础教育改革的深入，中国对高层次应用型人才的需求越来越强烈，基础教育对具有较强教育教学实践能力的高学历教师的需求也越来越迫切。教育硕士专业学位研究生教育作为培养高层次、专业化基础教育教师的重要途径，如何体现教育硕士培养的实践导向、推动教育硕士培养从量的扩张转向质的提升，成为教育硕士专业学位研究生教育面临的重要议题。基于此问题，教育部等部委强调要加强案例教学和案例库建设，将加强案例教学作为强化专业学位研究生实践能力培养，推动专业学位研究生培养模式改革的重要手段。

　　（一）全日制教育硕士培养：中国教师教育的标志性变革

　　专业学位教育作为培养应用型高层次专门人才的重要途径，是中国学位与研究生教育的重要组成部分。20世纪80年代末，为改变中国学位规格过于单一的局面，推动学位与研究生教育的结构调整，加速培养实际工作部门所需的复合型、应用型高层次专门人才，中国决定调整研究生学位类型。1991年3月，国务院学位委员会第九次会议通过《关于设置和试办工商管理硕士学位的几点意见》，审批了中国第一个专业学位——工商管理硕士。这标志着中国专业学位的确立，是专业学位研究生教育的正式开端。

1996年4月，国务院学位委员会第十四次会议审议通过了《关于设置和试办教育硕士专业学位的报告》。报告指出："教育硕士专业学位是具有特定教育职业背景的专业性学位，主要培养面向基础教育及其管理工作需要的高层次人才。它与现行的教育学硕士在学位上处于同一层次，但规格不同，各有侧重。教育硕士专业学位分设学科教学和教育管理两个培养方向。招收对象为大学本科毕业，具有三年以上第一线教学经历的基础教育的专任教师和管理人员。"[①]

同年6月，国务院学位委员会办公室、国家教委研究生工作办公室下发《关于开展教育硕士专业学位试点工作的通知》。1997年9月，第一批教育硕士专业学位研究生入学，开启了教育专业学位研究生教育在中国的发展历史。

2009年，教育部进行学位制度改革，转变研究生培养理念，全日制专业硕士开始面向应届本科生招生，以培养经济社会发展急需的应用型人才。2009年3月，《教育部关于做好全日制硕士专业学位研究生培养工作的若干意见》（教研〔2009〕1号）指出："我部决定自2009年起，扩大招收以应届本科毕业生为主的全日制硕士专业学位范围。开展全日制硕士专业学位研究生教育要充分认识到专业学位人才培养与学术性学位人才培养是高层次人才培养的两个重要方面，在高等院校人才培养工作中，具有同等重要的地位和作用。"[②] 2009年5月，《关于全日制硕士专业学位研究生指导性培养方案的通知》（学位办〔2009〕23号）中列出

---

① 教育部：《关于设置和试办教育硕士专业学位的报告》（http://www.moe.gov.cn/srcsite/A22/s7065/199807/t19980701_162249.html，1996-04-30.）。

② 教育部：《教育部关于做好全日制硕士专业学位研究生培养工作的若干意见》（http://www.moe.gov.cn/srcsite/A22/moe_826/200903/t20090319_82629.html，2009-03-19.）。

《全日制教育硕士专业学位研究生指导性培养方案》，将全日制教育硕士人才培养目标确定为"掌握现代教育理论、具有较强的教育教学实践和研究能力的高素质的中小学教师"。①

始于2009年的全日制教育硕士培养，是中国教师教育历史变革的标志性事件。教育硕士的培养对象从有三年教学实践经验的一线教师转向毫无教学实践经验的应届本科毕业生，这标志着应届普通文理学士起点、专业硕士水平教师教育在中国的开始，意味着将从大学的课堂里走出专业硕士水平的基础教育教师。这同时意味着，他们将在大学里接受与这样的专业要求相适应的教师专业教育，这样的教师专业教育应当与本科师范教育、在职教育硕士培养、学术型教育硕士培养有明显的区分和鲜明的特定指向。②

（二）应用型人才培养：中国教育专业学位研究生教育的短板

中国发展专业学位的初衷是完善学位制度，加速培养经济建设和社会发展所需要的高层次应用型专业人才。全日制教育硕士作为国家专业学位研究生教育的重要类型，其培养目标定位于培养具有良好的知识结构和扎实的专业基础，具有较强的实践能力，胜任并创造性地开展教育教学和管理工作的高素质的基础教育学校和中等职业技术学校专任教师及管理人员。应用型人才培养是教育硕士专业学位研究生教育应有的内涵。2009年3月，《教育部关于做好全日制硕士专业学位研究生培养工作的若干意见》（教研〔2009〕1号）中明确提出对培养过程实践环节的要求："专业实践是重要的教学环节，充分的、高质量的专业实践是专业学位教育的重要保证。专业学位研究生在学期间，必须保证不少于半年的实践教学，可采用集中实践与分段实践相结合的方式；应届本科毕业生的实践教学时间原则上不少于1年。"③ 作为一种与以往学术型学位具有

---

① 全国教育专业学位研究生教育指导委员会：《关于公布〈教育硕士专业学位研究生指导性培养方案（2023年修订版）〉的通知》（https：//edm.eduwest.com/viewnews.jsp? id = 1390，2023 - 08 - 05.）。

② 宁虹、赖力敏：《"零距离"教师教育——全日制教育专业硕士培养的探索》，《教育研究》2015年第1期。

③ 教育部：《教育部关于做好全日制硕士专业学位研究生培养工作的若干意见》（http：//www.moe.gov.cn/srcsite/A22/moe_826/200903/t20090319_82629.html，2009 - 03 - 19.）。

不同培养规格的学位类型，全日制教育硕士在教育内容、培养模式、质量标准等方面更注重职业性、实践性和应用性。

由于国家对全日制教育硕士本科专业并无限制和要求，考生专业来源多样，尤其非师范专业的应届本科毕业生既没有接受过系统的教育类课程学习，也没有接受过专业的教学实践训练，更缺乏必要的从业经验。招生对象的现状为培养应用型的未来中小学教师带来困难。目前，中国全日制教育硕士专业学位研究生培养普遍存在的问题是：第一，价值取向重学术轻专业。全日制教育硕士专业学位虽有别于学术性学位，但作为专业学位的一种类型，它仍是研究生教育的组成部分，学术性是其内蕴的应有之义。但就其本质而言，全日制教育硕士专业学位是具有特定教育职业背景的专业性学位，主要培养高素质的中小学专任教师。因此，全日制教育硕士专业学位应该是学术性与专业性的结合，是一种以学术为基础，专业为核心，职业为导向的学位类型。[①] 但在当前全日制教育硕士专业学位教育中，沿袭以往，在培养目标的理解、课程设置、培养方式等方面表现出与学术性教育硕士培养的同质性，使专业学位沦为学术学位的"衍生物"，丧失了专业学位教育的个性与特色。第二，课程设置重知识轻方法。受传统学位课程学术性倾向的影响，全日制教育硕士培养方案中理论课程设置比重较高。培养方案要求的36学分中，教学实践仅占8学分，学位基础课占12学分，而且理论课程简单移植学术型研究生的课程，以理论知识为主，空泛的思辨内容较多，实用的技术方法内容少，与基础教育实际需求和一线教师素质要求相疏离，没有突出课程的应用性特色。第三，教学方式重理论轻实践。目前，全日制教育硕士教学仍习惯沿用师范类本科生的"理论运用模式"，即先在大学学习理论知识，然后将大学所学理论运用于中小学教育实践。这种教学方式以教师课堂讲授为中心，以理论为中心，而以实际问题为中心、师生互动、案例教学、专题研讨等教学方式明显滞后，课堂上没有充足的实践课时保证学生的教学实践。且教育硕士专业学位研究生的指导教师往往由学术型指导教师兼任，大部分指导教师的研究旨趣集中在学术研究上，对

---

① 王磊：《迷失·定位·重构——全日制教育硕士专业学位研究生教育之省思》，《国家教育行政学院学报》2014年第7期。

中小学教育实践关注较少,对学生教学实践过程缺乏有效指导和评价,使教育硕士的培养偏离实践型、应用型人才培养目标。

(三) 案例教学:教育硕士培养的重要途径

2013年3月,中国三部委(教育部、国家发展改革委、财政部)《关于深化研究生教育改革的意见》(教研〔2013〕1号)在加强课程建设方面明确指出:"构建符合专业学位特点的课程体系,改革教学内容和方式,加强案例教学,探索不同形式的实践教学。"[1] 同年11月,教育部和人力资源社会保障部在《关于深入推进专业学位研究生培养模式改革的意见》(教研〔2013〕3号)中指出:"加强案例教学、模拟训练等教学方法的运用。案例教学、实践基地建设等改革试点成效作为专业学位授权点定期评估的重要内容。建设案例库、定期开展教学研讨等工作,推动专业学位研究生案例库建设。"[2] 2015年5月,《教育部关于加强专业学位研究生案例教学和联合培养基地建设的意见》(教研〔2015〕1号)中指出:"加强案例教学,是强化专业学位研究生实践能力培养,推进教学改革,促进教学与实践有机融合的重要途径,是推动专业学位研究生培养模式改革的重要手段。要重视案例编写,提高案例质量,积极开展案例教学,创新教学模式,加强师资培训与交流,开展案例教学研究。"[3]

教育硕士专业学位培养的是高素质的中小学专任教师,不仅要具备良好的专业知识,更要具备较强的实践能力,学习理论知识与培养实践能力二者的融合成为教育硕士培养的关键。案例教学的优势在于能为教育硕士提供近乎真实的学习场景,大幅缩短理论学习与教育实践之间的距离。当案例描述一位教师面临的问题情境、各种可能采取的办法和处理问题的结果时,教育硕士将该教师的行为视作一种实践反思的契机,一种将来行动的前例,这种前例可以被归纳成一种定理,一种更大、更

---

[1] 教育部、国家发展改革委、财政部:《关于深化研究生教育改革的意见》(http://www.moe.gov.cn/srcsite/A22/s7065/201304/t20130419_154118.html,2013-03-29.)。

[2] 教育部、人力资源社会保障部:《关于深入推进专业学位研究生培养模式改革的意见》(http://www.moe.gov.cn/srcsite/A22/moe_826/201311/t20131113_159870.html,2013-11-04.)。

[3] 教育部:《关于加强专业学位研究生案例教学和联合培养基地建设的意见》(http://www.moe.gov.cn/srcsite/A22/moe_826/201505/t20150511_189480.html,2015-05-07.)。

宽泛的教学实践原理。教育硕士通过阅读、讨论、分析案例，站在一线教师的角度分析教材，了解学科知识的表征方式与策略，进一步理解学生的认知方式和思维特点，将学科知识、学生知识、教学知识有机融合，学会"像教师一样思维"，逐渐形成教学判断和分析能力。案例教学以鲜明的实践性和研究性，成为促进教育硕士课程内容理论与实践融合的重要载体。

（四）教学案例开发：案例教学实施的首要问题

美国对教师教育中案例教学法应用的研究，始于20世纪80年代中期。1986年，美国学者舒尔曼在美国教育研究协会年会的重要演讲中发出要发展关于教学的案例知识的呼吁。此后，一些研究者和实践者开始把案例作为教师教育的工具进行描述、应用及研究。中国在20世纪50—60年代，有一些教育理论工作者从中小学优秀教师的教学经验中提炼出一些典型实例，用以说明某种教学观点或教学方法，但没有专门的案例开发与案例教学研究。

案例教学的发展历史表明：是否有合适的案例，与案例教学成败关系重大。根据梅赛斯对美国案例教学的发展史所做的研究得知，花费大量的工作来开发教学案例是案例教学在商业领域取得成功的重要原因。哈佛商业管理学院院长多纳姆在商业教育领域中推行案例教学法时也指出，没有适当的材料就不能实施案例教学法。他认为确保案例教学成功的因素有二：一是搜集高品质的教学材料；二是鼓励教授精通案例教学法。[1]目前，案例教学在中国专业学位教育领域正在被提倡和兴起。案例教学的逻辑延伸线上必然包括案例开发、案例教学、案例研究三个部分，三者互为条件，相互制约，没有案例研发，就没有案例教学及其研究；案例研究与案例开发和案例教学相伴而生，使之从认知到操作技术不断透彻、修正和完善。[2]反观目前中国教育硕士培养中的案例开发、案例教学和案例研究情况，发现缺乏适当的教学案例是制约案例教学的首要问

---

[1] 高熏芳：《师资培育：案例教学的发展与应用策略》，九州出版社2006年版，第6—7页。

[2] 张东娇：《比较视野中的中国"案例教学"——基于毅伟商学院案例教学经验的分析》，《比较教育研究》2016年第11期。

题：第一，对教学案例的理解模糊。现有研究成果的重复性较高，普遍未澄清案例及案例教学的概念、将案例混同于事例，对案例与案例教学的关系认识不清，对案例与课程的关系认识不清等。[①] 第二，教学案例开发主体单一。按照美国 MBA 案例开发经验和教育行业特点，以专业人员为开发主体，由一线教师提供素材所开发的案例最能将理论与实践较好地结合起来。而中国目前的教学案例开发主体主要是一线教师和培训机构。一线教师侧重于对个人教育教学活动的描述性反思，其规范性远远不同于教学案例，培训机构开发的案例只能满足于特定行业的培训需求。面向教育硕士培养的教学案例开发专业人员的缺失，使教学案例的数量和质量远远没有达到使用标准。第三，教学案例质量不高。由于理论研究的薄弱，到目前为止实践中很难形成针对教育硕士培养的教学案例开发规范，教学案例结构不完整，缺乏必要的背景与线索，缺少讨论质疑空间，内容多倾向于经验总结、课堂实录、课题研究，缺乏典型的有教学效力的教学案例与案例群，导致案例教学缺乏案例库的支撑，仍停留在简单事例的罗列与呈现，案例教学价值难以体现。因此，教学案例开发的理论与实践研究，是当下推动教育硕士培养中案例教学实施的迫切问题。

二 研究问题

专业学位研究生教育是培养应用型高层次专门人才的重要途径，充分的专业实践是专业学位研究生教育质量的重要保证。受传统学位课程学术性倾向的影响，教育硕士在培养目标、课程设置、培养方式等方面表现出与学术性教育硕士培养的相似性，失去了专业学位教育的应有之义。以案例教学推进专业学位研究生培养模式改革，是解决中国教育硕士研究生培养现实问题的重要途径。本书在深入调查中国教育硕士研究生案例教学现存问题的基础上，基于课程开发理论，以全日制教育硕士小学教育领域为例，探索面向教师教育的案例课程开发理论与实践，为推动中国教育专业学位研究生教育中案例教学的运用提供参考，为提升

[①] 刘录护、扈中平：《教师教育中的案例教学：理念、案例与研究批判》，《教师教育研究》2015 年第 3 期。

中国教师教育质量提供案例化路径。

(一) 研究问题的提出

本书研究问题的提出基于以下思考。

首先，基于教育硕士培养现状的需要。传统的教师教育因过于强调理论、与实践脱节、提供支离破碎的课程内容以及缺乏一种共享的信念而饱受批判，这些分散零落的课程结构和共同信念缺失的培养模式导致其形塑新教师实践行为效果的微弱。[1] 我们需要重新审视教育硕士培养问题，为连接理论与实践寻找新的出路。案例教学的情境性能够弥补教育硕士培养中课程与教学的实践缺陷，缩短教育理论学习与真实工作情境之间的距离，满足教学实践复杂性对职前教师教育的内在要求。教育硕士的教学判断和行动能力有赖于案例知识和基于案例的推理，案例教学为教育硕士提供了一种创造性的思维方式、一个问题形成和探究的过程、一个不断设计的过程，为教育硕士提供了替代性学习经验，对培养其学科教学知识、专业推理和反思能力具有重要作用。

其次，基于教育硕士案例教学的需要。沃塞曼和舒尔曼指出，案例教学是一种利用案例作为教学工具的教育方法。[2] 教学案例是支撑案例教学的重要工具，而对案例教学本质认识的模糊、对教学案例理解的偏差、教学案例开发系统理论的缺失、教学案例开发过程的不规范和教学案例开发人员的非专业性等问题，严重影响了教学案例的质量，进而影响案例教学的开展。研究面向教育硕士培养的教学案例开发理论与实践，是推动教育硕士案例教学的现实需要。

最后，基于教学实践复杂性的需要。教师工作是以"不确定性"为特征的复杂性实践。医生每次只需面对一个病人，而教师要面对整个教室里几十个孩子，学生的个体差异使得教师的目标是多重的。课堂时间作为一种有价值的资源，必须得到谨慎使用，教师必须以某种方式有效地将时间和精力分配在个体或群体身上，同时促进公平和实现卓越。[3] 对

---

[1] Linda Darling-Hammond, *A Good Teacher in Every Classroom*, SanFrancisco: Jossey-Bass, 2005, p.37.

[2] 高燕芳：《师资培育：案例教学的发展与应用策略》，九州出版社2006年版，第6页。

[3] [美] 舒尔曼：《实践智慧：论教学、学习与学会教学》，王艳玲等译，华东师范大学出版社2014年版，第176—182页。

职前教师而言，他们的学习只有在有意义的情境之中才会变得有意义。①实践性知识和情境性知识的获得能够帮助其面对和适应教学的复杂性，才能让其习得的知识在教学实践中产生持续效应，这是对职前教师应该获得什么类型知识的内在诉求。

（二）研究问题的阐述

本书的主要目的是以全日制教育硕士小学教育领域为例，构建适合教师教育的案例课程开发理论与实践。首先，解决"为什么开发"的问题，即案例教学的现实困境与案例课程开发需求，为研究提供实践性前提；其次，解决"依据什么开发"的问题，即案例课程开发的理论基础，为研究提供理论性支撑；再次，解决"怎样开发"的问题，即案例课程开发实践过程，为研究提供实践路径；最后，依据案例课程开发理论与实践剖析典型案例课程样例，体现案例课程的应有质量标准。

在具体操作上，以法学、医学、管理学等领域的教学案例开发研究成果为基础，探索教师教育案例课程开发需要解决的现实问题、开发依据的理论基础、开发实践模式。根据问题的性质与特征，本书选择以质性研究为主，辅以量化研究。本书的问题分为基本问题与具体研究问题。基本问题是我们面对的问题情境，甚至是在我们头脑中闪现出来的感觉到需要解决的问题，而具体研究问题是在基本问题基础上更进一步细化的问题，具体研究问题是针对研究目标提出的。本书的基本问题（用 ι 表示）为：面向教师教育领域的案例课程开发。

基于以上分析，可将基本问题衍生出以下几个主要研究问题：

研究问题 1（ι_1）：为什么要开发案例课程？

研究问题 2（ι_2）：依据什么开发案例课程？

研究问题 3（ι_3）：如何开发案例课程？

研究问题 4（ι_4）：开发的案例课程怎么样？

四个研究问题下面又分为更具体的研究问题，用 P 来表示具体问题，可以得到 P1.1、P1.2⋯P2.1、P2.2⋯P3.1、P3.2⋯P4.1、P4.2⋯具体研究问题。如图 1 所示：

---

① 桑国元：《职前教师教育实践的范式变迁与模式革新》，《教师教育研究》2011 年第 4 期。

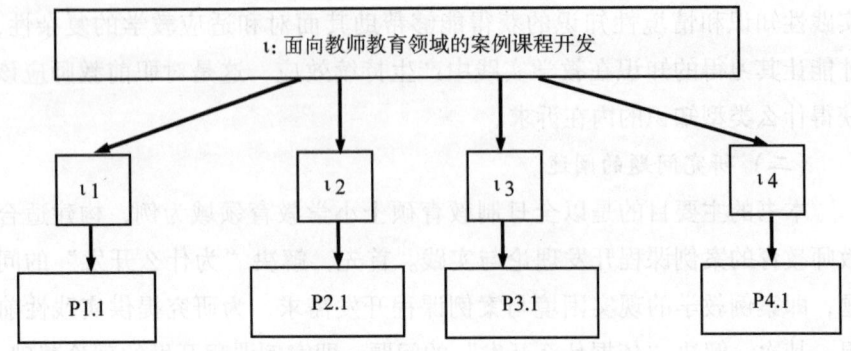

图 1　研究问题结构

针对每个研究问题，可以细化为以下具体研究问题：

P1.1 目前案例教学的理解和使用情况如何？

P1.2 案例教学面临的困难与需求是什么？

P2.1 案例课程开发的本体论是什么？

P2.2 案例课程开发的知识论是什么？

P2.3 案例课程开发的方法论是什么？

P3.1 案例课程开发的基本标准？

P3.2 案例课程开发的基本要素？

P3.3 案例课程开发的素材如何获取？

P3.4 案例课程如何写作？

P4.1 开发的案例课程是否反映了案例课程的基本特征？

P4.2 开发的案例课程是否符合案例课程开发基本特征？

三　研究意义

（一）理论意义

1. 更新中国教师教育的观念与模式

中国现有的教师教育观念与模式是为了适应制度化教育的发展而建立起来的，与中国特定历史时期的教育现实密切联系。这使得20世纪80年代中期以来的中小学教师教育主要侧重于以知识传授为主的学历补偿教育，由此产生了以课堂和教师为中心的教师教育模式。这种教师教育是以一种乐观的理性主义和科学主义假设为前提的，即教学是知识和实践的简单叠加，采用简单的技术可以传递教学真谛。案例教学背后所隐含的知识观、师生观、教学观表达了对目前教师教育观念转变的内在需求，否则就会削弱甚至阻碍案例教学的功能发挥，造成有经验教师对教师教育课程的排斥和质疑，造成新手教师对教育理论的不当压制和对教育实践的不知所措。案例教学对教师教育的贡献就是它有可能成为描绘并传递教学知识最富有前景的一种方式。

2. 丰富案例教学理论研究

有效的案例教学要以优质的教学案例作为保证。由于缺乏对教学案例的深入理解，导致案例开发过程不规范，案例写作质量不高，使案例教学实际效果与理想状态产生偏差。本书结合教育硕士小学教育领域，聚焦于案例课程开发问题，重新理解教学案例的内涵，梳理教学案例与案例教学的关系以及二者与教师培养之间的内在关系，进而从课程开发视角丰富案例课程开发的理论与实践研究，为进一步研究与运用案例教学提供理论与实践支持。

3. 丰富教师教育领域案例课程开发理论

尽管案例教学在其他专业领域并不是新鲜事物，但教师教育领域的案例教学才刚刚起步。法学、医学、管理学领域相对成熟的教学案例质量标准、教学案例开发规范和开发过程，对教师教育领域的案例课程开发到底有哪些值得借鉴的地方？如何借鉴其他领域的案例课程开发研究成果，探索教师教育领域的案例课程开发理论与实践？如此问题的解答将形成教师教育领域案例课程开发理论架构，进一步推动该领域案例课程开发和案例教学研究。

(二) 实践意义

1. 有助于为教师教育案例课程开发提供实践参考

虽然法学、医学和管理学形成了相对成熟的教学案例开发理论与实践成果，但不同领域，甚至同一领域的不同案例类型都有很大差别。在教师教育领域，有关案例和案例课程开发的观念和理论还远远没有形成。本书尝试在实践中探索如何开发教师教育领域的案例课程，形成教师教育领域的案例课程开发理论、要素、类型、规范、流程等，为教师教育领域案例课程开发提供实践参考。

2. 有助于推动教师教育课堂教学改革

教师教育的实践教学不能简单等同于纯粹的教学技能训练，应该采取一种弥散式的方式，理论知识中渗透实践元素，实践教学同样浸润着理论知识。案例教学恰恰是以学生为中心、以案例为媒介、以问题为起点、以讨论为手段，通过师生、生生间的协同参与和对话，面向实践不断构建与生成知识、观点和方法，提高学习者理论与实践综合能力的一种从理念到方法的教学系统。教师教育课堂中案例教学的实施，是一场涉及从知识观、教学观、师生观到具体课堂组织形式、教学手段的广泛变革。

3. 有助于提升职前教师教育质量

教育实践者在"结构不良的复杂领域"工作，这个领域很少有确切的答案。利用案例课程作为教学和学习的工具，对于许多教学活动都有助益：既可以帮助职前教师对学科知识进行理论和教学法的理解，又可以掌握课堂管理、班级管理的规划与组织要领，还可以利用教学调查反思教学效果等。通过案例分析有助于职前教师形成一种潜在的可被编码化的案例知识，这是一种能传达实践智慧的知识主体，这种知识的掌握能有效协助职前教师提早转化、成长，适应未来复杂的教学工作情境。

四 研究设计

（一）研究思路

研究中的"设计思路"是根据目前已有的知识对研究提出的初步设想，主要包括重要的概念和命题及其相互之间的关系。[1] 设计思路可以用语言和图表表现出来。在研究之前就厘清设计思路，是为了促使我们用比较简洁、直观的方式将研究问题所包含的重要内容呈现出来。它一方面可以将我们心中隐蔽的理论假设明朗化；另一方面可以进一步加深我们对问题的理解，发展自己原有的理论。这是一种在纸上思考的方式，可以揭示一些我们事先没有想到的意义联系以及现存理论中的一些漏洞或矛盾。当然，在研究的过程中，研究的内容可能会变，各部分内容相互之间的关系也可能会变，根据研究需要可能会调整，以适应研究当时

---

[1] 陈向明：《教师如何作质的研究》，教育科学出版社2001年版，第33—35页。

的需要。

1. 核心概念梳理

在设计思路图时，我们不仅需要严谨的思维条理，而且需要一定的创造力和想象力，可以采用"头脑风暴"的方式问自己：

（1）我对这个研究问题已经有了哪些理解？

（2）这些理解是否可以形成一些概念？这些概念可以组成什么命题？

（3）这些概念和命题之间存在什么关系？

（4）这些关系是否可以形成一个大的理论框架？

（5）我可以如何来勾画这个理论框架？

（6）还可能有什么不同的画法？不同的概念图可能导致什么不同的结果？

遵循研究设计思路基本路径展开对本书的思考，围绕本书的基本问题"面向教师教育领域的案例课程开发"，可以提炼出本书涉及的核心概念"案例教学""教学案例""案例课程""案例课程开发"。本书对以上核心概念的理解可以表述为："案例教学"是以学生为中心，以教学案例为载体，遵循教学目标的要求，通过呈现案例情境，引导学生发现问题、分析问题、解决问题，从而掌握理论、形成观点、提高教育教学实践能力的一种教学方式。"教学案例"是围绕特定的课程目标与课程内容，以教育教学实践中典型问题的客观描述为内容载体，表征相关理论和隐含多元化问题解决方案的案例教学材料。"案例课程"是一种以真实实践故事为载体，蕴含特定课程价值取向、理论原理、原则规范、专业判断、行为示范和实践反思的非理论体系的课程。案例课程是教学案例的课程化表达，是案例教学的课程资源。"案例课程开发"是生成案例课程的必要过程，它是一个依据案例教学目标，通过课程开发需求分析、寻找课程开发线索、收集案例素材、完成案例写作、提交试用案例课程的系统过程。

以上核心概念之间具有内在的逻辑关系：假设在特定的课程框架下，案例教学是实现该课程目标的重要路径。案例教学的开展需要以教学案例为载体，单一的教学案例为案例教学提供教学材料，系统的教学案例形成案例课程为案例教学提供课程资源库，由此产生案例课程开发的必要；反之，没有案例课程开发，就无法产生教学案例，案例教学便成为

"无米之炊"。因此,案例教学引发了案例课程开发问题,案例课程开发是使教学案例与案例教学产生对接关系的首要环节。案例教学的逻辑延伸线上必然包括案例课程开发、教学案例、案例课程、案例教学四个组成部分,四者是环环相扣、相互依存的关系。案例课程开发是收集整理中小学教育教学原始素材的过程,它是教学案例和案例课程产生的前提;教学案例是案例教学使用的单一化教学材料,案例课程是案例教学使用的系统化课程资源,它们都是案例教学实施的载体;案例课程开发与教学案例、案例课程相伴而生,共同指向案例教学,通过案例教学生成学生学习经验。在此基础上,勾勒出本书的核心概念关系(见图2)。

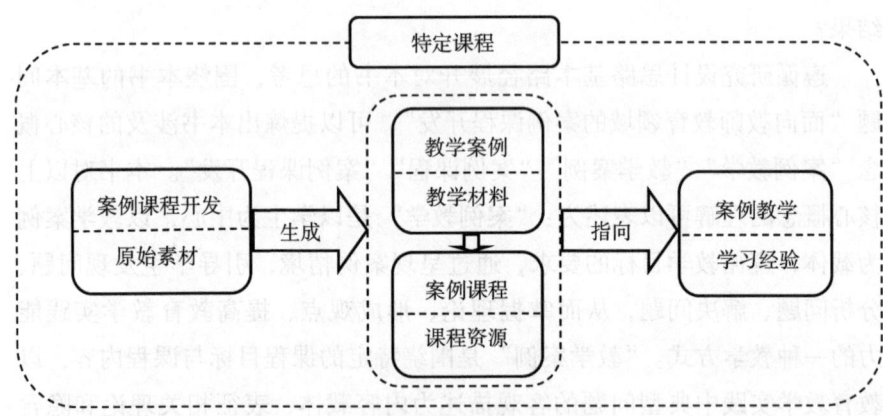

图2 本书的核心概念关系

2. 具体研究思路

厘清"案例课程开发、教学案例、案例课程、案例教学"四个核心概念之间的关系,是形成研究思路的前提。根据舍恩提出的"设计理性"论题,在实践性思维中,通过非结构化的语脉来实施的"行为过程的反思",不断地重新界定应当解决的问题,问题本身不断地得到"重建"。"同素材的对话"构成实践性认识的核心过程,这一表征结果设计过程的逻辑就是"设计理性"。① 从课程开发的角度思考"设计理性",案例课程开发应是一份原始研究,对该问题的研究需要从文献研究开始,继而

---

① [日]佐藤学:《课程与教师》,钟启泉译,教育科学出版社2003年版,第291—303页。

是实地研究和第三类研究。①② 这既是自上而下的技术理性研究过程，也是自下而上的实践反思过程。通过理论研究提炼形成更加简明的案例课程开发理论体系，通过实践研究解决未知的现实问题。基于这一理解，形成本书的基本思路（见图3）。

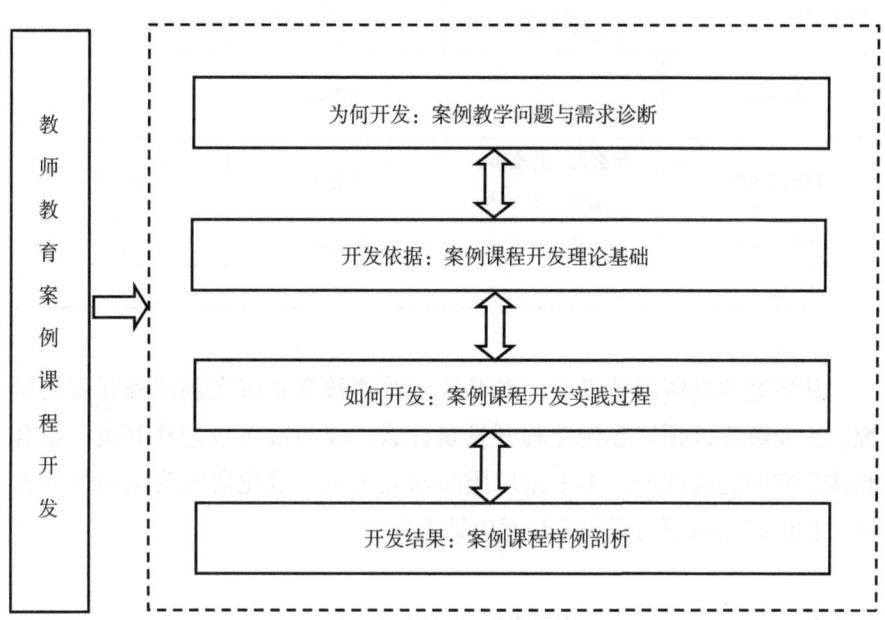

图3 本书的研究思路

（二）研究方法

从研究方法选择条件来看，问题与方法是一对不可分割的范畴，研究的问题确定了，方法就是那些最能弄清问题答案的办法；同时，不同的方法论原则也会潜在地影响着研究者究竟会提出什么样的研究问题。在采用研究方法之前必须考虑的三个条件是：1. 研究问题类型；2. 是否需要对研究过程进行控制；3. 研究焦点是否集中在当前问题。表1列示

---

① ［美］小劳伦斯·E. 列恩：《公共管理案例教学指南》，郅少健等译，中国人民大学出版社2001年版，第131—120页。

② 第三类研究指在基础研究之上，通过与别人讨论调查结果以更宽泛的视角来思考问题，以此丰富案例知识的过程。

了五种主要研究方法及其与这三个前提条件之间的关系。①

表1　　　　　　　　　不同研究方法的适用条件

研究方法	研究问题的类型	是否需要对研究过程进行控制	研究焦点是否集中在当前问题
实验法	怎么样、为什么	需要	是
调查法	什么人、什么事、在哪里、有多少	不需要	是
档案分析法	什么人、什么事、在哪里、有多少	不需要	是/否
历史分析法	怎么样、为什么	不需要	否
案例研究法	怎么样、为什么	不需要	是

从研究的具体问题来看，本书是对教师教育领域案例课程开发的研究，主要解答该领域案例课程开发是什么，应当或可以怎样开发。结合具体研究问题的性质，本书采取质的研究为主、量化研究为辅的研究方法。具体研究问题与研究方法对应见表2。

表2　　　　　　　　　研究问题与研究方法对应表

研究问题	研究方法
为什么要开发案例课程？	问卷调查法
如何开发案例课程？	文本分析法、访谈法
所开发的案例课程怎么样？	案例分析法

1. 问卷调查法

问卷调查是研究者将所要研究的问题编制成问题表格，了解被试对某一现象或问题的看法和意见，以此搜集资料的一种研究方法。② 其优点在于方便实用，在某种情况下结论比较客观，能够搜集大样本信息资

---

① ［美］罗伯特·K. 殷：《案例研究：设计与方法》，周海涛主译，重庆大学出版社2004年版，第4—11页。

② 裴娣娜：《教育研究方法导论》，安徽教育出版社1995年版，第167、180页。

料，便于整理归类，能做量的统计处理，调查结果具有一定代表性。本书采用问卷调查法主要解决"为什么要开发案例课程"的问题，旨在通过调查了解教育硕士案例教学实施问题与需求，明确开发案例课程的目的。

2. 访谈法

访谈是研究者"寻访"被研究者并且与其进行"交谈"的一种活动。由于其优点在于方便可行，引导深入交谈可获得可靠有效的资料。由于质的研究涉及人的理念、意义建构和语言表达，因此访谈便成为质的研究中一个十分有用的收集资料的方法。[①] 本书采用访谈法主要解决"如何开发案例课程"的问题，旨在实现两个目的：一是通过访谈教育硕士小学教育领域的案例专家获取其对案例课程开发实践研究相关问题的看法和建议；二是通过访谈小学一线教师搜集案例课程开发素材。

首先是为实现案例课程开发实践研究的规范性和科学性所进行的半结构式访谈。在本书关于案例课程开发实践研究部分，针对案例课程开发实践过程中的具体问题需要巡回访谈相关专家，结合专家对案例课程开发问题的理解和建议修正案例课程开发实践研究过程。其次是关于搜集案例课程开发素材所进行的非结构式访谈。为获取案例素材选择访谈小学教师，目的是通过其口述自己经历的教育教学关键事件，为撰写教学案例提供原始素材。基于对口述案例涉及自我陈述的效度考量，访谈内容隐瞒部分不利于自我的信息或者夸大部分有利于自我的信息等，可能影响案例内容效度，本书选择"资深优秀"的教师作为访谈对象。原因有二：第一，被访谈教师具有丰富的教育教学经验和较强的研究意识和能力，有分享其教育教学经验的意愿，且能够较充分地理解访谈的目的，客观陈述访谈内容，其言谈的内容具有可信度；第二，被访谈教师丰富的教育教学经验有利于从多角度、多层面形成充实的教学案例内容。伴随教学案例撰写的需要，访谈是反复进行的过程，需要教学案例编写者与小学教师结成案例课程开发共同体，通过口述教育教学事件过程协助小学教师反思、分析、归纳、整理相关教育教学决策，以增加案例课程的广度及深度。

[①] 陈向明：《教师如何作质的研究》，教育科学出版社2001年版，第69页。

3. 文本分析法

文本分析法用于本书案例课程开发实践路径部分，对《小学教师专业标准》的基本框架和四所不同类型教育硕士培养院校的《全日制教育硕士培养方案（小学教育领域）》的培养目标和课程体系进行分析，从中提取教育硕士小学教育领域案例课程开发的关键要点。

4. 案例分析法

案例分析法用于本书中不同类型典型案例课程的分析，是教育教学案例故事二度建构后所形成的完整的案例素材。运用案例分析法主要回答"开发的案例课程怎么样，为什么是这样"的问题，旨在通过剖析案例课程的内容，进一步诠释案例课程开发理论与实践。

（三）研究对象的选择

科学的取样是科学研究的基本要求。教育研究是有目的有计划地认识教育现象，探索教育规律的活动，具有很强的探索性。为了揭示教育现象与过程中的发展规律，选取的研究对象必须是有典型代表意义的，这样才能保证研究结果的可靠性。抽样的类型包括概率抽样和非概率抽样。概率抽样是遵循随机原则进行的抽样，总体中每个单位都有一定的机会被选入样本，可以排除研究者的主观影响；非概率抽样是主要依据研究者的主观判断和方便的原则抽取样本的方法，其抽样的代表性比较小，适合做探索性研究。在实际研究中，概率抽样和非概率抽样通常结合起来使用。

1. 量化研究对象的选择

本书主要通过问卷调查法对教育硕士案例教学实施现状进行调查，通过对调查样本的统计分析来推断总体情况。调查对象的总体样本为具有教育硕士培养资格的高等院校，抽样采用简单随机抽样的方法，在全国范围内抽取具有教育硕士培养资格的高等院校，以保证每个可能的样本被抽中的概率相等。调查方式采用电子问卷的方式，预测问卷回收共计 120 份，有效问卷 117 份，预测问卷调查样本信息如表 3 所示。正式问卷回收共计 410 份，有效问卷 410 份，正式测试问卷调查样本信息如表 4 所示。

表3　　　　　　　　预测问卷调查样本信息　　　　　　　（个,%）

类别		样本数	百分比	有效百分比	累积百分比
性别	男	34	28.3	28.3	28.3
	女	86	71.7	71.7	100.0
	合计	120	100.0	100.0	—
教龄	2年以下	2	1.7	1.7	1.7
	2—5年	4	3.3	3.3	5.0
	6—10年	12	10.0	10.0	15.0
	11—20年	46	38.3	38.3	53.3
	20年以上	56	46.7	46.7	100.0
	合计	120	100.0	100.0	—
学历	本科以下	1	0.8	0.8	0.8
	本科	8	6.7	6.7	7.5
	硕士	41	34.2	34.2	41.7
	博士	70	58.3	58.3	100.0
	合计	120	100.0	100.0	—
职称	助教	1	0.8	0.8	0.8
	讲师	17	14.2	14.2	15.0
	副教授	53	44.2	44.2	59.2
	教授	49	40.8	40.8	100.0
	合计	120	100.0	100.0	—
导师类型	硕导	89	74.2	74.2	74.2
	博导	14	11.7	11.7	85.9
	合计	103	85.9	85.9	—
学校类型	教育部直属综合性大学	3	2.5	2.5	2.5
	教育部直属师范大学	12	10.0	10.0	12.5
	省属综合性大学	45	37.5	37.5	50.0
	省属师范院校	52	43.3	43.3	93.3
	其他	8	6.7	6.7	100.0
	合计	120	100.0	100.0	—

从表3可以看出，预测问卷样本的基本信息表示，在教龄的分布上，以11—20年和20年以上为主，共102人，占样本总量的85%；在学历分布上，博士的数量最多，共70人，占样本总量的58%；在职称分布上，副教授共53人，占样本总量的44%，教授共49人，占样本总量的41%；调查的120人中，硕士生导师共89人，博士生导师共14人，共占样本总量的86%；学校类型中，省属综合性大学和省属师范院校居多，共97所，占样本总量的81%。以上数据表明，本次预测调查样本的选择符合样本总量的总体特征。

表4　　　　　　　正式测试问卷调查样本信息表　　　　　　（个，%）

类别		样本数	百分比	有效百分比	累积百分比
性别	男	159	38.8	38.8	38.8
	女	251	61.2	61.2	100.0
	合计	410	100.0	100.0	—
教龄	2年以下	62	15.1	15.1	15.1
	2—5年	33	8.0	8.0	23.1
	6—10年	48	11.7	11.7	34.8
	11—20年	119	29.0	29.0	63.8
	20年以上	148	36.1	36.1	100.0
	合计	410	100.0	100.0	—
学历	本科以下	3	0.7	0.7	0.7
	本科	54	13.2	13.2	13.9
	硕士	171	41.7	41.7	55.6
	博士	182	44.4	44.4	100.0
	合计	410	100.0	100.0	—
职称	助教	59	14.4	14.4	14.4
	讲师	103	25.1	25.1	39.5
	副教授	145	35.4	35.4	74.9
	教授	103	25.1	25.1	100.0
	合计	410	100.0	100.0	—

续表

类别		样本数	百分比	有效百分比	累积百分比
导师类型	硕导	228	55.6	55.6	55.6
	博导	31	7.6	7.6	63.2
	合计	259	63.2	63.2	—
学校类型	教育部直属综合性大学	44	10.7	10.7	10.7
	教育部直属师范大学	49	12.0	12.0	22.7
	省属综合性大学	133	32.4	32.4	55.1
	省属师范院校	110	26.8	26.8	81.9
	其他	74	18.0	18.0	100.0
	合计	410	100.0	100.0	—

从表4可以看出，正式测试的问卷样本的基本信息在教龄的分布上，虽然同预测样本有相似之处，仍然以11—20年和20年以上为主，共267人，占样本总量的65%，但其他教龄段的分布也较为均匀，2年以下的共62人，2—5年的共33人，6—10年的共48人，共占样本总量的35%；在学历分布上，硕士和博士的数量相当，硕士共171人，占样本总量的42%；博士共182人，占样本总量的44%；在职称分布上，以讲师、副教授和教授为主，讲师共103人，占样本总量的25%，副教授共145人，占样本总量的35%，教授共103人，占样本总量的25%；调查的410人中，硕士生导师共228人，博士生导师共31人，共占样本总量的63%；学校类型中，仍以省属综合性大学和省属师范院校居多，共243所，占样本总量的59%。从以上基本信息的分布数据可以看出，正式测试调查样本的选择符合样本总量的总体特征。

2. 质性研究对象的选择

质性研究因其特性，使用的是"非概率抽样"中的"目的性抽样"，即抽取那些能够为研究问题提供最大信息量的样本。[①] 本书在案例课程开发实践过程部分，根据案例课程开发研究的需要，选择两类访谈对象。访谈对象之一是案例课程开发专家（见表5）。本书共选择了12位教授，他们是中国教育硕士专业学位教学案例开发的早期探索者，对案例课程开发和案例教学有着深刻的理解与研究。对案例课程开发研究访谈对象之二是为获取案例素材所访谈的一线小学教师（见表6）。本书以教育活动类案例课程开发为例，阐释了案例课程生成的实践路径，在该案例素材搜集过程中选择1位优秀小学班主任，为教育活动类案例课程开发提供第一手鲜活素材。

表5　　　　　　　　案例课程开发专家基本信息

访谈对象	性别	职称	所在学校	研究方向
Z	男	教授	南京师范大学	教育管理
C	男	教授	南京师范大学	教育管理
M	男	教授	东北师范大学	数学教育
Z	女	教授	北京师范大学	数学教育
X	女	教授	杭州师范大学	数学教育
L	女	教授	沈阳师范大学	数学教育
L	男	教授	东北师范大学	语文教育
S	男	教授	首都师范大学	语文教育
P	男	教授	温州大学	语文教育
G	男	教授	华南师范大学	教育管理
Z	男	教授	西南大学	教育管理
L	男	教授	华东师范大学	教育管理

[①] Michael Quinn Patton, *Qualitative Evaluation and Research Methods*, London: Sage Publications, 2002, pp. 45–46.

表6　　　　　　　　案例素材提供者基本信息

访谈对象	性别	职称	所在学校	任教学科	是否班主任
Y	女	高级	长春市F小学	小学语文	是

（四）研究资料的搜集与整理

本书的研究资料主要由两部分构成：一部分是通过调查问卷获得关于教育硕士培养中案例教学状况的数据；另一部分是通过访谈所获得的关于案例课程开发过程的相关资料。

1. 问卷的编制与调试

问卷的设计过程，是依据研究目的和需要，编写问题和形成问卷的过程。本书采用调查问卷的目的是掌握中国教育硕士培养中案例教学的实施状况，以此作为案例教学实施需求分析的依据。

（1）建立问卷维度

本书中问卷维度的设计思路是（见图4）：首先，明确调查所涉及的核心概念，以此确定问卷的基本范围（为便于答题者理解，暂不涵盖案例课程的概念）；其次，分解核心概念，构建问卷基本框架；最后，围绕分解的相关概念，设计具体题目。

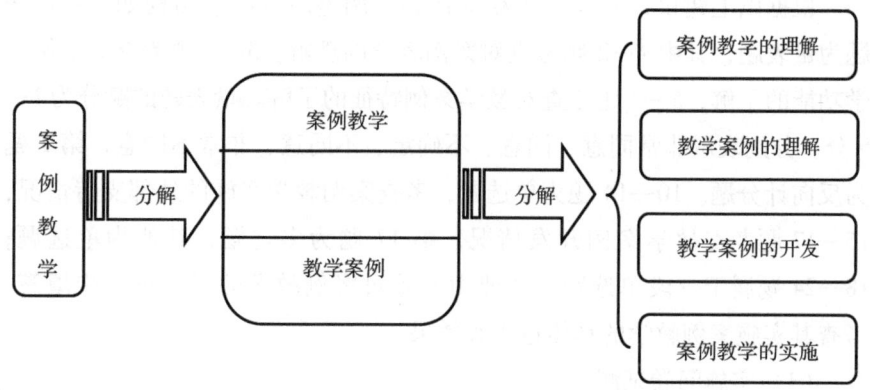

图4　问卷维度的设计思路

依据划分的问卷维度设计相关题目。问卷采用李克特五级量表的形式，共包括30道题，其中1—17题是关于教学案例的相关问题，涵盖了教学案例含义的理解、教学案例的特征和教学案例开发。18—30 题是关于案例教学的相关问题，涵盖了案例教学含义的理解、案例教学的实施、案例教学的功能。量表题的赋分为 1—5 分，分别表示非常同意、同意、不确定、不同意、非常不同意。问卷最后设计两道开放题，分别为"1. 您认为目前制约案例教学实施的因素有哪些？2. 您认为目前教学案例开发存在哪些困难？"两道开放题是对计分题的补充，以弥补选择题答案单一、涉及范围有限的缺陷，通过语言描述的方式可以进一步说明案例教学实施和教学案例开发的相关问题。

(2) 修订问卷题目

针对问卷内容和形式，笔者选择了 5 位专家进行审核，通过逐条审定，他们分别围绕两个方面提出修订建议：第一，关于排序的问题。建议以"案例教学"为基本出发点，然后再进行相关问题的排序。理由是该调查是对案例教学的调查，对于调查对象而言，案例教学应该是一个熟悉的概念，不论是否用过。而教学案例并不是一个熟悉的概念，如果开始就设计很多关于教学案例的题目，可能会影响被试的理解。第二，关于题型的问题。题目中关于"使用案例教学的频率、学校对案例教学的帮助情况、教师参与教学案例开发的情况"类似的问题不适合用同意或不同意的方式回答，建议作为单选题单独呈现。

根据以上建议，问卷做了相应调整。调整后的问卷结构如下：1—9 题为量表题，其中 1—2 题考查对案例教学的理解，3—4 题考查对案例教学功能的了解，5—9 题考查对教学案例特征的了解。量表题的赋分为 1—5 分，分别表示非常同意、同意、不确定、不同意、非常不同意，第 1 题为反向计分题。10—14 题为单选题，考查案例教学实施的外部支持情况；15—17 题考查教学案例开发情况，第 17 题为多选题，其他为单选题；18—24 题属于分段单选题，主要由实施过案例教学的老师进一步填答，考查其实施案例教学的具体过程和效果。

(3) 实施问卷试测

对初次修正后的问卷，需要进行试测，以解决如下问题：一是为了检测问卷设计中是否存在一些语言措辞或界定含糊不清的表达等，如发现被试的理解跟问题设计初衷出现差别等，则需要修订问卷或者进一步明确界定表达；二是通过预测试收集数据对问卷的信效度区分度等进行分析，以保证问卷具有良好的信度和效度，否则需要进一步修订问卷；三是通过预测可以检验预先设计的调查方案是否可行。对试测的问卷需要进行问卷项目分析、效度检验、信度检验，以作为编制正式问卷的依据。

试测回收问卷 120 份，有效问卷 117 份。在测验评鉴中，效度和信度是最重要的考虑因素。效度是测验结果的正确性和可靠性，问卷建构效度由于有理论的逻辑分析为基础，同时又根据实际所得的资料来检验理论的正确性，因此是一种相当严谨的效度检验方法。建构效度检验的步骤通常包括：（1）根据文献探讨、前人研究结果、实际经验等建立假设性理论建构；（2）根据建构的假设性理论编制是适切的测验工具；（3）选取适当的受试者进行施测；（4）以统计检验的实证方法检验测验工具是否能有效解释所欲建构的心理特质。统计学上，检验建构效度最常用的方法是因素分析，因素分析在共享因素的抽取时，最常用的方法是主成分分析。题项间是否适合进行因素分析，可从取样适切性量数 KMO 之的大小来判别，KMO 指标值的判断准则见表 7。信度是指测验或量表工具所测得结果的稳定性及一致性，量表的信度越大，其测量的标准误越小。α 系数是估计信度的最低限度，是所有可能的折半系数的平均数，估计内部一致性系数，用 α 系数优于折半法。内部一致性信度系数指标判断准则见表 8。[①]

表 7　　　　　　　　KMO 指标值的判断准则

KMO 统计量值	判别说明	因素分析适切性
.90 以上	极适合进行因素分析	极佳的
.80 以上	适合进行因素分析	良好的
.70 以上	尚可进行因素分析	适中的
.60 以上	勉强可进行因素分析	普通的
.50 以上	不适合进行因素分析	欠佳的
.50 以下	非常不适合进行因素分析	无法接受的

---

① 吴明隆：《问卷统计分析实务——SPSS 操作与应用》，重庆大学出版社 2010 年版，第 194—208 页。

表8　　　　　　内部一致性信度系数指标值的判断准则

内部一致性信度系数值	层面或构念	整个量表
α 系数 <.50	不理想，舍弃不用	非常不理想，舍弃不用
.50≤α 系数 <.60	可以接受，增列题项或修改语句	不理想，重新编制或修订
.60≤α 系数 <.70	尚佳	勉强接受，最好增列题项或修改语句
.70≤α 系数 <.80	佳（信度高）	可以接受
.80≤α 系数 <.90	理想（甚佳，信度很高）	佳（信度高）
α 系数 ≥.90	非常理想（信度非常好）	非常理想（甚佳，信度很高）

试测问卷的效度和信度指标采用 SPSS17.0 进行统计分析，形成下面各项统计量（见表9和表10）。

表9　　　　　　　试测问卷 KMO 与 Bartlett's 检验

Kaiser-Meyer-Olkin 取样适切性量数		.768
Bartlett 球形检验	近似卡方分布	1126.148
	自由度	406
	显著性	.000

表10　　　　　　　　主成分解释总变异量

成分	平方和负荷量萃取			转轴平方和负荷量		
	总和	方差的%	累积%	总和	方差的%	累积%
1	7.464	25.737	25.737	4.880	16.827	16.827
2	2.670	9.207	34.944	3.081	10.623	27.450
3	2.102	7.250	42.194	3.005	10.362	37.812
4	1.962	6.766	48.960	2.203	7.596	45.408
5	1.511	5.210	54.170	1.568	5.408	50.816
6	1.285	4.431	58.601	1.485	5.121	55.937
7	1.180	4.069	62.670	1.454	5.013	60.950
8	1.084	3.739	66.409	1.425	4.914	65.864
9	1.063	3.665	70.074	1.221	4.210	70.074

从表 9 可以看出，试测问卷的 KMO 值为 0.768，呈现的性质为"适中的"标准，Bartlett 球形检验得到卡方值为 1126.148（自由度为 406），显著性概率值 p 为 0.000 < 0.05。说明本问卷总体的相关矩阵之间存在共同因素，适合进行因素分析。使用主成分分析时，转轴方法为直交转轴的最大变异法，表 10 显示问卷包括 9 个共同因素，其特征值均大于 1，共解释了 70.074% 的变异量，9 个因素的解释率分别为 16.827%、10.623%、10.362%、7.596%、5.408%、5.121%、5.013%、4.914%、4.210%。

由于 SPSS 内设特征值大于 1 以上的因素作为最后的共同因素，因此该问卷共抽取了 9 个共同因素。但在实际应用过程中，仅把特征值大于 1 以上的因素作为最后的共同因素有时是欠缺严谨性的，还需要考虑共同因素所包含的题项是否与最初使用者编制的题项相吻合，共同因素所包含的题项数目是否在三个题项以上等，可采用转轴后的成分矩阵作为参考（见表 11）。

表 11 转轴后的成分矩阵

	成分								
	1	2	3	4	5	6	7	8	9
v22	.823	.106	.107	.025	.134	-.052	.003	-.078	-.146
v23	.788	.142	.207	.095	.116	-.033	-.101	-.068	.000
v24	.778	.129	.221	.183	-.063	-.029	-.228	-.028	.092
v21	.687	-.021	.308	-.079	.304	-.037	.119	.072	.218
v20	.657	.268	.151	-.060	.346	.106	-.065	-.189	-.009
v19	.622	-.009	-.003	-.093	-.028	.275	.072	.240	-.263
v18	.613	.216	-.384	.062	-.043	.104	-.142	.202	.369
v11	.182	.787	.095	-.008	-.032	.153	-.290	.121	.199
v12	.171	.785	.106	.069	.089	-.091	.040	.307	-.182
v13	.037	.716	.084	-.013	.189	-.029	.130	-.221	.187
v16	.413	.656	.116	-.167	.086	.272	-.090	-.054	.008
v15	.498	.545	.045	-.199	.021	.384	-.062	-.177	.054
v14	.096	.519	.088	.307	.205	.138	.145	-.143	-.474
v10	.354	.507	-.090	.000	.005	.026	-.010	.027	.133

续表

	成分								
	1	2	3	4	5	6	7	8	9
v7	.212	.108	.731	.385	.188	-.039	.174	-.011	.053
v6	.064	.000	.718	-.223	-.116	.277	-.228	.093	-.068
v5	.189	.203	.647	.460	.110	-.005	-.094	-.063	.113
v8	.054	.408	.636	.017	-.019	.018	-.006	-.216	.189
v4	.028	.043	.041	.739	-.247	.195	-.167	.161	-.080
v3	.040	-.142	-.149	.705	-.059	-.071	.112	-.130	-.057
v2	-.072	.052	-.128	.638	.201	-.089	.023	.226	.139
v1	.276	.201	-.021	.512	.806	.036	-.128	.137	.012
v17（1）	.499	.352	.039	-.052	.532	.204	-.039	.059	-.009
v17（2）	.081	.109	.063	.046	.063	.826	.041	-.072	.044
v17（6）	-.215	.008	.022	-.089	.010	.257	.759	.158	-.014
v17（5）	-.007	.103	-.145	.165	-.233	-.375	.664	-.058	.097
v17（3）	.082	.194	.110	-.277	-.222	.026	-.158	.741	-.094
v17（4）	.116	.232	.525	-.242	-.109	-.201	-.074	.650	.022
v9	.008	.080	.401	.057	.076	.076	.115	.031	.693

采用主成分萃取法，通过转轴后的成分矩阵表 11 可以看出，共同因素一包含 v18、v19、v20、v21、v22、v23、v24 七题，共同因素二包含 v10、v11、v12、v13、v14、v15、v16 七题，共同因素三包含 v5、v6、v7、v8 四题，共同因素四包含 v1、v2、v3、v4 四题。第一个因素的最大因素负荷量为 0.823，第二个因素的最大因素负荷量为 0.787，第三个因素的最大因素负荷量为 0.731，第四个因素的最大因素负荷量为 0.739，均超过 0.50，因素负荷情况较好，表明题项变量与共同因素的关联较大。剩下的共同因素所包含的题目主要指向 v17 题（该题为多选题，考查使用案例的来源渠道，共六个选项作为六个变量）和 v9 题（考查对教学案例素材的搜集方法）。鉴于 v17 题和 v9 题考查内容的必要性，考虑仍然呈现在正式问卷中。

表 12　　　　　　　　　　　试测问卷可靠性统计量

Cronbach's Alpha 值	以标准化项目为准的 Cronbach's Alpha 值	项目的个数
.846	.850	29

由表 12 可以看出，试测问卷的整体内部一致性 α 系数值等于 0.846，信度指标理想，信度高，标准化的内部一致性 α 系数值为 0.850，包含的题项有 29 题（17 题为多选题，每个选项设为一个变量）。鉴于对试测问卷效度与信度的综合考虑，本书决定采纳试测问卷作为正式调查问卷（见附录1）。

2. 访谈资料的搜集与整理

资料的搜集、整理和分析是对收集的原始资料进行加工，使其逐步趋于系统化和条理化的过程。通过一定的分析手段，将原始资料"打散""重组""浓缩"，然后在新的基础上进行整合，其最终目的是对原始资料进行意义解释。访谈资料的搜集、整理和分析是一个同步进行的过程。本书的访谈资料主要包括对案例课程开发专家的访谈和对一线教师搜集案例素材的访谈。

（1）案例专家的访谈资料整理

对 12 位案例专家的访谈主要采用半结构式访谈。通过对案例课程开发研究问题的不断深入，在开发过程中会针对不同的问题访谈相关专家。对专家的访谈资料会如实逐字转录为文字资料，以专家表达的内容主题为分类依据，形成内容整理列表，根据研究需要提炼形成内容主题（见表13）。

表 13　　　　　　　　　　　专家访谈内容整理列表

专家代码	原始内容呈现	访谈主题提炼
Z		教学案例基本特征
C		教学案例开发要点
M		教学案例主题提炼
Z		教学案例基本结构
X		初稿关键评估
……		……

(2) 一线小学教师的访谈资料整理

对一线小学教师的访谈主要采用半结构访谈和结构访谈两种方式，访谈内容如实逐字转录为文字资料。首先根据研究需要选择特定的访谈对象；其次先通过"讲述故事"的方式呈现"教学故事"的发生发展过程；最后再根据"教学故事"的内容进行结构化访谈，引导被访谈者对故事中的关键事件进行深度反思。对访谈内容的归类根据内容特征主要采用关键事件时间序列编码和关键事件主题类别编码两种方式，基本思路见表14。

表14　　　　　　　　一线小学教师访谈资料整理

教学故事原始内容	整理思路一	整理思路二
	按关键事件时间序列编码	按关键事件主题类别编码
	关键事件 t1	关键事件 s1
	关键事件 t2	关键事件 s2
	关键事件 t3	关键事件 s3
	……	……

(五) 研究的效度、信度与伦理

1. 量化研究的效度和信度

对研究的效度和信度分析主要包括对正式测试问卷的效度和信度分析、对质性研究效度的分析。

本书在经过试测问卷的分析基础上，形成了正式测试问卷。正式问卷共发放410份，回收有效问卷410份。正式问卷的效度和信度指标采用SPSS17.0进行统计分析，形成下面各项统计量（见表15和表16）。

表15　　　　　　　　正式问卷 KMO 与 Bartlett's 检验

Kaiser-Meyer-Olkin 取样适切性量数		.885
Bartlett 球形检验	近似卡方分布	5524.258
	自由度	406
	显著性	.000

表16　　　　　　　　　　正式问卷可靠性统计量

Cronbach's Alpha 值	以标准化项目为准的 Cronbach's Alpha 值	项目的个数
.863	.859	29

由表15可以看出，正式问卷的KMO值为0.885，呈现的性质为"良好的"标准，表明比较适合进行因素分析。此外，Bartlett球形检验的卡方值为5524.258，自由度为406，显著性概率值p为0.000＜0.05，说明总体的相关矩阵间有共同因素存在，适合进行因素分析。由表16可以看出，试测问卷的整体内部一致性α系数值等于0.863，信度指标理想，信度高，标准化的内部一致性α系数值为0.859，包含的题项有29题。

2. 质性研究的效度

质性研究在认识论和方法论上与量化研究具有差别，在处理信度和效度时，质性研究不能用量化的方法和标准。质性研究的效度指的是一种"关系"，即研究结果与研究其他部分（包括研究者、研究的问题、目的、对象、方法和情境）之间的一种"一致性"。质性研究的效度可以分为描述型效度、解释型效度、理论效度和评价效度。描述型效度是指对可观察到的现象或事物进行描述的准确程度。解释型效度是指研究者了解、理解和再现被研究者意义的"确切"程度。理论效度是指研究所依据的理论以及从研究结果中建立起来的理论是否真实地反映了所研究的对象。评价效度是指研究者对研究结果所作的价值判断是否确切。在具体的研究设计和实施过程中，笔者采取如下策略提高研究效度。

（1）选择切合研究目的的访谈对象。根据研究的目的，本书选择了在案例课程开发领域的具有引领作用的相关专家进行访谈，旨在能够获取专家对案例课程开发的深度理解。同时，为获取案例课程开发的原始素材，还选择了小学教育领域中教育教学的优秀教师，期待从他们身上挖掘出小学教育领域教学案例的典型性、丰富性素材，为案例写作提供最必要的支持。

（2）设计合理的访谈提纲。本书根据不同的访谈对象，设计了半结构化和结构化的访谈提纲。对案例专家主要采取半结构化的访谈提纲，基于一个研究主题，通过访谈了解专家对该问题的思考和看法，为研究提供支持材料。对一线优秀小学教师的访谈，刚开始采用半结构化的访谈，鼓励教师讲述故事，研究者对其没有更多的限制和干扰；但在简述完教育故事后，需要结合具体的内容进行有针对性的反思，这样为确定案例写作的内容思路提供支撑。

（3）采用多方验证的评价群体。提高研究的效度可以通过相关检验法，将同一结论用不同的方法、在不同的情境和时间里、对样本中不同的人进行检验。本书试图在教学案例剖析环节，通过案例专家、案例作者、案例主人公三个关键群体进行多方验证，以保证案例课程质量的可靠性。

3. 研究伦理

由于质的研究关注研究者与被研究者之间的关系对研究的影响，研究工作的伦理规范和研究者个人的道德品质在质的研究中成为不可回避的问题。案例课程开发中很重要的一个环节就是案例作者与案例素材提供者进行反复访谈，以保证案例课程开发工作顺利有效进行。

本书主要坚持如下原则，以保证研究符合伦理道德标准。

（1）自愿公开原则。本书在搜集教学案例素材的过程中，采取目的性抽样的方式选择访谈对象，但前提是需要征得被访谈教师的同意。因为案例素材的收集是一项非常细致严谨的工作，不仅要对访谈内容有完整的收集和整理，根据研究需要还可能要反复访谈教师。所以在研究伊始，需要研究者公开自己的研究目的，征得被研究者本人的意愿，获得被研究者本人的许可，才能开展研究。研究者也可以在研究初始就提及本书的一个利他性：是对持续改进教育教学的一项重要贡献，而且也会成为教学研究的重要成果。

（2）保守秘密原则。在初次接触被研究者时，研究者就需要明确表示，在整个教学案例素材采编过程中，直到教学案例写作完成都会对所有数据进行保密，而且在教学案例文字表述中，将会隐去案例素材提供者的真实姓名和真实学校，用字母代替个人信息。该承诺可能会让被研究者提供他们通常不愿意分享的更多有价值的信息。

（3）及时反馈原则。研究过程中，研究者会将被研究者作为研究的重要贡献者和团队成员，与被研究者保持实时的信息反馈，同步共享研究的进度和研究需要。而不仅仅是将被研究者当作研究的"局外人"，这样有助于研究者和被研究者保持良好的合作关系，为研究的持续进行提供保障。

第一章

何为案例教学

第一节 案例教学的历史变迁

一 萌芽阶段（古希腊和春秋战国时期）：寓理于事

西方的案例教学最早可以追溯到古希腊时期。古希腊著名的哲学家和教育家苏格拉底通过向学生提问，不断揭示对方回答问题中的矛盾，引导学生总结出一般性结论。该方法对于培养学生独立思考的能力、怀疑和批判的精神以及对于西方教育和学术传统的形成都起到十分重要的作用。他的学生柏拉图将这种一问一答编辑成书，以一个个故事为媒介说明道理，开辟了西方案例教学的先河。中国的案例教学最早可追溯到春秋战国时期，诸子百家采用民间故事阐明事理。[1] 如《春秋》《史记》《资治通鉴》《黄帝内经》《本草纲目》等，这些著作以案例作为说理明事的切入点，以其通俗易懂说理明晰的特征，使其成为传世经典。尽管这些伟大的思想家、教育家们并没有将该法称之为案例教学法，但他们确确实实将几千年人类的智慧浓缩在简洁生动的案例之中传给后人。

二 发轫阶段（1870—1910年）：哈佛法学院率先尝试

真正意义上的案例教学出现于哈佛大学。[2] 1870年，美国哈佛大学法学院院长兰德尔创立了案例教学法，开创了在大学教育中运用案例进行

---

[1] 王青梅、赵革：《国内外案例教学法研究综述》，《宁波大学学报》（教育科学版）2009年第3期。

[2] 付永刚、王淑娟编著：《管理教育中的案例教学法》，大连理工大学出版社2008年版，第7—9页。

教学的先河，被誉为案例教学法的先驱者。他认为，唯有通过仔细分析法官在判决重要案件时的推理过程，方能洞悉潜在的法律原理，他相信案例能够成为理论教学最有力的媒介。① 兰德尔之所以在法学院率先使用案例教学，是因为当时的法律是按照"德怀特法"来进行教学的。该法是以美国哥伦比亚大学教授德怀特命名的。它是一种"讲授、背诵材料和练习相混合的方法"，在该教学法指导下，学生在上课前必须对专题论著进行阅读、背诵，其考试就是靠背诵的记忆力。这样的教学方法使学生处于一种被动的状态，无法调动学生的积极性，培养出来的学生无法胜任处理复杂案件的任务。兰德尔的教学思想受当时盛行的经验主义的极大影响，他使用的案例教学法和"德怀特方法"完全不同。他在《合同法案例》的前言中说："被作为科学的法律是由原则和原理构成的。每一个原理都是通过逐步的演化才达到现在的地步。换句话说，这是一个漫长的、通过众多的案例取得的发展道路。这一发展经历了一系列的案例。因此，有效地掌握这些原理的最快和最好的途径就是学习那些包含着这些原理的案例。"② 由于案例教学法迎合了英美法系国家将普通法看作法律原则和规则渊源的特点，很快得到美国其他法学院的效仿并逐渐影响到英、法等其他英美法系国家。

三 发展阶段（1910—1940年）：哈佛医学院、商学院等的引入

在哈佛大学法学院大力推行案例教学的同时，哈佛医学院也引入了案例教学。哈佛医学院案例教学的引入，与著名的《弗莱克斯纳报告》有关。③ 1910年，弗莱克斯纳受美国卡耐基教学促进基金会的委托，对当时美国和加拿大的医学培训状况进行调查，并发表了《美国和加拿大的医学教育》的调查报告（亦称《弗莱克斯纳报告》）。报告对美国的医学院校提出了非常尖锐的批评，他提出要在实验室及医院病房实际操作，

---

① ［美］朱迪思·H. 舒尔曼：《教师教育中的案例教学法》，郅庭瑾主译，华东师范大学出版社2007年版，第3页。

② Amy Raths McAninch, *Teacher Thinking and the Case Method: Theory and Future Directions*, New York: Columbia University, Teacher College Press, 1993, p. 64.

③ 杨光富、张宏菊：《案例教学：从哈佛走向世界——案例教学发展历史研究》，《外国中小学教育》2008年第6期。

培养学生具有探究精神及批判能力的思考。在该报告的影响下，哈佛医学院对当时传统的医学教学进行改革，采用临床实践和临床病理学会议两种案例教学形式。

案例教学在法学和医学教育领域取得的成功激励了商业教育领域。1908年，哈佛大学成立工商管理学院。刚成立的哈佛商学院只是一个研究生院，不设大学本科，招生标准之一是学生必须具备学士学位。这样，哈佛商学院一开始就成了美国第一所授予学生MBA的研究生院。哈佛商学院的首任院长由经济学家盖伊担任。在盖伊的倡导下，邀请了十五位商人参加哈佛商学院"企业政策"授课，每一位商人在上第一次课时，必须报告他们自己所遇到的问题，并解答学生所提出的询问；第二次上课时，每一个学生必须携带分析这些问题及解决这些问题的书面报告；在第三次上课时，由商人和学生共同讨论这些书面报告。这些报告便是哈佛商学院最早的真实案例。[1] 1919年，多纳姆出任哈佛大学商学院第二任院长。多纳姆毕业于哈佛法学院，精通法律，这样的背景让他看到了法律和商业管理教学之间的关联性。他邀请著名的营销专家欧普兰德教授专门从事案例开发工作，欧普兰德教授于1920年9月出版了第一本商业方面的案例集，由此奠定了管理教学中案例教学法的基础。1921年，哈佛商学院开始正式推行案例教学。[2]

在哈佛商学院创建的同时，哈佛教育研究生院于1920年成立。首任院长霍尔姆斯提出要为有经验的教师开设课程，要求在教育课程中增加技术性或实践性课程。为此，他特别准备了三个有关管理学和中学教育方面实践训练的教授职位，借用商业教育中的案例法进行教学。但哈佛董事会主席罗威尔相信专业教育必有其本身的学术课题，且通过艺徒模式获得实践技术的职业训练不应属于大学。他怀疑案例法对教师教育的贴切性，认为教育的原则更可能产生于对大量样本的数学分析，而不是对特殊案例的详细分析，因此他否决了霍尔姆斯的计划。随后霍尔姆斯

---

[1] Jeffrey L. Cruikshank, *A Delicate Experiment: The Harvard Business School*, 1908–1945, Boston: Harvard Business School Press, 1987, p. 74.

[2] David A. Garvin, "Making the Case Professional Education for the World of Practice", *Harvard Magazine*, Vol. 106, No. 1, September-October 2003.

在新教师的培养中开发了一种类似于案例法的独特的教学法，然而由于案例材料的缺乏，最终还是受到了抵制。案例教学在教师教育的应用，最早可追溯到1925—1932年的美国蒙特科莱的新泽西州立师范学院，学院推行了一项重要计划，就是案例材料的收集和整理。它要求实习的学生将遇到的问题记录下来，包括对一些问题的简单陈述、对一些困难的详尽描述、尝试过的解决方法以及最终成功的解决方法，以便于回到学院之后讨论所用。这项工作不仅帮助学生解决课堂问题，更重要的是这些材料为专业教育课程，特别是方法课程和基础课程提供了以备将来之用的案例。这种做法在很大程度上保证了案例法在新泽西州立师范学院的成功。[①]

四 推广阶段（1940年至今）：哈佛商学院的引领

目前，哈佛大学的工商管理案例教学最为有名。20世纪40年代，哈佛商学院已开始有了初具规模的包括案例选题、搜集、编写、应用、储存、建档、注册、审批、更新、发行、经销、交换、版权保护等各方面在内的较完整的管理案例系统。哈佛的案例教学法普遍用于大多数管理课程的教学中，在一些高年级综合性管理课程中，甚至把案例教学作为唯一的教学方式，实行全案例教学。尽管哈佛商学院也适当地使用课堂讲授、模拟、实地调查以及其他的教学形式，但超过80%的课程是建立在"案例法"基础之上的。但是，案例教学在哈佛商学院之外的推广一直不够顺利。直到20世纪50—60年代，哈佛商学院在福特基金会的资助下，连续举办了11期8周制的案例教学暑期研讨班，邀请了20多位管理学院院长与资深教授参加，才逐步让美国更多的商学院就案例教学的意义、特点与有效性达成了初步共识，为其推广提供了认识上的基础。同时，哈佛又创建了它的"校际案例交流所"，为全美各院校提供了方便而丰富的案例供应源。今天，哈佛大学案例教学法已经成为全球教学模式的典范，并在世界范围内产生广泛影响。

20世纪60年代后，案例教学在很多专业教育领域得到广泛应用。案

---

① 王少非：《案例法的历史及其对教学案例开发的启示》，《教育发展研究》2000年第10期。

例教学应用的学科领域相当广泛,除法学教育、医学教育、企业管理外,师资培养、公共行政、社会工作、建筑、新闻等学科也都有应用案例教学的例子。而且案例教学传出了美国,被加拿大、英国、法国、德国、意大利、日本以及东南亚国家引进。1984 年,"世界案例教学法研究与应用学会"在美国成立,这是一个由教授、研究者、决策者、专业人员及公司经理人等组成,会员横跨世界 50 多个国家的全球性组织,该组织的成立标志着案例教学法的发展已日趋成熟。目前,哈佛商学院拥有世界上最大的管理案例库,并致力于在全球推广案例教学。2004 年开始,哈佛商学院投入大量资金面向亚洲名牌大学商学院开展了"案例方法和以参与者为中心的学习项目",向亚洲输出哈佛式的案例教学模式和案例开发体系。这是哈佛商学院案例教育国际化战略的重要组成部分,迄今已经开办 8 届,每届均采取在美国本土和亚洲分阶段开展的模式,培养了近 500 名的亚洲地区名牌大学商学院的资深教师。[①] 目前,毅伟商学院、达顿商学院和瑞士洛桑国际发展管理学院是公认的全球范围内应用案例教学的商学院。

案例教学在教师教育领域的应用一直被有关教学研究的文献所忽视。1980 年,美国学者舒尔曼首次提出教学的知识基础的概念,认为案例知识是教学知识基础的一个关键部分。他指出,案例知识是一种潜在的可以被编码化的、传达了实践智慧的知识主体,是教学的知识基础的实质,就像从教育研究中提取的原则性知识一样。[②] 1986 年,案例教学在出版的《准备就绪的国家:21 世纪的教师》中被明确提出来:"(教师教育)中应当采用的方法,就是法学院和管理学院得到充分发展、但在教师教育中却几乎陌生的案例分析。提示了大量教学问题的'案例'教育,应当作为讲授的主要焦点加以开发。"[③] 这是卡耐基教学专业工作组完成的一份具有里程碑意义的报告。同时,在美国教育研究协会年会重要演讲中,舒尔曼倡议要发展关于教育的案例作为师范教育的工具进行描写、应用

[①] 付永刚、王淑娟编著:《管理教育中的案例教学法》,大连理工大学出版社 2008 年版,第 7—9 页。

[②] [美]舒尔曼:《实践智慧:论教学、学习与学会教学》,王艳玲等译,华东师范大学出版社 2014 年版,第 142—143 页。

[③] [日]佐藤学:《课程与教师》,钟启泉译,教育科学出版社 2003 年版,第 284—285 页。

及研究。案例教学开始在教师教育中真正得以应用和研究。

五 案例教学在中国的发展（1980年至今）：聚焦管理领域

案例教学在中国的发展，主要集中在管理领域。[①]

1980年夏，由美国商务部与中国大陆教育部、经贸委合作举办"袖珍MBA"培训班，将中美合作培养MBA的项目执行基地设在大连理工大学，成立了"中国工业科技管理大连培训中心"。为更加有效地开展针对中国管理者的MBA教育的管理培训，美国教师团与中国教师对特许开放的四座城市的20余家企业进行采访，撰写了首批用于教学的83篇中国管理案例，并编写了《案例教学法介绍》一书，可视为中国管理案例和案例教学法的开端。

1986年春，在国家经委的支持下，大连培训中心首次举办了为期两周的案例培训班。同年年底，在太原成立了第一个国内民间的专门学术团体——"管理案例研究会"，1987年开始创办学术刊物《管理案例教学研究》。

1997年，MBA教育指导委员会正式提出在56所MBA培养院校推广案例教学。1998年，清华大学、北京大学投入数百万元建设工商管理案例库。哈佛商学院、加拿大西安大略大学、毅伟商学院等国外著名商学院也开始向中国输出案例教学法及各类案例资源。

2007年，在MBA教育指导委员会的领导和支持下，"中国管理案例共享中心"成立，该中心日常工作机构设在大连理工大学管理学院，中心以"统一规范、分散建设、共同参与、资源共享"为宗旨，致力于推动和提高中国管理案例教学与研究水平，在组织层次、案例资源利用、师资培训、案例科学研究等层面为中国管理案例建设开创了一种新模式。

[①] 付永刚、王淑娟编著：《管理教育中的案例教学法》，大连理工大学出版社2008年版，第7—9页。

第二节 案例教学的理论识读

一 案例教学的理论基础

任何教学法背后都有一套隐蔽的哲学理念，只有哲学理念相同的教学法可以相互嫁接而不至于产生排斥现象。案例教学的价值取向是什么？案例教学所应用的专业领域是否具有相同或相近的理论基础？如此才能将案例教学与一定的专业领域相对接。

（一）案例教学的价值取向

梅赛斯认为，美国教师教育的案例教学研究已经形成五种取向。一是理论取向，主张案例即理论，并将案例教学界定为教师专业化的重要组成部分；二是实践取向，突出教师教育中的教育实践能力；三是技术取向，突出教师将理论或科学原则应用于实际情景的技术、技巧；四是教师发展取向，主张教师在解决教育问题的同时推动个人发展；五是批判取向，把进步的社会观与激进的教育批判相结合。[①]

靳玉乐和向眉认为，当前工商管理案例教学的主流价值取向是以案例的工具价值为基础，以获得科学知识和管理技巧为目的的学术—技术取向。工商管理案例重建的方向是以案例的内在价值为基础的经验—探究取向的工商管理案例教学。经验—探究取向案例教学秉承后现代知识观，不再把科学知识看作唯一的知识形态，承认各种被科学知识遮蔽的知识的合法性，叙事知识便是其中的一种。从知识地位的角度来看，科学知识与叙事知识是两种平等的知识，科学知识致力于解释，叙事知识致力于诠释。经验—探究取向的案例教学致力于管理学习者叙事知识的建构、改组、改造与传播。[②]

张新平等从知识观、师生观和教学观的视角分析了案例教学。知识观从知识的个体占有到共同建构，案例教学也从传统的灌输客观知识转

---

① 王少非：《教师教育中的案例法与教学案例的开发》，《高等师范教育研究》2000年第2期。
② 靳玉乐、向眉：《论案例教学价值取向的变革——基于对工商管理案例教学的分析》，《西南大学学报》（社会科学版）2015年第1期。

向师生间的知识共创；师生观从等级式的分离关系到互联式的平等伙伴，案例教学也从学生的被动接受转向师生的平等分享；教学观从封闭式的独自讲授到开放式的讨论交流，案例教学也从教师的精准设计与执行转向师生的对话合作。①

（二）案例教学的哲学基础

张学敏和侯佛钢认为，案例教学是连接理论与实践的桥梁。理论与实践关联的性质，从马克思主义来看，本质上是人的认识与实践的关系问题，都与作为认识主体和实践主体的人相关。② 黄锦章认为，就精神实质而言，案例教学与启蒙运动之后盛行于欧美思想界的经验主义哲学有更为直接的血缘关系。经验主义哲学强调知识的实践性和经验性，主张以学生为中心，案例教学在教学思想和方法上与经验主义哲学不谋而合。以杜威实用主义思想为代表的进步主义教学改革运动也为案例教学的应用提供了哲学基础。③ 1904 年，杜威提出了作为"专业学院"的教育学院中的教师教育的课题与构想，把大学的教师教育课题视为同医生、律师的教育意义拥有"专业教育"。他指出专业教育的核心是开发专业原理与技术教育的课程，案例分析就是为满足这一要求而开发的方法。④ 吴义昌认为，胡塞尔现象学中的"直观"理论能够为案例教学强调案例提供基础，现象学中的"面向事实本身"能为案例教学重视批评提供思想基础，其中"悬置"和"加括号"的批判方法值得案例教学借鉴。现象学的"交互主体性"理论能为案例教学推崇讨论提供理论基础，现象学中的"生活世界"理论能为案例教学中以学生为本提供理论基础。⑤

（三）认知学习理论

布鲁纳提出两种主要的认知方式：典范式和叙事式。典范式通常与科学的认知方式联系在一起，它们包括分析、综合、抽象、去个人化和

---

① 张新平、冯晓敏：《重思案例教学的知识观、师生观与教学观》，《高等教育研究》2015年第 11 期。

② 张学敏、侯佛钢：《全日制教育硕士研究生案例教学的桥梁作用》，《学位与研究生教育》2016 年第 8 期。

③ 黄锦章：《关于案例教学的若干理论思考》，《汉语学习》2011 年第 2 期。

④ ［日］佐藤学：《课程与教师》，钟启泉译，教育科学出版社 2003 年版，第 273 页。

⑤ 吴义昌：《案例教学模式的现象学基础探析》，《徐州师范大学学报》（哲学社会科学版）2005 年第 5 期。

去情境化。叙事式则与之相反，它是特定的、实地的、个人的和情境化的。除了具备叙事特征，案例本身也是情境化的，它们包含于一定的情感、空间和时间内，情境学习心理学的发展中，行为表现的具体情境已成为研究的主题。①

在认知科学领域，基于案例推理是人类解决问题的一种认知模型。案例推理中的"案例"是人们在日常工作和生活中所积累的经验事例，它反映着一种问题情境，一种经验。案例知识是一种具有表征经验的叙事性特征和逻辑性特征的方式，蕴含着丰富的、难以提取的隐性知识，而且这些知识是情境化的，并体现在具体的解决问题的过程之中。案例推理意味着调整先前的解决方案来满足新需求；使用过去案例来解释新情境；使用过去案例来评判新的解决方案；或者很像律师那样从以前的案例中做出推理来解释新情境，或者很像劳工仲裁者那样建立新问题的合理解决方案。②

桑代克的学习联结理论、学习迁移理论、班杜拉的观察理论、信息加工理论、建构主义学习理论、认知弹性理论与认知弹性超文本理论中找到案例教学的理论基础。③ 分析和讨论案例能有效促进问题解决办法的迁移，而且案例教学的情境与日后运用所学内容的实际情境相似，有助于学习的迁移；案例教学能调动学生原有的知识储备，是帮助学生将陈述性知识和程序性知识转化为产生式系统的有效方法；案例教学通过向学生提供案例这一认知弹性超文本，激发学生对教师提出各种问题的探索，获得与案例相关的多种知识点，而这些知识点又被镶嵌在案例的背景之中，学习者可以构建一个基于案例和具体情境的知识集群，获得对案例的相关概念与问题的深入理解和整合，使获得的知识与经验具有适

---

① ［美］朱迪思·H. 舒尔曼：《教师教育中的案例教学法》，郅庭瑾主译，华东师范大学出版社2007年版，第22页。

② 冯锐：《基于案例推理的经验学习研究——学习科学的视角》，博士学位论文，华东师范大学，2011年，第16页。

③ 徐延宇、汤小红：《案例教学理论基础探析》，《学位与研究生教育》2002年第6期；黄卫国：《案例教学模式在教育学课中的运用》，《教育理论与实践》2002年第S1期；鲍建生：《课堂教学视频案例：校本教学研修的多功能平台》，《教育发展研究》2003年第12期；王青梅、赵革：《国内外案例教学法研究综述》，《宁波大学学报》（教育科学版）2009年第3期；张筱玮：《案例教学在教育硕士（数学）教学中的实践探索》，《数学教育学报》2012年第5期。

应新情境的灵活性与弹性。

哈佛商学院的案例教学是一项复杂的系统工程。[①] 从学生知识来源看，传统的课堂讲授局限于从教师到学生单方面的信息交流，教师构成单一的知识来源；而在案例教学中，知识来源还包括同学、自我，其理论基础是交往教学理论。从学生学习内容看，传统的课堂讲授注重陈述性知识的学习；而案例教学注重对程序性知识的学习，其理论基础是信息加工理论。从学生学习效果看，在传统课堂讲授的情况下，学生未来面对各种复杂的管理情景，需要开展相应的非程序化决策，决策难度很大；而案例教学则通过大量、有代表性案例的分析与讨论，使学生未来面对各种复杂的管理情景、决策模式能够实现从非程序化决策到程序化决策的转变，决策效率得以提高，其理论基础是学习迁移理论。哈佛大学商学院案例教学作用机制可以用图1-1来表示。

知识来源	教师　同学　自我	交往教学理论
学习内容	陈述性知识 → 程序性知识	信息加工理论
学习效果	非程序化决策 → 程序化决策	学习迁移理论

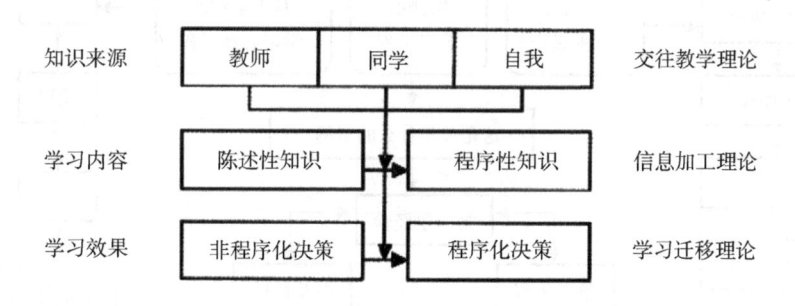

图1-1　哈佛大学商学院案例教学作用机制

（四）舒尔曼案例教学理论

舒尔曼是教师教育领域案例教学的倡导者，其案例教学理论主要集中在以下几个方面（见图1-2）：[②] 案例的要素分析、案例与理论的关系、案例学习的心理过程、案例学习与教师共同体的关系。舒尔曼认为，教育性案例要包括目的、意外事件、判断和反思四个要素，其中意外事

[①] 刘刚：《哈佛商学院案例教学作用机制及其启示》，《中国高教研究》2008年第5期。

[②] ［美］舒尔曼：《实践智慧：论教学、学习与学会教学》，王艳玲等译，华东师范大学出版社2014年版，第176—182页；鲍银霞、孔企平：《舒尔曼案例教学思想评析及启示》，《教育导刊》2012年第7期。

件是案例的本质属性。舒尔曼将从经验中学习的过程概述为四个阶段：定位、叙事、联系和抽象。案例学习的心理过程包括活动、反思、合作和支持性的共同体或文化。案例与教师共同体是互相促进和相辅相成的关系，案例只有在教师共同体内才有教育性价值，案例学习可以成为凝聚教师共同体的黏合剂。舒尔曼长期从事教学和教师教育研究工作，探究教师知识的成长过程，他认为教师教育案例教学法的理论观点具有三个优势：强调了案例知识与教师知识的契合、强调了案例教学与教育学和心理学理论的联系、强调了案例开发和案例学习对教师发展的作用。舒尔曼的案例教学理论对教师教育领域案例教学的研究具有重要的借鉴价值。

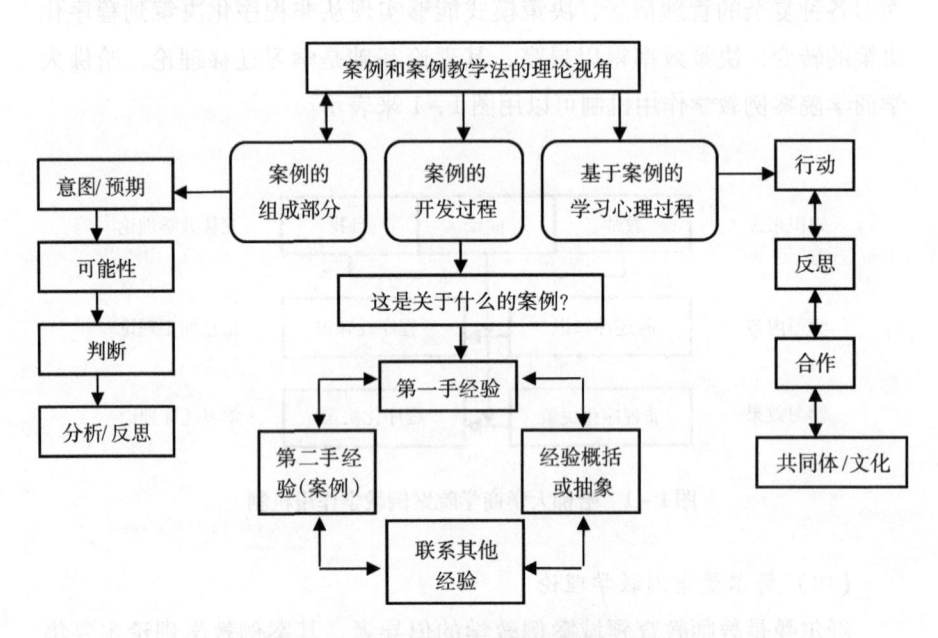

图1-2 舒尔曼案例和案例教学法理论

除此之外，还有学者认为教学交往理论和人本主义理论也是案例教学的理论基础。[①] 案例教学中教师与学生平等交往，是一种鼓励学生积极参与交往的教学，是一种基于交往的教学。案例教学是以人为本理念的

---

① 曲海英、王丽萍、孔令玲：《案例教学——以人为本教育理念的体现》，《医学教育探索》2007年第10期。

体现。学生主体是案例教学人本理念的前提，开发潜能是案例教学人本理念的核心，实践探究是案例教学人本理念的最终目的。

二 案例教学的内涵

案例教学是教师根据教学目标的需要，采用案例进行讲解及组织学生对案例进行研讨，引导学生从实际案例中学习、理解和掌握一般规律、原则和原理的方法。但不同领域对案例教学的理解是不同的。

（一）法学领域的判例教学

美国法学院校主要采取判例教学法，又称哈佛教学法。它是运用具体案件分析基本的法律概念和原则，将法律专业理论与律师办案实际相结合的教学方法。哈佛大学法学院院长兰德尔主张案例分析旨在法学教育的科学化，意味着把具体的判例作为素材，系统地教授法学的原理与学说的方法。兰德尔案例教学法的结构可以分为四个维度：[1]（1）以科学为基础。（2）以案例为素材。兰德尔的案例教学法将教科书丢出教室，用案例取而代之，他依照主题编辑案例教材，每个主题下的案例依照时间顺序排列，以便显示法律原则的含义和变迁。（3）以苏格拉底式方法为手段。通过苏格拉底式教学方法，学生成了科学家，要通过自身的智力劳动去厘清事实、分辨法律理由、建立有关的法律原则和体系。（4）以"像律师一样思考"为目标。美国法学院校之所以实施判例教学法，原因之一是美国是一个普通法系国家，判例占有非常重要的地位。判例教学法对学习和研究美国法律的形式和内容有重要意义。原因之二是判例教学法有助于培养学生的法律推理和表达能力。

（二）医学领域的临床教学

医学案例教学指运用精心选择的案例，通过教师引导和学生自学，使学生系统理解临床医学理论知识、掌握临床基本技能和逻辑思维方法的一种教学手段。哈佛医学院的案例教学分为临床实践和临床病理学会议两种形式。[2] 第一种形式是学生的临床实践。医学院为此创建了附属医院，并

---

[1] 李政辉：《美国案例教学法的批判历程与启示》，《南京大学法律评论》2012年第2期。

[2] 杨光富、张宏菊：《案例教学：从哈佛走向世界——案例教学发展历史研究》，《外国中小学教育》2008年第6期。

在附属医院中引入"临床职位",让医学院的学生进行实习。在此实习的学生,在教学人员和临床医生的指导下进行检查、诊断、记录。这种临床实践的场合成为学生进行科学观察和探究的场合,成为医学院学生研究病例的场合。第二种形式是临床病理学会议。这种方法得益于医疗行业中传统的实践惯例,即医生通常被要求对病人的情况、诊断和治疗过程、方法以及结果进行详细记录,制作一份份的病历。该法就是由病理学专家、临床医生、教学人员和医学院学生共同参与研究病人的医疗记录。从病历的分析中,让学生获得相关的经验,为他们今后走上工作岗位积累经验。

(三)管理领域的案例教学

哈佛工商学院将案例教学界定为一种教师与学生直接参与共同对工商管理案例或疑难问题进行讨论的教学方法。这些案例常以书面的形式展示出来,它来源于实际的工商管理情景。学生在自行阅读、研究、讨论的基础上,通过教师的引导进行全班讨论。[1] 劳伦斯认为,案例教学的方法就是教师们以教学案例为基础,在课堂中帮助学习者达到特定学习目的的一整套教学方法及技巧。[2] 科瓦斯基认为,案例教学法是一种以案例为基础进行研讨的教学方法。它除了可以用来传授资讯、概念以及理论外,也可以训练学生的推理、批评思考、问题解决的技巧。[3] 梅赛斯认为,案例教学法指教学者使用案例,以团体和小组讨论、角色扮演等方式来增进成员间的交流,引发学习者思考,并给予成员真实状况学习的一种教学方法。[4]

(四)教育领域的案例教学

舒尔曼指出,法学有自己的苏格拉底个案法,医学有临床法,商学

---

[1] Michiel R. Leenders, James A. Erskine: *Case Research: The Case Writing Process*, Canada: University of Western Ontario, 1989, p. 3.

[2] [美]小劳伦斯·E. 列恩:《公共管理案例教学指南》,郏少健等译,中国人民大学出版社2001年版,第3页。

[3] Ewa Kowalski, "MBA Teaching Challenges in a Changing Political and Economic Enviroment: A Case Study of MBA Teachers and Students in Poland", *Journal of Teaching in International Business*, Vol. 13, No. 3, October 2008.

[4] Merseth, K. K., "The Early History of Case-Based Instruction: Insights for Teacher Education Today", *Journal of Teacher Education*, Vol. 42, No. 4, September-October 1991.

有自己的案例法，而教师教育还没有形成自己独特的教学法。他提供了一个教师教育专业中运用案例教学法的过程"分析—建构—评论—共同体的循环"。① 理查德认为，案例教学法提供替代方式，给予职前教师丰富的实务状况，让其有充裕的时间研读和了解可能会面临的教学实务，并学习如何挑战各种实务内容。②《教育大辞典》将案例教学界定为：高等学校社会科学某些科类的专业教学中的一种教学方法，即通过组织学生讨论一系列案例，提出解决问题的方案，使学生掌握有关的专业技能、知识和理论。③ 郑金洲从广义上将案例教学界定为：通过对一个含有问题在内的具体教育情境的描述，引导学生对这些特殊情境进行讨论的一种教学方法。在一定意义上它是与讲授法相对立的。④ 黄卫国认为，案例教学就是指教师根据教学目标和教学任务的要求，运用精选出来的案例材料，使学生进入某种特定的事件、情境之中，通过组织学生对事件的构成进行积极主动的探究活动，从而提高学生创造性运用知识、分析和解决实际问题能力的一种教学模式。⑤ 张新平等从案例教学的本质出发，认为案例教学是教育者本着理论与实际有机整合的宗旨，遵循教学目的的要求，针对教学内容，选择恰当案例，并以案例为基本素材，将学习者引入一个特定的真实情境中，通过师生、生生之间的多向互动、平等对话和积极研讨，促使学生充分理解问题之复杂性、变化性、多样性等属性的教学形式。案例教学不只是一种简单的教学方法和教学技巧，而是一场涉及从知识观、教学观、师生观到具体的课堂组织形式、教学手段的广泛变革。⑥ 张家军和靳玉乐认为，案例教学就是在教师的指导下，根据教学目的的要求，组织学生通过对案例的调查、阅读、思考、分析、

---

① Shulman, L. S., "Those Who Understand: Knowledge Growth in Teaching", *Educational Research*, Vol. 15, No. 2, February 1986.

② Richert, A. E., *Case Methods and Teacher Education: Using Cases to Teach Teacher Reflection*. In R. Tabachnich, B. & K. Zeichner (Eds), Issues and Practices in Inquiry-Oriented Teacher Education, London: Falmer Press, 1991, pp. 130–150.

③ 顾明远:《教育大辞典简编本》，上海教育出版社1999年版，第69页。

④ 郑金洲编著:《案例教学指南》，华东师范大学出版社2000年版，第6—7页。

⑤ 黄卫国:《案例教学模式在教育学课中的运用》,《教育理论与实践》2002年第S1期。

⑥ 张新平、冯晓敏:《重思案例教学的知识观、师生观与教学观》,《高等教育研究》2015年第11期。

讨论和交流等活动，教给他们分析问题和解决问题的方法或道理，进而提高他们分析问题和解决问题的能力，加深他们对基本原理和概念理解的一种特定的教学方法。[①] 许立新认为，教师教育领域中的案例教学，是指教育者根据一定的教育目的，以案例为基本教学材料，将学习者引入教育实践的情境中，通过师生之间、生生之间的多向互动、平等对话和积极研讨等形式，提高学习者面对复杂教育情境的决策能力和行动能力的一系列教学方式的总和。[②] 夏正江将案例教学界定为，师生围绕某个特定的案例事实展开相互作用，共同对案例情境中包含的疑难问题进行研讨与分析，以求解决疑难问题，做出相应决策的过程。案例教学包括三个逻辑要素：对象要素、目的要素、过程与方法要素。[③] 索桂芳认为，高师教育学案例教学模式是指教师在一定的教学理论的指导下，依据高师生学习规律，运用精选出来的案例材料，使学生进入某种特定的事件、情境之中，通过师生之间、生生之间的多向互动、平等对话和积极研讨等形式，探索蕴含在其中的教育原理知识，发展学生创造性地运用知识分析和解决实际问题的能力及研究能力，培养学生的职业意识，促进学生和谐发展的一种教学模式。[④] 周海瑛等认为，案例教学就是指教师基于素质教育的理念，根据教学目的的要求，在精心策划和指导下，以案例为基本教学材料，将学习者引入教育实践的情境中，在课堂上组织学生对案例阅读、思考、分析、讨论和交流等活动，通过师生之间、生生之间多向互动、平等对话和积极研讨等形式，培养学习者批判性思维和创造性思维的能力，提高面对复杂教育情境的决策能力和行动能力的一系列教学方式、方法的总和。[⑤]

[①] 张家军、靳玉乐：《论案例教学的本质与特点》，《中国教育学刊》2004年第1期。

[②] 许立新：《案例教学：当代中国教师教育模式的新视野》，《中小学教师培训》2004年第1期。

[③] 夏正江：《从"案例教学"到"案例研究"：转换机制探析》，《全球教育展望》2005年第2期。

[④] 索桂芳：《面向基础教育新课程的高师教育学案例教学模式的构建》，《课程·教材·教法》2007年第7期。

[⑤] 周海瑛、马晓春：《高师教师教育课程中案例教学的研究与实践》，《黑龙江高教研究》2011年第5期。

三 案例教学的功能

案例教学在激发动机、促进理论向实践转化以及培养问题解决者与批判性思考方面具有更好的作用。具体包括以下几个方面。

（一）案例教学有助于调动学习者的学习积极性

案例教学是通过做来学习、通过教授他人来学习，学习的内容会深深地印刻在脑海，一直伴随着学习者。案例法特别适合处理新的和复杂的形势，迫使你独立思考，激发自己的学习兴趣。事实上，案例是教你学习如何学习的过程。[1] 案例学习是多方位的，并非自上而下的灌输式，因为收获来自所有参与者思想火花的碰撞，其中也包括教师。解读案例没有一条固定的途径，每个人都可以贡献自己的观点。有时，错误和过失反倒可以给人以启发。[2] 案例教学可以弥补传统教材冷酷、森严和乏味的局限性，充分调动学生学习的积极性、主动性和创造性，激发他们进行不断学习的内在动机、热情和自信心。[3]

（二）案例教学有助于促进理论与实践的融合

斯皮罗指出，为了达到发展学生在知识表现上的认知灵活性这一目标，从而便于在将来应用，最好的学习和教学方法就是基于案例的讲述方法，它将内容领域视作一幅可以通过多个方向进行交叉式探究的"图景"，可以将不同的相邻案例的情境进行置换，并从不同的抽象维度进行案例的比较。使用案例的目的是强调它的知性效果，案例内容因蕴含专业理论知识，以及这种专业知识在教学情境中的运用情形，可以让职前教师进行理论与实务的辩证。[4] 舒尔曼认为，方法论的课程是连接理论与实践的桥梁，通过符合案例的运用和对案例的不同层面上的解读，教师教育的教育者们应抵制那些浅显容易的教学法则，复杂的案例将告诉

---

[1] Michiel R. Leenders, James A. Erskine, *Case Research*: *The Case Writing Process*, Canada: University of Western Ontario, 1989, p. 6.

[2] [美] 威廉·埃利特:《案例学习指南——阅读、分析、讨论案例和撰写案例报告》, 刘刚等译, 中国人民大学出版社 2009 年版, 第 22 页。

[3] 唐世纲:《论案例教学的实施及功用》,《教学与管理》2005 年第 5 期。

[4] Spiro, P. J., Coulson, R. L., Feltovich, P. J., & Anderson, D. K., "Cognitive Flexibility Theory: Advanced Knowledge Acquisition in Ill-structured Domains", *Tenth Annual Conference of the Cognitive Scinence Society*, Hillsdale, NJ: Erlbaum, 1988.

未来的教师和外行者——教学是一个复杂的领域,需要进行敏锐地判断和苦恼地决断。[1] 案例教学能大幅缩短教学情境与实际生活情境的差距,可以促使被培训教师很好地掌握理论,通过案例教学得到的知识是内化了的知识,并且可以在很大程度上整合教育教学中那些"不确定性"的知识。[2] 孙承毅等认为,案例教学能促进准教师专业理论的理解与提升,能促进准教师专业技能的培养与训练,有助于准教师专业意识的创生与成长。[3] 案例教学能激活与展现教学实践智慧,解构与重构课堂教学实践,显化与提炼教学理论知识。[4] 案例教学有助于完善职前培训内容和课程体系,改善职前教师的知识结构,增强其案例知识和策略知识。[5]

(三) 案例教学有助于发展学习者分析与解决问题的能力

梅赛斯认为,案例教学法能帮助学习者发展分析及解决问题的能力;促进学习者反省的练习和谨慎的行动;帮助学习者在复杂情境下分析与行动;促使学习社群的产生。[6] 郑金洲指出,案例教学可以发展被培训教师的创新精神以及实际解决问题等能力和品质,可以帮助被培训教师理解教学中所出现的疑难问题,掌握对教学进行分析和反思的方式。[7] 许立新认为,把案例教学运用于教师教育课程,相同的教学内容,运用案例教学方式学习的学生比起那些没有运用过案例教学的学生,学习收获明显较多,运用案例教学的学生在推理能力和对教育事件的反思性水平上取得了长进,他们具有较高的课堂学习动机水平,在学生的教学实习中,合作教师和教学指导教师评定认为他们的"反思能力"较高。[8]

---

[1] Shulman, J. H., Colbert, J. A., Kemper, D., & Dmytriw, L., "Case Writing as a Site for Collaboration", *Teacher Education Quarterly*, Vol. 17, No. 1, March 1990.

[2] 郑金洲:《案例教学:教师专业发展的新途径》,《教育理论与实践》2002 年第 7 期。

[3] 孙承毅、孙万东:《案例教学模式的课堂管理策略》,《黑龙江高教研究》2006 年第 9 期。

[4] 罗新兵、罗增儒:《案例教学:谋求教学理论与教学实践协同提升》,《天津师范大学学报》(基础教育版) 2005 年第 2 期。

[5] 刘锡娥:《案例教学在职前教师培养中的功能探析》,《教育探索》2009 年第 2 期;吴云鹏:《案例教学:教师教育的新境界》,《衡阳师范学院学报》2009 年第 5 期。

[6] Merseth, K. K. "The Early History of Case-Based Instruction: Insights for Teacher Education Today", *Journal of Teacher Education*, Vol. 42, No. 4, September-October 1991.

[7] 郑金洲:《案例教学:教师专业发展的新途径》,《教育理论与实践》2002 年第 7 期。

[8] 许立新:《案例教学:当代中国教师教育模式的新视野》,《中小学教师培训》2004 年第 1 期。

（四）案例教学有助于发展学习者合作沟通等综合能力

案例法能提升学生的分析能力、决策能力、将所学的理论和技能应用到实践的能力、口头交流能力、时间管理能力、课堂讨论中解决与学习同伴冲突和折中的能力、解决问题中的创造力以及书面交流能力。案例教学法提供了许多具体案例的替代性经验，可以拓展并磨炼职前教师了解教学专业的职能，给学习者提供"专业化地思考问题的模式"，提升从自己及别人的经验学习的能力。学生是案例教学的最大受益者，案例教学可以提升学生的综合素质，如自学习惯和自学能力的提高、心理素质和口头表达能力的锻炼、创新意识的培养和思维的操练、增强其课堂教学能力、教学研究能力、反思能力和合作能力。①

第三节 案例教学的实践探索

一 案例教学的实施模式

佐藤学认为，要对教师教育中的案例分析取得明确的共识是不可能的。但有可能抽出若干种类型。② 第一种类型是哈佛大学法学院院长兰德尔模式，把案例分析作为针对特定心理学原理与教学论原理加以应用，使学生理解理论原理；第二种类型是舒尔曼小组采用的以教师直面实践问题为案例构成，从中进行教育研究与心理学研究的原理与技术的整合；第三种类型是麻省理工学院的哲学教授舍恩倡导的方法，要求"活动过程的反思"，在以案例为对象的反省性思考与探究活动中把握原理；第四种类型是阿拉斯加大学克莱因菲尔德实践的方法，组织案例的解释与讨论，对学生进行"教师式思考"的教育；第五种类型是帕尔大学西尔弗曼实践的方法，从鲜活的案例本身出发，综合学生拥有的经验与相关领域的理论与原理，进行具体的实践实例的诊断与分析。

赫雷德主张将案例方法引入科学教育领域，在谈到教师如何教案例

---

① 唐世纲：《论案例教学的实施及功用》，《教学与管理》2005年第5期；刘锡娥：《案例教学在职前教师培养中的功能探析》，《教育探索》2009年第2期；吴云鹏：《案例教学：教师教育的新境界》，《衡阳师范学院学报》2009年第5期。

② ［日］佐藤学：《课程与教师》，钟启泉译，教育科学出版社2003年版，第286—287页。

时，他介绍了以下几种可供选择的"形式"。①（1）讨论形式。这种形式是商学院和法学院处理案例的经典格式。它通常要求学生做出决策或对案例进行评估。（2）争论形式。争论对于那些包含两种正好相反的对立观点的案例特别适用。一个好的争论方式是，遵循模拟法庭观点竞争的程序，将学生分成两组（每组3人比较理想），双方各执一端，各小组事先准备好简要的书面陈述，并为各自观点的辩护做好准备。（3）公开听证形式。成立一个由学生组成的专门小组（其功能类似听证委员会），倾听出席听证会不同学生团体的声音，通过连续的提问，引导出席者讲出他们对事物的有关看法与意见。（4）审判形式。参与者也分正反两方，正反两方分别是由双方的律师及证人代理出场。（5）科学研究小组形式。选择典型地反映科学研究活动一般过程的案例主题，要求学生以研究小组为单位，在实践过程中，去亲历、重演、模拟科学研究活动的完整过程，学会按"导言""方法""结果""讨论"和"参考文献"的体例去撰写科学论文。

夏正江认为，通过案例分析将理论与实践联系可通过两种方式来进行：一是借案例分析帮助教师更好地领悟、理解和检验有关教育教学的原理知识。兰德尔在美国哈佛大学法学院所倡导的"判例分析"就是如此。其基本做法是，将具体的法学判例作为素材，借以系统地教授法学的原理与学说。二是借助大量的案例分析与讨论帮助教师逐渐积累同教育实践相关的临床经验（具体表现为个别性的案例认识），这些临床经验靠系统的理论学习是不可能获得的。②

宋华明针对案例教学中案例之间相互独立，难以形成完整体系的问题，提出案例组合法。③ 即针对一个特定的教学目的，当一个案例不能满足教学需求，尤其是案例内容涉及管理理论的某一局部、不能全面地与课堂讲授的理论知识相结合的情况下，采用多个案例，这些案例互为补充，其中每个案例都能反映完整理论知识体系的某一侧面，所有这些案例又能覆盖所有知识点，把这些案例有机地、系统地组合起来，形成一

---

① Clyde Freeman Herreid, "Case Studies in Science: a Novel Method of Science Education", JournAl of College Science Teaching, Vol. 23, No. 4, February 1994.

② 夏正江：《从"案例教学"到"案例研究"：转换机制探析》，《全球教育展望》2005年第2期。

③ 宋华明：《管理案例教学中的案例组合法》，《高等工程教育研究》2005年第3期。

个组合案例（案例群），通过这种方法完成教学目标。案例组合法的步骤包括：（1）制定教学目的，确定教学基本知识、基本理论、基本技能要求，教学重点和难点。（2）设定理论知识体系的架构。（3）依据教学目的遴选相关案例。（4）将元案例进行组合，形成组合案例。

教师在实施案例教学时通常涉及三个基本维度：（1）管理知识抽象性维度——理论和实例作为两个极端；（2）管理知识情境化维度——西方和中国作为两个不同背景；（3）教师角色维度——引导者和控制者作为两个极端。不同教师在这个三维模型中可以采取不同的定位，并且同一位教师也可以根据自身经验、学员特征等因素在教学的不同阶段对定位进行动态调整（见图1-3）。①

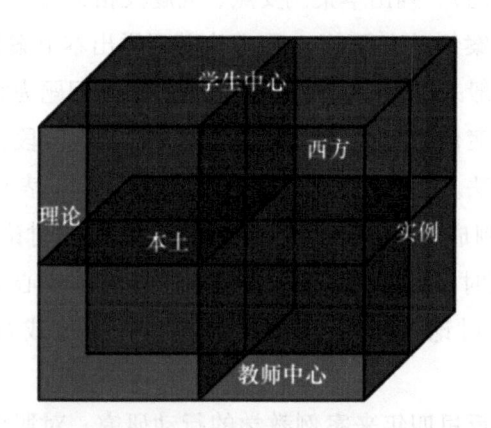

图1-3　中国情境下的案例教学策略：三维定位模型

二　案例教学的实施步骤

（一）课前准备

沃塞曼指出，学习实施案例教学的历程绝非"玫瑰花园"般的美好，教学者必须克服许多障碍，必须学习许多教学技能，如讲解案例、放弃主控、学习耐心、调整心态等，在运用案例教学前应准备的工作包括：

---

① 武亚军、孙轶：《中国情境下的哈佛案例教学法：多案例比较研究》，《管理案例研究与评论》2010年第1期。

(1) 对案例有充足的了解，教师应阅读案例内容，相关主题的研究文献，以掌握案例的细节。(2) 了解案例中的关键议题，列出关键点供课堂讨论。(3) 事先准备适当的问题，教师必须知道该问什么，何时提问，如何清楚地架构出问题，如何用非胁迫的方式让学生回答问题等。问题的安排可以按照四个层次排列：概述性问题、分析性问题、评估性问题、总体性问题。(4) 了解学生。(5) 了解自己。(6) 搜集适合的后续活动。[①]

哈佛大学商学院琳达教授对新教师利用案例教学的几点忠告：在备课时，教师要关注以下几件事情：(1) 教师要熟悉并记住案例的主要内容（重要人物的姓名、职务，事件发生的时间、地点、背景、现状及当前存在的主要问题），列出本案例要点、问题及相关的管理理念。(2) 设计教案（课堂上案例讨论程序）。要确定并列举出本节案例分析需要重点讨论的问题，一般来说，一次讨论开列出3—4个问题为宜。(3) 在组织学生讨论和分析案例过程中，教师适当地进行几次阶段性小结或点评是很有效的教学办法。(4) 尽量将案例中重要数据、表格提前标示出来（写在黑板上或制成幻灯片存入电脑），以便在课堂讨论时供学生观看。(5) 在设计问题时，让哪位学生先发言，事前教师要心中有数（依靠少数积极分子活跃讨论气氛），但不能忽视坐在后边或行动迟缓学生的存在。[②]

夏正江通过反思四年来案例教学的行动研究，对职前教师教育中案例教学提出如下建议：小班授课，人数控制在30人左右；上课教师应花时间专门讲解案例教学，为接下来的学习做好心理准备；教师课前围绕案例问题的解答，自己做一份案例作业，把回答案例问题所需要的专业知识整理出来，便于案例讨论的总结与补充；应该把"是否看过推荐阅读材料"作为一条重要的评价标准。[③]

---

① Wassermann, S., *Introduction to Case Method Teaching: a Guide to the Galaxy*, New York: Teacher College Columbia University, 1994, p.35.

② 李为民：《如何开展案例教学——哈佛大学商学院琳达教授对新教师利用案例教学的几点忠告》，《北京市经济管理干部学院学报》2004年第1期。

③ 夏正江：《案例教学法在职前教师教育中的应用探索——一项持续四年的行动研究报告》，《全球教育展望》2013年第7期。

准备阶段教师要仔细通读案例，找出案例中的关键问题并判断案例是否只存在一种分析序列，如果不止一种，要思考如何帮助学生形成对案例严密的逻辑分析序列。教师要重视理论知识在分析和解决实际问题过程中所起的工具性作用。教师在引导学生分析具体的教育案例之前，必须采取有效的教学策略，扶助学生掌握和理解教材中的教育概念和教育原理，以为下一阶段的案例剖析打下理论基础。[1] 尹占军等认为，主题的确定是开展案例教学的首要环节，需要深入研究教材体系内容，对教材体系的逻辑结构、教学重点难点、当前的社会热点问题以及学生的思想实际等，都有比较完整、深入、精准的把握。案例教学主题确定后，要围绕这一主题和教学目标选编案例。关于案例选编的原则和策略，基本达成了共识：如典型、新颖、真实、时效性强、贴近学生思想生活实际等，还需要强调的是案例内容与理论重点难点的内在逻辑契合，这是选取案例的根本原则。研讨问题的预设有三个依据：一是在教材分析环节确定的理论重点难点问题，这是概括的、抽象的，需要分解；二是学生的思想困惑和自身存在的实际问题，通常是多层面、具体多样的，需要梳理概括；三是有价值的、切题的案例材料。[2]

（二）课堂讨论

克里斯汀和汉森将案例教学分为"问题分析"与"问题解决"两个阶段。[3]"问题分析"阶段学习者需要讨论的问题是：（1）主要议题是什么？（2）从其他人的观点来看这个情形，又是如何？（3）到底哪里出了问题？"问题解决"阶段学习者需要讨论的问题是：（1）你会如何建议案例中的教师采取什么行动？（2）早知道的话，案例中的教师应该如何做，才能避免问题的发生？（3）为了防患于未然，究竟应该做些什么改变？

分析案例讨论的活动占去半数以上的时间，有效的案例分析取决于教师、催化者或学习者提问的技巧，以下为问题的类型：开放性问题、诊断性问题、资讯搜寻问题、挑战性问题、行动性问题、优先顺序问题、

---

[1] 黄卫国：《案例教学模式在教育学课中的运用》，《教育理论与实践》2002年第S1期。

[2] 尹占军、胡菊华：《"基础"课案例教学环节设计的思考》，《思想理论教育导刊》2013年第7期。

[3] Christensen, C. R., with Hasen, A. J., *Teaching and the Case Method*, Boston: Harvard Bussiness School, 1987, p. 55.

测试性问题、假设性问题、延伸性问题和推论性问题。[1] 菲利普斯和索尔蒂斯认为，如果教师能先讲概念、原理，再来讨论案例，教学将更有效，因为这样的教学"兼顾理论与实务"。

舒尔曼提出，教师引导学生进行案例讨论时，可从下列问题中筛选问题供学生讨论：（1）案例情境的主要问题是什么？哪些是最关键的？（2）是否有人该采取行动？如何行动？为什么？（3）案例中的教师实际上是如何处理的？结果如何？有什么风险？（4）你认为这种情况对于学生、家长与学校有什么影响？为什么？（5）问题的发展如何？是什么条件因素造成现在的困难？（6）你从这个案例中学到了什么？但舒尔曼提醒案例讨论时要注意的陷阱：如果没有健全妥适的团体讨论，参与者就算是参与讨论，但仍不会学习，有时甚至更加增强原有的迷思或成见，因此，案例讨论的引导或催化是非常重要的，而且案例讨论若辅以其他支持性材料，就能进行得较有意义。[2] 只有了解案例叙述者的意图、视角以及立场，才能不被案例中隐含的思维模式、文化、意识形态等所控制，进而才能批判地吸收叙事知识，实现自我的解放与发展。[3]

沃塞曼指出，学生在分析案例材料时应该回答以下几个问题：（1）我从案例中看出的主要观点是什么？主要观点明确吗？（2）谁是主要的参与者？他们充当了什么角色？他们如何充当这些角色？（3）这些参与者是如何与其他人相互影响的？在案例中这种影响重要吗？（4）我如何描绘参与者的行为？激发这些行为的动机是什么？案例中的什么事例可以支持我的观点？（5）我认为主要的参与者应该做些什么？有什么材料可以支持我的观点？（6）在相似的情景下我会做什么？根据我的选择，我所坚持的价值观是什么？（7）从这一案例中我得到什么启示？[4]

许立新认为，引发案例讨论的问题可以包括：（1）这一情境中主要

---

[1] Christensen, C. Roland, David A. Garvin, and Ann Sweet., *The Discussion Teacher in Action*: *Questioning, Listening, and Response*, in "*Education for Judgment*: *the Artistry of Discussion Leadership*", Boston: Harvard Business School Press, 1991, p. 71.

[2] 高熏芳：《师资培育：案例教学的发展与应用策略》，九州出版社2006年版，第15页。

[3] 靳玉乐、向眉：《论案例教学价值取向的变革——基于对工商管理案例教学的分析》，《西南大学学报》（社会科学版）2015年第1期。

[4] Wassermann S., *Introduction to Case Method Teaching*: *a Guide to the Galaxy*, New York: Teacher College Columbia University, 1994, p. 88.

问题有哪些？哪些是最紧急的？哪些是最关键的？（2）如果有解决问题的办法，应该采取什么办法？谁来做？何时做？如何做？你为什么这样考虑？（3）教师实际采取了什么措施？结果如何？有什么风险？有什么不良后果？（4）你认为这一情境对其他当事人——学生、教育督导、家长和学校董事会分别意味着什么？你为什么这样认为？（5）这一情境是如何发展的？如果可能的话，有哪些因素可能改变产生目前这些困难的基本条件？（6）你从这个案例中学到了什么？[1]

罗新兵等认为，案例分析应宏观、微观并重。对于一个案例，既要从宏观上作系统的分析，如整体把握案例的基本架构，总结案例的教学模式，凸显案例的教学理念等，也要从微观上做具体的分析，从案例中截取一个典型的教学片段或提取一个富有价值的教学问题，从深度上挖掘其深层的思想理念，从广度上延拓其丰富的教学含义。[2]

课堂讨论时教师要介绍分析框架或理论工具，提示重要的理念，指导学生重点分析事实背后的问题及解决方案。教师要充分利用多种方式推动课堂讨论，根据案例的性质和特点，可以分别采取小组讨论、辩论、演讲、情景模拟实验、社会调查和课堂表演等方式激发学生兴趣。[3] 总结阶段教师要归类和梳理学员的不同观点，讲明案例中的关键点以及该案例讨论当中存在的不足和长处，要揭示案例包含的理论，强化以前讨论的内容，提示后续的案例。

魏华将案例分析过程分为以下六个步骤：（1）对案例内容的概要了解。案例大概描述了什么样的故事？有哪些人物出现？大致发生的背景？故事的冲突是什么？我有类似的经历吗？（2）对案例格式的分析。案例的格式由以下几个方面组成：标题、引言、故事背景、问题展开、反思与讨论、附录。（3）确定案例的问题焦点。案例是为了充分展示问题而出现，所以抓住案例的问题，并分析问题的独特性。（4）确定案例的人

---

[1] 许立新：《教师教育中的案例教学研究》，硕士学位论文，华东师范大学，2004年，第57页。

[2] 罗新兵、罗增儒：《案例教学：谋求教学理论与教学实践协同提升》，《天津师范大学学报》（基础教育版）2005年第2期。

[3] 陈树文：《哈佛大学商学院案例教学研究》，《大连理工大学学报》（社会科学版）2006年第4期。

物。把案例中人物行为背后的原因确定出来，更详细地复原故事的整个情节，形成故事的完整图示。(5) 保持对案例的独特看法。应该肯定每个人自己的独特认识，对不同结论进行分析，以便更深刻地认识他人的理解。(6) 参考专业人士的评论。通过专业人士的评论可以从教育理论的高度审视案例所揭示的问题。①

案例教学不仅仅是一种教学方法。哈佛大学案例教学的三个"形"：提问、倾听和反馈。三者的实际运用决定着课堂的基调、气氛、进度和文化。提问就是"提出恰当的问题"，而它的艺术性存在两个限定，即"在恰当的时点"和"对恰当的学员"。倾听不仅是关注学员之言，而且还要把握言中之言和言外之意。反馈则是对学员的观点和判断给予建设性的反应。所谓"建设性"不仅针对发表意见的个人，而且针对全体学员以及讨论的问题。哈佛大学案例教学的"神"是教学质量和追求卓越，以及"以学员为中心"的教学理念。②

在视频案例教学中，不仅仅是观摩一段视频，更重要的还在于配合视频片段提供相关的课程材料、背景资料、编码和切片技术、评价量规、反思框架以及检索工具。要特别重视学习支架的作用，设置这些特定的观察、讨论和反思框架有利于帮助教师建立教学理论与教学实践的联系。③

(三) 后续追踪

案例学习后的"札记"撰写是一种潜沉澄清的方式，能提升学习成效。为了维持学生的学习动机，并引导或延伸相关知识的探究，教师可以提供后续性的活动或资讯，如报纸杂志、研究报告或其他文章的阅读或讨论。案例教学可以分析反省事件背后所代表的特殊意义，可当作学生论辩的主要素材。④ 案例教学的结束要求学习者反省并回答案例所呈现关联的理论或原则，试着写下自己的推论，能分享自己的学习心得，能

---

① 魏华:《教师教学案例分析的实践探索》,《教学与管理》2007 年第 12 期。

② 任明川:《哈佛案例教学的"形"与"神"》,《中国大学教学》2008 年第 4 期。

③ Yusuf, K., Deniz, P., & Aslihan, Q., "Supporting Teacher Professional Development through Online Video Case Study Discussions: An Assemblage of Preservice and Inservice Teachers and the Case Teacher", *Teaching & Teacher Education*, Vol. 25, No. 8, November 2009.

④ Shulman, J. H., *Case Methods in Tteacher Education*, New York: Teachers College Press, 1992, p. 56.

比较自己所归纳的原理或原则与教师事先准备好的原理原则清单。[1] 案例讨论后还应该有行为跟进,"教案不能复制出效果",教师需要在反复活动中做行为反省和调整的跟进才能见效。[2] 案例是典型化后的"类实践",教师在教学环节中应尽可能地安排教学实践环节,使教师能在更接近案例实际环境的情况下检验可行方案的正确性。案例教学的教学总结包括解决方案总结评价、单次案例教学总结、课程总结和案例教学效果总结。[3] 为帮助学生更好地完成案例作业,加深对案例问题的理解,开发案例教材时,案例的"思考与讨论题"后面附一份"推荐阅读材料"的清单,阅读材料的电子版可以放在 Blackboard 教学平台,供学生课前课后下载阅读。对那些涉及问题较多、挑战性较强、对学生背景知识要求较高的复杂案例,教师在案例讨论课的基础上,用常规教学法再给学生讲一次,作为"续课",学期末专门给学生上一次复习课,帮助学生对蕴含在每个案例中的教育教学知识(案例知识)进行系统梳理与复习。[4]

三 案例教学实施存在的问题

（一）教与学的观念陈旧

案例教学是否成功,有赖于教师与学生的发展程度及案例使用的启示。例如学生传统上比较接受教师讲授的文化,不习惯分析与批评,而教师也缺乏引导的知能,教师不够开放。案例教学不仅仅是一种教学方法,案例教学背后隐含的是知识观、教学观、学习观的转变。很多学习者误以为案例教学缺乏足够的严谨性和科学性,教师组织讨论不讲授知识是投机取巧,对具备实践经验的人没用。[5] 要使案例教学在中国教师教

---

[1] Wassermann S., *Introduction to Case Method Teaching: a Guide to the Galaxy*, New York: Teacher College Columbia University, 1994, p.93.

[2] 顾泠沅、王洁:《教师在教育行动中成长——以课例为载体的教师教育模式研究(下)》,《课程·教材·教法》2003年第2期。

[3] 萧毅鸿、周献中、凌海风等:《案例教学:一种有效的教师教育方法》,《教育理论与实践》2012年第32期。

[4] 夏正江:《案例教学法在职前教师教育中的应用探索——一项持续四年的行动研究报告》,《全球教育展望》2013年第7期。

[5] 张新平:《论案例教学及其在教育管理学课程中的运用》,《课程·教材·教法》2002年第10期。

育的土壤中生根、开花与结果,还需要教师教育者和学生转变传统陈旧的教学观和学习观,这可能将是中国实施案例教学所面临的最大阻力和挑战。① 尽管案例教学在中国 MBA、MPA 教育中取得了长足的发展,但仍然重视向学生传授理论知识,忽略对学生实践能力、解决问题技巧等方面知识和技能的培养;教学方法主要以讲授方式向学生灌输知识,较少采用案例方法进行教学,造成学生分析问题、解决问题的能力低下。②

(二) 案例质量难以达标

实施案例教学时,合适的教学案例难觅,虽逐渐有学者发展案例,但并无法涵盖各级教育的所有学科或情境。③ 而且案例形成过程往往花费较大,时间消耗过多,并且需要进行现场核对。案例往往是以较短篇幅的材料来涵盖相当长的时间历程的,很难在内容与时间历程之间保持协调一致。④ 目前中国的案例大多篇幅短小,难以支撑 80—90 分钟的教学,案例主题过于暴露,供研讨和争论的可能性较小,案例故事过于陈旧,亟待编制适合教学需要的高质量案例。⑤ 由于对案例教学的特点、本质与内容缺乏了解,在案例选择与编写方面也过于粗糙,从而达不到案例教学的目标,编写案例时要明确案例教学的具体目标、案例的复杂背景、关键性细则和学生在课堂上可能出现的问题。⑥ 国内在工程领域的实证研究显示,影响案例教学效果最重要的因素是案例而非教学模式。而且,案例编写具有专业性、艰难性和复杂性。教师教育中的案例编写需要专业教育研究者的参与,且这些研究人员必须具备实证研究的背景和能力,

---

① 许立新:《案例教学:当代中国教师教育模式的新视野》,《中小学教师培训》2004 年第 1 期。

② 钟曼丽、陈小燕、陈雅宁:《案例教学的发展历程及存在的问题》,《中国管理信息化》2010 年第 23 期。

③ Merseth K. K. , "Cases and Case Methods in Education", in J. Sikula (Ed.) Handbook of Research on Teacher Education (2nd), New York: Macmillan, 1996, pp. 722 – 744.

④ 郑金洲编著:《案例教学指南》,华东师范大学出版社 2000 年版,第 4—5 页。

⑤ 张新平:《论案例教学及其在教育管理学课程中的运用》,《课程·教材·教法》2002 年第 10 期。

⑥ 罗依平:《MPA 案例教学之我见》,《现代教育科学》2008 年第 5 期;李寒梅:《案例教学在教师教育课堂教学中的观察与启示》,《中国大学教学》2013 年第 6 期。

否则教师教育中的案例开发只是空中楼阁。[1]

（三）缺乏胜任案例教学的师资

案例教学成效多依赖教授者教学及教育特质。[2] 案例使用的规范性元素，例如如何实施较为有效？学生所谓问题解决的策略，其评价标准为何？伦理道德的考量如何等都是影响案例教学是否成功的因素。案例教学教师不但要通晓学科知识，还要能理解案例中隐含的理论知识基础，能驾驭基于具体事件的知识的讨论，要有平等观念，尊重学习者的创见。[3] 教师对案例教学本身认识不清，导致案例的标签被泛化，教学功能扩大化，教学设问形式化。[4] 叶凤祥总结了《管理学》案例教学的八大误区：（1）案例教学"一刀切"现象，在实施案例教学时，不注意区分教学目的、授课对象的特点和差异；（2）没有考虑历史文化差异，没有考虑案例教学和其他教学方法的关系，使得案例教学时间比例把握不好；（3）把简单的事例教学当作案例教学，缺乏对案例内容、情节、过程和处理方法的客观描述；（4）案例信手拈来，缺乏对案例的收集、提炼、设计并编写的过程；（5）缺少对案例教学课前、课中和课后的充分准备；（6）案例选择与理论之间脱节，难以产生从案例回归理论，再用以指导实践的作用；（7）案例教学虎头蛇尾，教师抛出既定答案草草收场；（8）组合班级实施案例教学有一定难度的，人多分组多，教学场面难以控制，教师难以兼顾各方意见。[5] 王青梅等从教师、学生、教学环节和案例本身四个方面反思了案例教学现存的弊病。教师把案例教学看作传授知识的一种补充，将其本质看作简单的归纳法而不是发现法，难以实质性地开展案例教学；案例教学对学生学习的主动性和自觉性要求较高，由于学生准备不充分经常会使讨论陷入困境，案例教学会因学生背景、学科特点和班级人数等因素受到影响；没有实地经历，缺乏实证

---

[1] 刘录护、扈中平：《教师教育中的案例教学：理念、案例与研究批判》，《教师教育研究》2015年第3期。

[2] Merseth K. K., "The Early History of Case-Based Instruction: Insights for Teacher Education Today", *Journal of Teacher Education*, Vol. 42, No. 4, September 1991.

[3] 张新平：《论案例教学及其在教育管理学课程中的运用》，《课程·教材·教法》2002年第10期。

[4] 林元龙：《案例教学的几个误区》，《现代教育科学》2004年第10期。

[5] 叶祥凤：《〈管理学〉案例教学的八种误区》，《统计教育》2007年第S1期。

研究，难以弥合案例与实际情境的距离。[①] 雷焕贵等对比了中美两国案例教学在教师与学生角色、教学效果、课堂组织、学时分配等方面的差异。发现中国案例教学中，教师是专门从事教育工作的专职教师，极少甚至从未涉足商业管理，缺乏必要的企业工作经历，所谓的案例教学实质上变成了案例的罗列与案例的讲解而非案例的分析和总结，案例教学仍很大程度地停留在传统教学模式上。由于学生学习成绩考核主要体现在期末卷面成绩上，平时表现只作为参考，学生课堂不作为也就成为一种习惯。相比较美国案例教学占课堂的80%，中国案例教学只占课堂教学的5%左右，中国案例教学的不足较为明显。[②]

（四）案例教学自身的局限

实施案例教学必须面对以下挑战：提供一个安全的环境，重视开放的气氛和彼此接纳尊重的胸襟；监控学习者的情绪，预期并舒缓过度强烈的情感；平衡教师个人与学习者的情境，根据学习者的学习情境，调整教师催化的策略及时间的掌控，并察觉个人的偏见和盲点。[③] 案例教学中，案例与案例之间在事件的叙述上常常是不连续的，学生所获得的知识、技能等难以汇总进一个整体框架中，可能会缺乏对学生的概念、原理等概括化知识批判性分析能力的培养，因为案例中的事件的叙述是远离那些抽象的概念和知识的，也有可能出现"过度概括化"的现象。[④] 案例教学中的案例是"一个个具体的、孤立的、表面的经验与情景"，案例的学习不能代替系统的理论学习与讲授；案例法只适合在高年级的一些综合性课程中使用；要使案例法充分发挥其功能，取得良好效果，案例本身的质量要高，师生都要具备相当的经验、知识、技巧，并需占用相当多的时间与精力；好的案例编写困难，编写一个有效的案例需要有良好的技能和丰富的经验。[⑤]

---

① 王青梅、赵革：《国内外案例教学法研究综述》，《宁波大学学报》（教育科学版）2009年第3期。

② 雷焕贵、段云青：《中美案例教学的比较》，《教育探索》2010年第6期。

③ Shulman, J. H., "Now You See Them, Now You Don't: Anonymity Versus Visibility in Case Studies of Teachers", *Educational Researcher*, Vol. 19, No. 6, June 1990.

④ 郑金洲编著：《案例教学指南》，华东师范大学出版社2000年版，第22页；郭德红：《案例教学：历史、本质和发展趋势》，《高等理科教育》2008年第1期；周海瑛、马晓春：《高师教师教育课程中案例教学的研究与实践》，《黑龙江高教研究》2011年第5期。

⑤ 杜萍：《案例教学：高师公共课教育学教学的抉择》，《淮阴师范学院学报》（哲学社会科学版）2002年第3期。

第 二 章

何为教学案例

第一节 案例与教学的关系定位

研究表明：案例对于案例教学就如同血液对于血库一样重要，离开了案例，案例教学就无从谈起。二者的密切关系体现在教与学的过程中。

一 案例作为说明和检验原理的工具

舒尔曼认为，应用于理论学习中的案例，其价值在于通过栩栩如生的故事体现科学原理，使之实例化和情境化。一个案例可以被精心设计、组织成为特定原理、行动准则或道德愿景的样本。优秀案例的背景细节和逼真效果可以有效解决原理和准则的过度简单化和过度泛化的弊病，大量的案例或类比可以冲淡任何单向认知产生的影响，应用得当的案例可以减少单纯根据经验肆意推断的可能性。[1] 顾泠沅认为，案例是教学理论的故乡。一个典型的案例有时也能反映人类认识实践上的真理，从众多的案例中，可以寻找到理论假设的支持性或反驳性论据，并避免纯粹从理论的研究过程中的偏差。[2]

二 案例作为实践的范例

舒尔曼认为，当一个案例描述了一位教师面临的问题情形、各种可

---

[1] Shulman, L. S., "Knowledge and Teaching: Foundations of the New Reform", *Harvard Educational Review*, Vol. 57, No. 1, February 1987.

[2] 顾泠沅：《教学任务与案例分析》，《上海教育科研》2001年第3期。

能采取的办法和一些解决问题的方法时，读者可以将该教师的行为视作一种实践模式，一种将来行动的前例。一旦读者得以领会和解读其中的意思，这个案例又可以被用作其他观念、态度和实践的示例。前例被归纳成为一种定理，一种更大、更宽泛的实践原理。舒尔曼指出，当案例被用作未来实践的前例时，我们所面对的这种教育工具其潜在的有效性和危险性同时并存。如果精心设计的案例显得过于强势，那么可能会导致读者不问是非就予以接受，成为过度盲目的"前例盲从者"。不过，案例描绘了课堂里师生的真实活动及其行为方式导致的真实后果，这些对未来以及现任教师都颇有裨益。[1] 最早将教师教育中的案例法制度化的是新泽西州立师范学院，教师教育的目标之一就是帮助学生解决课堂教学中可能遇到的问题，此时案例被用作范例，案例被用作向学习提供被实践证明为行之有效的行为指南，它是终结性的。[2]

三 案例作为解决和反思问题的机会

案例会激发学生对其反映的问题产生兴趣，而且编写案例可以为教师带来很多特殊的裨益，可以促进其对教学实践进行反思，增强对案例作品的分析能力。[3] 新泽西州立师范学院教师教育将案例当作课堂讨论的基础，借此开发学习者的理解力和判断力，此时案例被用作学习推理与决策的材料，它是开放性的。[4] 梅赛斯在综合分析教师教育中案例教学使用现状的基础上，认为案例充当了个人反思的启动机。[5] 顾泠沅认为，案例是教学问题解决的源泉。通过案例学习，可以促进每个教师研究自己，

---

[1] Shulman, L. S., & Grossman, P. L., *Final Report to the Spencer Foundation* (*Knowledge Growth ina Profession Publication Series*), Stanford, CA: Stanford University, School of Education, 1987, p.155.

[2] Amy Raths Mcaninch, *Teacher Thinking and the Case Method: Theory and Future Direction*, New York: Teacher College Press, Columbia University, 1993, p.85.

[3] Shulman, J. H., & Colbert, J. A., "Cases as Catalysts for Cases: Inducing Reflection in Teacher Education", *Action in Teacher Education*, Vol.11, No.1, Spring 1989.

[4] Amy Raths Mcaninch, *Teacher Thinking and the Case Method: Theory and Future Direction*, New York: Teacher College Press, Columbia University, 1993, p.97.

[5] Merseth, K. K., "Cases and Case Methods in Education", *In J. Sikula* (ed.) *Handbook of Research on Teacher Education* (2nd), New York: Macmillan, 1996, pp.722–744.

分享别人成长的经验，积累反思素材，在实践中自觉调整教与学的行为，提高课堂教学的效能。案例是教师专业成长的阶梯。运用案例教学，可以将听讲式培训导向参与式培训，在搜集案例、分析案例、交互式讨论、开放式探究和多角度解读的过程中，提高教师培训的针对性和实效性。① 郑金洲认为，写作案例对教师有以下益处：（1）案例写作为教师提供了一个记录自己教育教学经历的机会；（2）案例写作可以促进教师更为深刻地认识到自己工作中的重点和难点；（3）案例写作可以促进教师对自身行为的反思，提升教学工作的专业化水平；（4）案例写作为教师之间分享经验、加强沟通提供了一种有效的方式。② 鲍建生认为，视频案例能提供真实可信的课堂情境，通过案例观察与分析，结合不同的"专家"观点的即时介入，可以提高教师分析新的教学情境的能力，给教师提供向专家学习的机会，能为教师教学研究提供丰富的资源。③ 教育案例的叙写可以培养教师的问题意识，保持对教育现象的敏感性；可以推进教师进行行动研究，解决教育问题；可以深化经验积累，在积累与验证中建构理论；可以加强同伴互导，建立密切的合作关系。④ 刘家春认为，利用视频案例促进教学反思可从两个方面入手：一方面通过观察他人的教学行为，教师可以洞察出有效教学的思路和策略，及其对自身教学行为的启示；另一方面教师通过观察自身教学行为，可以更清醒地意识到自身的教学历程，从而有意识地反思和改进自己的教学行为。⑤

四 案例作为教师知识创新的载体

易凌峰从教学知识创新的角度，认为隐性教学知识转化为显性的、可分享的教学知识是一个关键点。隐性知识难言的特性，需要情境性的载体来展现，教学案例正是这样一个载体，教学案例将具体的教学知识

---

① 顾泠沅：《教学任务与案例分析》，《上海教育科研》2001 年第 3 期。
② 郑金洲：《认识"案例"》，《上海教育科研》2001 年第 2 期。
③ 鲍建生：《课堂教学视频案例：校本教学研修的多功能平台》，《教育发展研究》2003 年第 12 期。
④ 陈杨：《教师应该如何叙写教育案例》，《当代教育科学》2006 年第 10 期。
⑤ 刘家春：《国外教师教育中视频案例教学的特点及其启示》，《外国中小学教育》2011 年第 10 期。

经验隐含于教学情境中。教师的隐性教学经验可以通过教学案例来传递，教学案例的知识创新功能是其生命力所在。[①] 吴云鹏也认为案例的开发、讨论和总结对形成和提升教师教育实践知识具有重要作用。案例开发是通过分析、判断一系列思维加工过程，把教育教学实践中发生的事件用案例形式表现出来，能够帮助教师洞察教育理论与实践之间的关系，促成教育实践知识的吸纳；案例讨论中教师需要深刻理解和掌握课程目标，针对特定教育情境，紧密结合学生已有经验和社会发展实际，动态生成预设的课程价值，有助于教育实践知识的建构；对案例讨论中的各种观点进行总结与反思，揭示教学行为背后的价值观和关系，有助于教育实践知识的提升。[②]

第二节 教学案例的理论识读

一 教学案例的内涵

对教学案例的理解，国内外迄今尚未形成一个普遍接受、完整而严格的定义。将教学案例置于不同学科领域，就会形成不同的称谓和内涵。

（一）法学领域具有先例性质的"判例"

判例是英美法系重要的法律渊源（法的外在表现形式）。英美法系的主要特点是注重法典的延续性，以判例法（以前怎么判，现在还是怎么判）为主要形式。在英美法系中，所谓判例，即具有先例作用的高级法院判决，是判决中的法律原则和规则。如果这种先例——规则被确认为有与制定法类似的法律效力，则它是判例法，并对以后的下级法院处理类似案件起着前例的约束力。在像美国和英联邦这样的习惯法国家，一个案例就是一个审判前的特殊事件或该事件的一个书面记录及其裁决。美国法学教育中作为教学素材的判例，必须是司法实践中经过法院判决已经发生效力、对当事人具有约束力的案例。

将法律视为科学是兰德尔的法哲学观。他认为作为科学的法律其内部结构就不是杂乱无章的，而是上下有序，从高处的原则到底层的具体

[①] 易凌峰：《教学案例研究的知识创新过程分析》，《上海教育科研》2008 年第 12 期。
[②] 吴云鹏：《案例教学与教育学教师的教育实践知识》，《教育评论》2012 年第 1 期。

案例在逻辑上一以贯之。① 因此，掌握原则是法律学习的基本内容。兰德尔所说的"case"是以法学原理与学说得到最清晰体现的法庭陈述与辩论为中心加以选择的，这意味着从判例资料的历史性研究所抽出的原理与法则。法学教育中的教科书被称为"判例汇编"，其内容有各种各样的判例和对判例所做的注释、所提的问题、所附的文章、所列的参考文献等，教学与考试主要是针对判例所进行的讨论、辩论、分析、评价。在法律教育实践中，案例是检验重要原则、法律概念、正确解释、法律信条的重要工具，用于提高具有归纳性和创造性的"类律师思维"方面的技能。然而，"一个司法判决就是一个先例，并且一般来说非常盲目，只有在未来的案例中会涉及相同的具体事实"。②

（二）医学领域具有临床性质的"病例"

医学教育的目标是塑造出能够以一种称职和人道的方式，帮助那些向他求助的人处理健康问题的医生。称职的实践需要掌握专业知识和运用专业技能，这要培养与类律师思维差不多的"类临床医生"。一个待诊断症状的患者及对他的治疗就构成一个案例。正如法律上的正规书面成文记录，一份症状、诊断以及治疗的记录，即可被看作"案例"。在需要以书面记录作为医学治疗证明的其他临床实践领域也认同此定义。与法律中判例的特点不同，在法律中案例构成了一个判例，并且是权威性的。在医疗案例记录是虚幻的和抽象的……诊断推理的时间紧迫性及连续性不可能写在一个记录材料中，这些诊断推理过程的片段在头脑中稍纵即逝，并且他们的实际出现通常是不被认识的。③

（三）管理领域具有决策性质的案例

管理领域的 case 译为"个案、实例、实例、案例"等，一般以"案例"居多。在法律和医学领域，案例自然地产生于专业实践过程中，但在管理实践中，很少有自然发生的制度化的案例。管理教学案例必须经

---

① Christopher Columbus Langdell. *A Selection of Cases on the Law of Contracts*, Boston: Little Brown, 1871, p. 23.

② Ginsburg, Jane C., *Legal Methods: Cases and Meterials*, Westbury, N. Y.: Foundation Press, 1996, p. 46.

③ Barrows, H. S., Tamblyn, R., *Problem-Based Learning: An Approach to Medical Education*, New York: Springer, 1980, p. 79.

过案例教师或案例作者的提炼加工,而且案例的形式与目标极为丰富。在面临压力以及只掌握使人困惑、模棱两可及不充分信息的条件下,推理解释更难,做出决策是商业领导的本质特征,问题决策自然成为管理案例最突出的特征。

公共行政领域第一本案例集的主编哈罗德·斯坦认为,案例描写的是公共行政官员们从事其决策工作时的典型行为方式。案例学习被看作一种学生从对实例的观察中获得见解或建议,或者在这一过程中他们被引导去检验他们自己归纳的预先判断。[1] 格瑞克认为,一个典型的案例是一个被企业决策人实际面临的企业问题(同时还有决策所需要的环境情况、各种不同意见等信息)的记录,这些特殊的案例提供给学生认真分析、分开讨论和对应该采取何种行动作最后的决策。[2] 托尔指出,一个出色的案例,是教师与学生就某一具体事实相互作用的工具;是以实际生活情景中肯定会出现的事实为基础所展开的课堂讨论。它是进行学术探讨的支撑点;它是关于某种复杂情境的记录;它一般是在让学生理解这个情境之前,首先将其分解成若干成分,然后再将其整合在一起。[3] 林德斯、厄斯金认为,案例是对实际情况的描述,通常包含了一个组织中某个人或某些人遇到的决策、挑战、机遇、问题或者争论等。[4] 列恩认为,教学案例是一个描述或基于真实事件和情景而创作的故事,它有明确的教学目的,学习者经过认真的研究和分析后会从中有所收获。[5] 汉森认为,所谓案例就是对实际行动中的行政管理人员和管理者群体面临的情景所进行的部分的、历史的、诊断性的分析。这种分析以叙事形式出现,

---

[1] Stein, Harold. , *Public Administration and Policy Development*: *A Case Book*, New York: Harcourt, brace, 1952, p. 49.

[2] Gragg, C. I. , "Because Wisdom Can't Be Told", in McNair, M. P. (ed.), *The Case Method of Teaching Human Relations and Administration*, Cambridge, MA: Harvard University Press, 1951, p. 6.

[3] Towl, A. R. , *To Study Administration by Cases*, Boston: Harvard Business School, 1969, p. 17.

[4] Michiel R. Leenders, James A. Erskine: *Case Research*: *The Case Writing Process*, Canada: University of Western Ontario, 1989, p. 6.

[5] [美] 小劳伦斯·E. 列恩:《公共管理案例教学指南》,郏少健等译,中国人民大学出版社2001年版,第3页。

并鼓励学生参与进来,它提供对于分析特定情景至关重要的——实质和过程的——数据,以此来设计替代行动方案,来实现认清现实世界的复杂性与模糊性的目的。[①] 劳伦斯认为,一个好的案例是一种媒介,通过它某些现实情况或问题被带进教室供班级和教员研究,让大家对一些实际生活中必须面对的棘手问题进行讨论。它是某些综合的、复杂的情况或问题的记录,在这些情况或问题被理解之前,它们肯定是完全分散的,而后将其组合在一起,其目的是将表达各种不同态度或方式的思想带进教室。[②] 付永刚等认为,管理案例就是为了明确的教学目标,围绕着一定的管理问题进行对某一真实的管理情景所做的客观描述,即采用文字声像等媒介采编撰写成的一段或者一个真实的管理情景(或个案)。[③] 慕凤丽和金汉驰认为,案例是对某个企业所发生的需要解决的管理问题的描述。[④]

(四) 教育领域兼具理论与实践性质的案例

教学与学习历程是非常复杂的,教学困境的解答并非单纯的理论讲授所能达成,案例的丰富情境性使其成为沟通理论与实践的桥梁。教学案例描述教学实践,是对已经发生的教学事件的客观写照,它可以是一节课堂教学的实录,也可以是为反映某一教学理论或凸显某一教学实践而将几节课堂教学整理加工形成的实录,还可以是从一节课堂教学中截取的一个富有意义的特定教学片段或教学场景。它以丰富的叙述形式,向人们展示了一些包含有教师和学生的典型行为、思想、感情在内的故事。[⑤] 舒尔曼认为,案例是叙述性的故事,但教育性案例不只是一个好的

[①] Christensen, C. R., with Hasen, A. J., *Teaching and the Case Method*, Boston: Harvard Bussiness School, 1987, p. 33.

[②] Lawrence, P., The Preparation of Case Material. In K. R. Andrews (ed.), *Case Method of Teaching Human Relations and Administration*, Cambridge, MA: Harvard University Press, 1960, p. 41.

[③] 付永刚、王淑娟编著:《管理教育中的案例教学法》,大连理工大学出版社 2008 年版,第 9 页。

[④] 慕凤丽、[加] 金汉驰:《案例教学在中国:机遇与挑战》,北京大学出版社 2015 年版,第 40 页。

[⑤] Richert, A. E., "*Case Methods and Teacher Education: using Cases to Teach Teacher Reflection*", In Tabachnich, B. & K. Zeichner (Eds), *Issues and Practices in Inquiry-Oriented Teacher Education*, London: The Falmer Press. 1991, pp. 130 – 150.

故事，教育性案例是将目的和意外事件置放于有生命力的和反思性的经验情境中的一种交流形式，它至少具有四个特征：目的、意外事件、判断和反思。其中，意外事件是案例的本质属性。① 郑金洲认为，案例是包含有问题或者说疑难情境在内的真实发生的典型性事件。一个案例就是一个实际情境的描述，在这个情境中，包含有一个或多个疑难问题，同时也可能包含有解决这些问题的方法。② 高熏芳认为，对案例最普遍的定义是：案例是一种描述性的研究文件，是在一个特定学校、特定教室或某一个教师所遭遇到的特殊状况、处境、难题、事件或冲突等，以一种叙事文体方式来描述真实的班级生活，且尽量能把情境、参与者与情境实体做平衡与多重面向观点的呈现。③ 顾泠沅等认为，所谓案例是指包含有某些决策或疑难问题的教学情境故事，这些故事反映了典型的教学思考力水平及其保持、下降或达成等现象（记忆、理解、探究三者之间的关系）。④ 廖哲勋指出，课堂教学案例是师生围绕一个主要问题或主要任务，经过曲折多样的教学过程而取得显著效果及经验教训的一种发人深思的教学实例。课堂教学案例是在特定教学背景下以一定方式对课堂教学活动本质的反映。⑤ 刘录护和扈中平认同舒尔曼"案例即理论"的取向，认为案例＝（典型）实例＋专业（理论）分析。⑥

二 教学案例的特征

关于教学案例的特征，目前基本达成了共识。

第一，真实性。所有的案例都是故事，但不是所有的故事都能成为案例，案例是具有真实性和完整性的故事。案例是为了达到一定目的，以真实的人物、事物、事件为原型，经提炼和修饰所进行的文字或音像

---

① Shulman, L. S., "Reconnection Foundations to the Substance of Teacher Education", Teachers College Record, Vol. 91, No. 3, March 1990.
② 郑金洲编著：《案例教学指南》，华东师范大学出版社2000年版，第3—6页。
③ 高熏芳：《师资培育：案例教学的发展与应用策略》，九州出版社2006年版，第5页。
④ 顾泠沅、王洁：《教师在教育行动中成长——以课例为载体的教师教育模式研究（上）》，《课程·教材·教法》2003年第1期。
⑤ 廖哲勋：《关于课堂教学案例开发的理性思考》，《课程·教材·教法》2003年第6期。
⑥ 刘录护、扈中平：《教师教育中的案例教学：理念、案例与研究批判》，《教师教育研究》2015年第3期。

描述，简单地给一篇文章、一个虚拟故事、一项练习打上"案例"的标签，可能导致案例的泛化，使案例不再有稳定的区别于其他材料的特性。[1]

第二，典型性。案例是具有一定代表性的典型事例，代表着某一类事物或现象的本质属性，所叙述的事件包含教师和学生的典型行为、思想和观念。[2] 沃塞曼指出，案例要有趣且可读性要高，案例要能触动情感，有邀约读者融入情境的作用，案例的叙述品质要佳，要使用叙事文体写作。[3]

第三，情境性。一个教学案例是情境化的，与具体的地点、时间和学科知识紧密结合。如果案例被认为有独特性，就不能忽略具体的学科和教学情境，因为教学就是在特定情境中，将特定的知识教给特定的学生。[4] 案例实现了对教学与现实情境的沟通与融合，经常被置于一个特定的时空背景之中，再现了事件的丰富性和生动性。案例叙述的是一个相对完整的事例，是现实生活的缩影。案例叙述要非常具体，不是对实践的笼统描述，更不是对事件总体特征的抽象化、概括化说明，人物内心世界如动机、态度、思想、意图、需要等都要揭示出来。[5] 案例背景包括时代和政策背景、相关的理论与实践研究背景、特定的事件来源背景，如特定的时间、特定的地点、特定的人物和特定的学科内容等。许立新认为，教师教育中的案例要具有新颖性、讲究时效性，案例的背景要清晰。[6]

第四，问题性。在公共管理教学案例，列恩提出一个"星级质量"

---

[1] 郑金洲：《认识"案例"》，《上海教育科研》2001 年第 2 期。

[2] 邵光华：《美国师范教育中的案例教学法及其启示》，《课程·教材·教法》2001 年第 8 期。

[3] Wassermann, S., *Introduction to Case Method Teaching: a Guide to the Galaxy*, New York: Teacher College Columbia University, 1994, p. 80.

[4] Shulman, L. S., "Knowledge and Teaching: Foundations of the New Reform", *Harvard Education Al Review*, Vol. 57, No. 1, February 1987.

[5] 邵光华：《教师教育中的案例教学法研究及其启示》，《高等师范教育研究》2001 年第 5 期。

[6] 许立新：《案例教学：当代中国教师教育模式的新视野》，《中小学教师培训》2004 年第 1 期。

的案例要满足的标准：提出一个没有明显正确答案的问题；明确必须解决问题、作出决策的主角；需要读者运用案例中的信息去思考问题；需要读者进行批判性、分析性的思考，以便对问题及其潜在的解决方式进行评估；具有足够的赖以进行深入分析的信息。[1] 克利夫和莱特指出，具有指导性的案例的四个显著特征：(1) 明确的、范围广泛的学习目标；(2) 信息含量大、引人入胜的案例说明；(3) 中肯的、有教育意义的问题；(4) 回答案例中提出的问题所需要信息很容易就能获得。[2] 郑金洲认为，案例在其内容上有如下特征：一是发生的事件。案例应展示事件演进的过程。二是事件中包含有问题或疑难。只有那些含有问题、矛盾、对立、冲突在内的事件，才有可能构成案例。三是事件具有典型性。通过这个事件，可以反映一定问题，可以在一定程度上说明类似的情况。四是事件是真实发生的。[3] 廖哲勋认为，课堂教学案例要突出学习活动的主要矛盾，体现矛盾解决过程的曲折性，强调学生主动学习的充分性，展现教学活动的范例性。案例是课堂教学中具有示范意义和研究价值的教学实例。[4]

第五，理论性。舒尔曼强调，教学案例必须表征一定的理论知识，在铅笔头的细节性内容之外，更多普遍性行为准则和良好规则的原理可能潜藏其中，甚至其中还有一些属于实践性的理论。一个案例可以被精心设计、组织成为特定原理、行动准则或道德愿景的样本。[5] 斯托洛维奇和吉普斯提出评鉴案例的三个标准：案例与教学目标的相关性；案例的真实性；案例所处情境的急迫性。[6] 沃塞曼指出，"叙事文"并不等于

---

[1] [美] 小劳伦斯·E. 列恩：《公共管理案例教学指南》，郄少健等译，中国人民大学出版社 2001 年版，第 101—105 页。

[2] Gliff William H., and Ann W. Wright., "Directed Case Study Method for Teaching Human Anatomy and Physiology", *Advances in Physiology Education*, Vol. 15, No. 1, June 1996.

[3] 郑金洲：《案例教学：教师专业发展的新途径》，《教育理论与实践》2002 年第 7 期。

[4] 廖哲勋：《关于课堂教学案例开发的理性思考》，《课程·教材·教法》2003 年第 6 期。

[5] Shulman, L. S., "Reconnecting Foundations to the Substance of Teacher Education", Teachers College Record, Vol. 91, No. 3, March 1990.

[6] Stolovitch, H. D., Keeps, E. J., "Selecting and Writing Case Studies for Improving Human Performance", Perfomance Improvement Quarterly, Vol. 4, No. 1, March 1991.

案例，案例要包含许多重要概念，可转化为教学的课程。① 案例要具有能概括和辐射多种理论知识的示范性。② 易凌峰和陈莉从结构角度，将教学案例分为情境层、经验层和理论层。情境层是案例对教学过程和细节的叙事和描述；经验层是对情境知识的讨论和对教学经验的总结反思；理论层是探究教学情境中的具体经验在更大教学范围内的普遍性意义与价值。③ 陈万明认为，案例是含有问题或疑难情景在内的真实发生的典型事件。案例的特征是：（1）提出问题或说明理论（原理和概念）。（2）引入冲突，激发学生思考并辩论。（3）强压迫性的决定，让学生从参与者的角度来思考如何采取行动解决问题。（4）综合性和抽象性。好的案例能涵盖管理和分析上的普遍性的问题，具备一定的抽象高度。④

三　教学案例的类型

对案例类型的划分，目前主要有以下几种划分标准。

（一）以案例用途为划分标准

舒尔曼认为，案例本身是对某些事件或一系列事件的报道，它们所表征的知识使它们成为案例。对应于三种类型的教学命题知识——原理、格言和准则，他提出三种类型的案例知识：原型、先例和寓言。三种案例知识具有不同的功能：原型例证理论原理，先例捕捉并传递实践或格言的原理，寓言传达规范与价值。当然，一个既定的案例能够实现不止一种功能，它可以同时发挥原型和先例的功能。⑤ 梅赛斯将案例分成两类：第一类是用于研究的案例，其目的是对理论的阐释和佐证，或者是作为假设和观念的原始生长，这种案例最本质的特征是真实、自然和可信。第二类是用于教学的案例，这类案例虽然也强调真实、自然和可

---

① Wassermann, S., *Introduction to Case Method Teaching: a Guide to the Galaxy*, New York: Teacher College Columbia University, 1994, p. 94.

② 傅小悌：《案例教学的运作与原理》，《浙江师大学报》（社会科学版）1997 年第 4 期。

③ 易凌峰、陈莉：《教学案例研究：知识视角的思考》，《教育科学研究》2004 年第 8 期。

④ 陈万明：《案例教学的针对性原则及其运用要领探讨》，《中国大学教学》2006 年第 11 期。

⑤ Shulman, L. S., "Knowledge and Teaching: Foundations of the New Reform", *Harvard Educational Review*, Vol. 57, No. 1, February 1987.

信，他们揭示的应该是教学中的真实的故事、实际的困惑和原始事件，但从有利于教学的角度出发，允许对案例的素材进行文学的加工和科学的组织，以便使案例本身更加精练，也更具可读性。[①] 杜萍根据案例的学习功能将教育学案例分为描述型案例与分析型案例。描述型案例侧重介绍某一教育事件的全过程，要求案例使用者对之进行评审，指出它的长处，点明它的不足，两者都要陈述理由，并能以所学的教育理论作为依据来论证。这种案例往往只写到方案拟定好为止，不描述实施结果，更不加总结与评价，而给学生留有思考的余地。分析型案例，要求在描述情况时要隐含一定的问题，要求学生把这些问题发掘出来，分清主次，探究原因，拟定对策，最后作出决定。这两类案例很难截然划分，因为纯粹的描述很少见，描述中往往蕴含着问题；反之，问题也离不开描述。[②]

陈万明将案例分为五类：概念型案例、说明型案例、发现型案例、诊断型案例、决策型案例。概念型案例设计的用意是促使学生尝试对某个特定概念的理解和运用；说明型案例是说明在实现一个目标、设计和管理一个项目、运用一种方法时的成败得失；发现型案例更多地关注信息的获得和分析，关注对复杂信息以及对这些信息重要程度所作的展示和评价；诊断型案例要求学生面对复杂的管理情景，根据问题的轻重缓急，找出主要矛盾，正确判断出矛盾的成因及其逻辑关系；决策型案例是要求学生在类似于现实生活的背景中对一系列复杂信息进行系统的、严密的思考去识别各种可能的行动目标、规则或方案。他认为也可以把案例归纳为描述评价型和分析决策型两大类，前者描述了解决某种管理问题的全过程，留给学生的分析任务只是对案例中的做法进行事后评价，以及提出建议。后者则只介绍了某一待解决的问题，由学生去分析，并提出对策。后者在培养学生分析决策、解决问题能力的功能上强于

---

① Merseth, K. K., *The Case Method in Training Educators*, Cambridge, MA: Harvard Graduate School of Education, 1981, p. 117.

② 杜萍：《案例教学：高师公共课教育学教学的抉择》，《淮阴师范学院学报》（哲学社会科学版）2002年第3期。

前者。①

索桂芳根据案例作用的不同,将案例分为教育理论案例和教育实务案例。教育理论案例主要是教育理论的运载工具,用于例证和阐明教育理论。此类案例的教学主要是通过引导学生对案例进行分析、讨论和归纳,使学生理解教育理论,形成教育思想。其教学程序为:案例设疑—分析讨论—理论升华。教育实务案例主要是教育教学能力的训练工具。此类案例的教学主要是引导学生对案例进行分析、研究和讨论,就问题作出判断和决策,提高学生分析和解决问题的能力。其基本教学程序为:提供案例—合作探究—总结评价。②

(二) 以案例反映的内容为划分标准

美国伊利诺伊大学曾在20世纪80年代末,开展过一项意在开发师资培训案例的"师范教育专业知识的伊利诺伊计划",将教师所面临的问题分为10个类别:(1) 社会和职业地位;(2) 学生的学习动机;(3) 家长和学校的关系;(4) 管理者和管理;(5) 非教学职责;(6) 时间调控;(7) 学生的纪律;(8) 标准化测验或其他形式的测验;(9) 适应少数学生的学习需要;(10) 用于开发教学材料、教学计划的经费及教师工资。他们围绕这10个类别分别形成了各不相同的案例。③ 李忠如以案例内容反映的主要问题为标准,将案例分为:(1) 课堂中突发事件处理;(2) 人际关系和不同文化差异的处理;(3) 学校的政策、职业特性;(4) 教师与家长、社区关系;(5) 课程与教学。④ 廖哲勋认为,划分案例的类型须同时把握两种尺度。其一是案例的客体尺度。案例的客体尺度是指案例在性质和复杂程度上存在一定的差别,案例的类型须反映这些差别。从内容和性质上考察,案例分为两类。一类是以课本为基本教材、以课堂教学为教学的基本组织形式、以间接经验为主要学习内容的

---

① 陈万明:《案例教学的针对性原则及其运用要领探讨》,《中国大学教学》2006年第11期。

② 索桂芳:《面向基础教育新课程的高师教育学案例教学模式的构建》,《课程·教材·教法》2007年第7期。

③ Broudy, H. S., "Case Studies-Why and How", *Teachers College Record*, Vol. 91, No. 3, March 1990.

④ 李忠如:《试论课堂教学案例的基本理论和实践》,《教育理论与实践》2001年第4期。

案例；另一类是以广泛的教学资源为教材、以学生小组或个人参与课题研究为教学组织形式、以现实信息为主要学习内容的案例。其二是案例的主体尺度，也称价值尺度。案例是为了满足主体（即使用案例的各种人）的种种需要而产生的。案例的主体尺度是指案例具有满足主体多种不同需要的属性。主体对案例的需要是多样的，既需要以间接经验为主要学习内容的案例，又需要以现实信息为主要学习内容的案例，既需要巧妙地处理教学中的偶发事件的案例，也需要按照主题或专题进行教学的案例，等等。按照客体和主体尺度来考察案例，可将案例划分为四种类型：意外式案例（反映教学偶发事件）、主题式案例（按专题开发）、综合式案例（体现教学活动的整体性）、课题研究式案例（综合实践活动）。[①] 张肇丰指出，目前常见的是以学校教育的内容特点为标准进行的分类，包括教育、教学、管理三类案例。按照不同的内容领域，还可以作次一级的分类。教育类包括班主任工作、团队工作、德育工作等；教学类包括学科教学、校本课程、课外活动等；管理类包括教学管理、后勤管理、师资建设等。[②] 商利民认为，目前国内对教育教学案例研究主要集中于两类，一类是教学前的课例设计，是教师在课前对所教内容的一种详尽的探讨和对新教学观念转变为教学行为的记录与思考。教学前的课案设计区别于单纯的教案，无论在案例的立意还是其内容及价值思考都把理念、实践、反思融为教学实际情景描述的主线。另一类是教学后的反思型案例，是教师课后的反思记录与总结。它区别于课堂实录，它有助于教师形成反思习惯或者问题意识，总结得失，明确方向，有利于培养教师形成敏锐的观察能力，提高教师对课堂教学的领悟能力，把先进教学思想进一步清晰地渗透到具体的课堂教学行为之中。[③]

（三）以案例体例为划分标准

傅小悌将案例分为三类：描述型的案例、分析型的案例、讨论型的案例。描述型的案例，主要是叙述事例发生、发展和结局的过程，以及

[①] 廖哲勋：《关于课堂教学案例开发的理性思考》，《课程·教材·教法》2003 年第 6 期。
[②] 张肇丰：《试说教师的案例研究》，《课程·教材·教法》2004 年第 8 期。
[③] 商利民：《试论新课程改革中的教学案例及其研究价值》，《教师教育研究》2004 年第 6 期。

有关的时间、地点和心理条件，但不对整个事例（包括其中的人、事、背景）进行理论诠释和价值评价，它完全是一种客观公正的描述，以免给学生造成一种先入为主的心理定势。分析型的案例，不仅叙述事例的经过、背景材料，而且或隐或显地穿插选编者对整个事例的诠释、评价、分析。这类案例的作用在于引导学生迅捷地找到问题的症结，理出一个分析的思路，复现相关的原理，从而达到问题的解决，深化原理和方法的学习。讨论型的案例，它着重描述事例发生的条件、原因和始端，至于事例随后如何发展、怎样结局、产生什么效果则不作详细交代，或者提供可能形成的多种方向的发展结果。这类案例主要是为了吸引学生的注意力，激发他们的丰富想象力，作出多种的猜测和假设，再通过对不同分析意见的交流、验证、争辩，获得对问题和相关原理的深刻印象。[1]

邵光华基于20世纪80年代末美国伊利诺伊大学的"关于师范教育专业知识的伊利诺伊计划"和90年代哈佛大学的"哈佛教学案例发展计划"，认为教学案例可以分为实录式案例和条例式案例。实录式案例是以教育教学事件发展的实际情况为主线，把过程原原本本（有适当润色）记录下来的一种形式。其中包括事件发生背景情况的陈述、事件中师生之间的问答交流及动作表情、心理活动的描写、课堂某一时刻特殊场景的说明等，最后再提出一系列供讨论分析用的问题。条例式案例是把事件涉及的材料，按"背景、问题、解决方法、评论"等部分顺序组织起来的一种形式。其中，背景、问题、解决方法以第一人称形式叙述，评论部分以其他教师、研究者身份向当事教师提供多种切实可行的解决方案。[2]

（四）以理论定向为划分标准

理论定向包括教学观、学习观及关于如何学习教学的理论。这种定向指导甚至直接框定教师教育中诸如计划、课程开发、教学指导、检查和评价之类的实践活动。教师教育中的理论定向一般分为学术定向、实践定向、技术定向、个人定向和批判/社会定向，这些理论定向框定了教

---

[1] 傅小悌：《案例教学的运作与原理》，《浙江师大学报》（社会科学版）1997年第4期。
[2] 邵光华：《美国师范教育中的案例教学法及其启示》，《课程·教材·教法》2001年第8期。

学案例开发的不同类型。① 学术定向将案例教学看作传递理论知识的手段，要求开发出能反映具体实例与理论的关系，能表征理论知识的教学案例。实践定向认为案例教学的目的在于培养学生的问题解决和分析技能，为教学的真实世界做准备。为此所开发的案例是作为一种范例的案例，常是描述教学中两难情境，向新手教师传递专家教师的知识，帮助他们学习、理解课程教学的技巧方法。技术定向基于对教学的科学研究，强调开发一种能帮助教师学习者演练理性决策程序的教学案例或运用电影和录像来呈现源于经验性研究的有效的技能和行为，微格教学所应用的教学示范片正是这种案例的一种具体形式。个人定向强调将教师学习者置于教学的学习过程的中心，教师直接参与教学案例的开发，以审视和反思自己的经验，同时所开发的案例应为其他教师提供处理某种情境的行为模式或指南。批判/社会定向认为教师是教育者，也是政治活动家，教师必须养成批判性分析和行动的能力。这种定向对案例教学一般较为淡漠，但它的某些观点如对批判性思考的强调等，能为教学案例开发提供有益的启示。

除此之外，也有学者综合多个标准对教学案例进行多维度的划分：从案例内容的叙述方式来看，可以分为实录型案例、条例型案例；从案例的功能来看，可以分为范例型案例、判例型案例、比喻型案例；从案例的性质来看，案例可以分为正常案例、反常案例；从案例的作者来看，案例可以分为自编案例、改编案例、引证案例；从案例问题描述的明暗度来看，案例可以分为明示型案例、隐藏型案例、隐喻型案例；从案例的编排结构来看，案例可以分为情境—问题—解决型案例、解决—情境—问题型案例、问题—解决—情境型案例等。②

第三节 教学案例的实践探索

教学案例开发是由许多原因促成的，最直接的原因是现存的案例过

---

① Merseth, K. K., "The Early History of Case-Based Instruction: Insights for Teacher Education Today", *Journal of Teacher Education*, Vol. 42, No. 4, September 1991.

② 马治国、孔彦：《教育学课程案例教学的基本理论问题研究》，《教育科学》2006 年第 2 期。

时了,为保持课程和课程中的案例紧跟时代,需要不断撰写案例。案例写作、案例开发、案例采编是彼此可以替换使用的词语。它们都表示从决定运用和撰写案例、开发线索、初步接触、信息收集、写作和获得许可,到进行课堂测试和撰写使用说明的整个过程。[1]

一 明确主题,确定课程目标

案例源自对课程计划和对撰写案例需求的认识。课程计划中的主要决策包括选择主题范围,决定课程的起点和终点,同时决定如何实现具体的教学目标。确定撰写案例的类型要列出课程涵盖的所有概念、理论、工具和技巧,以及学生在学习该课程时可能遇到的问题和挑战。案例作者应当选择出最能适应课程教学目标的故事情节分割点,体现明显的课程实用性。确定了这个案例可以应用在哪一门课程以及参与该课程中的学生类型之后,还需要给出这个案例是有用的原因。[2] "这是一个关于什么的案例?"是在所有与案例有关的活动中必问的一个主题,这是一个为了激发学生进行专业学习的有力工具,在案例令人难忘的特殊性、强有力的普遍性和简化了的理论性之间,学生必须学会举一反三、触类旁通。当我们将一个叙事称为案例时,意味着它是一个理论性的行动。要建构一种以案例为本的课程时,首先要确定所要教授的理论原理,一旦确定期望的原理或理论,就可以选择或建构说明这些原理的教学案例。[3] 一个成功的案例作者,必须能够站在教师的角度为教师设身处地地着想。因为教学案例会被进一步用于更为明确的指导目的和任务,它是教师和学生达成某一具体学习目标的手段。案例很少脱离全部课程、学期计划或单门课教程的安排而单独使用。课题通常是围绕一个实质性目的和如何实现该目的的理论或思想而进行设计的,目的的规定性以及达成这一目

---

[1] Michiel R. Leenders, James A. Erskine: *Case Research: The Case Writing Process*, Canada: University of Western Ontario, 1989, p. 178.

[2] Michiel R. Leenders, James A. Erskine: *Case Research: The Case Writing Process*, Canada: University of Western Ontario, 1989, p. 178.

[3] Shulman, L. S., "Knowledge and Teaching: Foundations of the New Reform", *Harvard Educational Review*, Vol. 57, No. 1, February 1987.

的所依据的思想是教学目标以及教学方法的大背景规定。① 杜萍强调，案例编写首先需要吃透待编案例的既定目的，也就是案例准备在教学的哪一章节、什么情况下使用？它应达到什么样的教学目的？使学生得到什么样的教益与启发？这是案例编写的出发点与基础。其次，编写者应当十分理解本案例所涉及的理论、概念、原则与方法等。最后，编写者还必须熟悉为编写案例而从教育、教学实践中收集来的各种素材。② 陈杨认为，教育案例的叙写首先要确定主题。主题由问题提炼产生，可通过3W（What、Why、How）加3W（When、Where、Who）形成问题群，再聚焦问题提炼主题。③

二 为获取素材而开展研究

好的教学案例是一份原始研究，是基于独特的信息而获得的独特故事。教学案例研究与其他研究一样，需要系统、仔细地对你的笔记进行组织、分类与归档，需要保留文献目录、面谈的磁带、笔记或副本等。你的研究应从文献研究开始，继而是实地研究（包括面谈）和第三类研究。④

朱迪斯·H. 舒尔曼提出了一种基于教师与研究者和其他案例作者互动的案例开发方法，具体包括四个阶段：（1）实地经历。教师参与教育教学的实践活动，直接置身于其中，并扮演一个重要的角色。这种经历并不必然地成为案例，只是案例的潜在材料。（2）对经历的反思。研究者开始介入案例开发过程，提供案例写作指南，召集案例写作志愿者会议，通过头脑风暴法产生写作主题，根据主题所选择的实地经历从思考讨论发展成书面叙述。（3）合作协商。以将第二阶段的写作结果变成案例为工作重点。研究者可以书面或直接面对面的方式与教师作者进行交

---

① ［美］小劳伦斯·E. 列恩：《公共管理案例教学指南》，郅少健等译，中国人民大学出版社2001年版，第91—94页。

② 杜萍：《案例教学：高师公共课教育学教学的抉择》，《淮阴师范学院学报》（哲学社会科学版）2002年第3期。

③ 陈杨：《教师应该如何叙写教育案例》，《当代教育科学》2006年第10期。

④ ［美］小劳伦斯·E. 列恩：《公共管理案例教学指南》，郅少健等译，中国人民大学出版社2001年版，第115—120页。

流，使写作者逐渐明确"这是什么的案例"，并进而确定案例中的关键细节和无关问题，使案例能表征一定的理论知识，使对主观经验的叙述真正成为一个能用于教学目的的案例。（4）评论。在每个叙事之后至少附加两个评论，通常一个来自其他教育实践者，另一个来自专家，以扩展作者和读者的思路。[①]

顾泠沅认为，形成案例的具体操作步骤包括：（1）确定教学任务的思考力水平与要求。（2）课堂观察并实录教学过程。（3）教师、学生的课后调查。（4）分析教学的基本特点及思考力水平的比较。（5）撰写教学案例。每个步骤对应的建议研究方法包括：（1）文档（如备课笔记）分析法、讨论。（2）课堂观察技术、录像带分析技术。（3）深度访谈、出声思维、实作测评、文档（如学习笔记）分析法等。（4）综合分析（主要是质的研究方法）。（5）撰写草稿—批判性评论—修改编辑—尝试使用—再修改。[②]

李忠如认为，案例资料收集阶段的具体工作包括：（1）上或者听一堂公开课（听公开课，则要访谈教师，以了解教师的想法）。（2）课前弄清讲课人教授本课的重点、期望达到的目标、教学过程中可能出现的问题、可能的解决策略。（3）集体讨论。召开会议要求观察者凭自己的经验以及观察说出课堂上出现的问题，优点与不足之处，可能的解决策略，安排好记录，此时不宜作评判。（4）任课教师说课，重点说自己的心理感受、遇到的问题、处理方式。（5）参会者角色换位，从任课教师的角度寻求各种解决策略。（6）与会者对各种策略加以批判、讨论，在互动中凸显该课的主题（反映的问题可能是成功的经验也可能是有待改进的样本）。（7）对所有问题加以归类，汇总成不同的范畴，选择相应的教学时段、教学事件作为案例写作的基础，同时对与会者提出的看法加以整理、归纳、归类，作为撰写案例时的参考。[③]

教育领域的案例来源通常有以下三个方面：一是教师把日常授课或

[①] Shulman, J. H., *Case Methods in Teacher Education*, New York: Teachers College Press, 1992, p. 132.

[②] 顾泠沅：《教学任务与案例分析》，《上海教育科研》2001年第3期。

[③] 李忠如：《试论课堂教学案例的基本理论和实践》，《教育理论与实践》2001年第4期。

公开课记录下来，经过一定的整理加工成为研究所用的案例；二是教师回顾、追忆自己在以往教学实践中亲身经历的教学现象、事件与活动，分领域、分专题写成一个个的教学故事；三是公开出版的专业书籍、报刊、网络和广播中选择合适的教学案例。但是由于来源的多样性、复杂性和不可控性，往往使得案例的真实性大打折扣。在第一种来源中，由于有其他人在场，教师授课中难免有"表演"的成分；在第二种来源中，靠教师的事后追忆撰写案例，由于时间的迁移，难以保证真实地还原现场；在第三种来源中，有些案例做了过多的人为处理，难免有杜撰和虚构的成分。[1] 蒯秀丽认为，教育案例一般来源于四个方面：（1）关注全国各地热点教育问题，变成典型的案例；（2）深入基础教育一线，寻找本土的案例；（3）邀请中小学教师报告自己专业成长的经历，展示活的案例；（4）与中小学教师一起结成研究团队，发掘教师自身成长的案例。[2]

三 案例写作过程

麦卡宁奇强调，案例应由理论与叙事两部分组成，先呈现某一课程不同的理论观点，以作为审视叙事的透镜，然后再呈现以该课题为中心的叙事，最后还应列出相关理论的参考书目。[3]

沃塞曼认为，教师作为案例作者，在案例写作时应该考虑如下因素：第一，选择关键事件。对事件的选择应有一定的标准，其中最重要的是它是否对自我发展、专业成长和深入的理解具有最大的促进潜力。具体作选择时，作者需向自己提出下列问题：（1）它对我产生过情感上的冲击吗？（2）它是否呈现了我难以解决的困境？（3）它使我难以作出抉择吗？（4）我是否对自己的问题解决方式感到不满意？（5）它是否具有道德上或伦理上的启示？第二，描述情景。在描述事件时须首先交代事件的背景，作者需考虑：（1）事件是如何发生的？（2）我的最初反应是什么？（3）我的反应对事件的进展发生了何种影响？如何

---

[1] 李德林、徐继存：《教学案例研究刍议》，《教育导刊》2006 年第 10 期。
[2] 蒯秀丽：《案例教学法在教育学教学中的应用》，《教育探索》2011 年第 12 期。
[3] Amy Raths Mcaninch, *Teacher Thinking and the Case Method: Theory and Future Direction*, New York: Teacher College Press, Columbia University, 1993, p. 124.

发生影响？（4）事件涉及哪些因素？第三，确定事件中的人物。确定事件中的关键人物和从属人物，他们各扮演何种角色？相互之间的关系，及与作者的关系是什么？第四，审视事件和自己的反应。（1）事件中发生了什么？它如何进展？（2）我可以做哪些选择？这些选择会导致什么结果？（3）事实上做了何种选择？是什么情感、价值观或理论假定促使我做出这种选择？（4）事件或自己的反应中有什么仍在困扰着我？第五，检视行动的结果。事件的结果如何？我的行动对学生产生了何种影响？对事件中的其他人物、对我自己产生了何种影响？这些问题只为作者建构案例提供一个参考框架，而不是要求作者在案例中对这些问题逐一做出回答。[1]

郑金洲认为，案例的叙写需要具备下列条件：一是要突出对事件中矛盾、对立的叙述，彰显案例的主题；二是要有一个从开始到结束的完整的情节，不能是对事件片段的描述；三是叙述要具体、明确，案例的阅读者就像身临其境一样感受着事件的进程；四是要反映事件发生的背景，把事件置于一定的时空框架之中；五是要揭示教育教学工作的复杂性，揭示教师与学生复杂的内在心理活动。案例总是把事件涉及的材料，按背景、问题、解决方法、评论等部分排列起来。其模型基本如下：开始的段落—背景的描述（学校、教师、班级的历史、现状等）—感兴趣的特殊领域—特定问题—可供选择的解决方法—结束语。在西方的案例写作中，大致形成一些公认的规范：（1）使用过去时态；（2）要将有关情节按照一定结构呈现出来；（3）尽量用表格来表示有关材料；（4）事实反映要充分；（5）必要时列出实际采取的决策；（6）注明所引用材料的出处；（7）核对有关数据；（8）附表和附录。[2]

廖哲勋将案例开发的过程划分为四个步骤：（1）案例策划阶段，即教师运用新的教学理念设计教学；（2）案例展开阶段，即按照以学定教的原则使用教学方案；（3）案例总结阶段，教师评析和反思教学；（4）案例撰写阶段，案例作为一种作品由三个部分组成：案例的背景

---

[1] Wassermann, S., *Introduction to Case Method Teaching: a Guide to the Galaxy*, New York: Teacher College Columbia University, 1994, p.164.

[2] 郑金洲：《认识"案例"》，《上海教育科研》2001年第2期。

(体现案例的策划)、案例的展开(体现案例的运行)和案例的总结(体现案例的结果)。①

刘景升从教育教学案例评选的角度指出案例写作需要注意的问题:(1)案例中的人称问题。一般情况下,建议用第一人称叙写故事,教师自己说自己的故事。如果叙写别人的教育教学故事,可以用第三人称。(2)案例中的人名问题。出于对故事中人物隐私的保护,建议真故事用假名。(3)最能反映案例特征的指标是:案例选题的典型性、案例叙述的生动性、案例寓意的深刻性。②

史美兰认为,案例包括五大要素:包含一个难题、说明一个理论、能引发冲突、强制性决定(迫使学生从参与者的角度做出自己的决定)、足够的信息。案例文本具有七大要件:案例的题目、案例的引言(背景)、案例的正文、案例的影响及社会反响(社会反应和专家评论)、思考题、案例附录(统计数据、背景资料等)、案例的教学指导(教学目标、适合的教学对象、学时、案例分析所需要的理论知识、预期的提问顺序和讨论方向、如何使用黑板和其他工具、如何对讨论进行总结、提供分析框架和理论工具)。③

王应密等认为,可以直接为课程教学使用的案例都是相对完整的事件,一般包括以下要素:教学目的与用途(适用的课程、对象,教学目标)、案例标题、案例背景(教师需要掌握的案例进展性、背景性信息)、主题内容(对案例主题内容的描述)、结尾(提出问题或自然淡出)、相关附件(与案例相关的图表、附录等)、启发思考题(提示学生思考方向)、分析思路(给出案例分析的逻辑路径)、理论依据与分析(分析该案例所需要的相关理论,具体分析)、关键要点(案例分析中的关键所在,案例教学中的关键知识点、能力点等)、教学建议(案例在教学中使用的方法、注意事项和时间安排等)。④

---

① 廖哲勋:《关于课堂教学案例开发的理性思考》,《课程·教材·教法》2003年第6期。
② 刘景升:《教育教学案例评选的实践与思考》,《上海教育科研》2003年第6期。
③ 史美兰:《体会哈佛案例教学》,《国家行政学院学报》2005年第2期。
④ 王应密、张乐平:《全日制工程硕士案例教学资源库建设探析》,《高等工程教育研究》2013年第4期。

四 关键评估

在每一个案例获得许可后,都要对其进行课堂测试,目的是确定此案例是否符合教学目标,能否在未来经过修改使其更完善。在对案例进行课堂测试之前,负责课堂教学的人员需要准备一份案例使用说明,完整的案例使用说明的目的是帮助教师为课堂教学做准备。案例使用说明的内容包括案例标题、案例的摘要、案例决策者关注的核心问题、教师在课程中使用此案例的理由、教学目的、建议的学生作业、建议的阅读材料、可能的教学辅助手段、课堂中供讨论的问题、案例分析、要提出的其他问题、建议的时间安排、教学建议和案例教学计划。课堂测试中需要关注两个问题:新案例是否适合教学目标,新案例的陈述质量是否令人满意。[1] 一旦完成案例草稿,这时需要尽可能多的建设性的意见。应邀请那些你认为具有一般或者具体知识和评估经验的人评论你的案例,这些人包括你的面谈对象、故事的主角和观察者、学术专家以及从事教学写作和教学的同事,应当对这类建设性的反馈保持热情。[2] 劳伦斯和沃伦提出,案例产生的过程可分为三阶段六步骤:第一阶段:形成构想,即定义主要概念。第二阶段:文件化,即进行撰写案例、检阅及修饰案例内容、依据预试结果修正案例内容、训练使用者(学生)及现职教育提供者(教师)。第三阶段:进行试用,即进行小规模预试,以评鉴改良案例。史密斯和拉根提出,教学设计形成性评价有四个层面:教学设计检视、专家检视、学习者确认及持续评价。因此,教学案例发展完毕后,应先由教学设计专家及教育专家分别针对教材内容及教学模式的设计给予初步评价,进而进行教学案例试行,再针对师生教学历程品质进行评价。[3]

---

[1] Michiel R. Leenders, James A. Erskine: *Case Research: The Case Writing Process*, Canada: University of Western Ontario, 1989, p. 163.

[2] [美] 小劳伦斯·E. 列恩:《公共管理案例教学指南》,郏少健等译,中国人民大学出版社 2001 年版,第 121—128 页。

[3] 高熏芳:《师资培育:案例教学的发展与应用策略》,九州出版社 2006 年版,第 47—49 页。

五 编辑和修改案例

毅伟商学院提出编辑案例的9C清单：一致性、完整性、连续性、正确性、简洁性、清晰性、控制、连贯性和惯例。前三个C是关于案例的内容，接下来的5C是关于语言和语法的，最后一个C关注案例写作中被普遍接受的做法。① 沃塞曼指出，当案例草稿完成后，应该先将它放置一旁，至少48小时的"浸泡"，然后才再阅读并修正。② 王俭认为，案例开发是一个封闭的循环，整个过程呈现一种思维策略及思维能力的不断上升。案例写作需要在团队内讨论案例、分享问题与经验的基础上，对原案例涉及的问题进行思维策略的调整。③ 陈杨认为，案例的修改方法可以借鉴文学创作的冷却法和借力法。冷却法类似于沃塞曼的48小时浸泡法，使自己从写作场景中抽离出来，与作品产生距离感，发现先前写作时没有注意的问题。借力法即邀请同行提出修改意见。修改过程中教师需要注意两个问题：伦理规范和语言表达。④

第四节 文献总结

上文主要围绕"案例教学"和"教学案例"两个主题对相关文献进行梳理，形成了对案例教学和教学案例现有研究成果的概要了解，洞察案例课程开发的趋势。但由于文献查阅途径的有限性和文献解读的个人局限性，难免对文献的整理有疏漏之处。就目前所涉及的文献，通过梳理可形成以下基本认识。

一 中国案例教学发展呈现"起步晚、推广慢"的特点

第一，哈佛大学案例教学处于推广阶段。案例教学从1870年在哈佛

---

① [加]迈克尔·R. 林德斯、[加]路易丝·A. 林德斯、[加]詹姆斯·A. 厄斯金：《毅伟商学院案例写作（第4版）》，赵向阳等译，北京师范大学出版社2011年版，第109—111页。

② Wassermann, S., *Introduction to Case Method Teaching: a Guide to the Galaxy*, New York: Teacher College Columbia University, 1994, p. 212.

③ 王俭：《论教育案例开发》，《教师教育研究》2005年第2期。

④ 陈杨：《教师应该如何叙写教育案例》，《当代教育科学》2006年第10期。

大学法学院开始应用，到 1910 年在哈佛医学院应用，以及 1921 年在哈佛商学院应用，至今走过了一百多年的历史。尤其是哈佛商学院在案例采编和案例教学方面的成熟发展，使得案例教学成为哈佛商学院的标志性教学方式，哈佛商学院也成为应用案例教学的成功典范。20 世纪 60 年代后，案例教学在世界范围产生的广泛影响，在众多专业领域的广泛应用，都源于哈佛商学院对案例教学的成功推广。

第二，中国案例教学处于探索学习阶段。中国于 1980 年开始尝试研究和应用案例教学，开创了中国案例教学的新征程。但中国案例教学起步相对较晚，且主要集中在管理领域。随着 2007 年"中国管理案例共享中心"的成立，案例教学现已经成为中国 MBA 教育中的重要教学方式，也为中国其他领域学习案例教学提供了可借鉴的先例。

第三，管理领域案例教学发展相对成熟。从学科领域来看，案例教学在管理领域发展较为成熟。这主要受到哈佛商学院工商管理课程案例教学的应用和哈佛商学院管理案例资源库建设两方面的影响，加之哈佛商学院致力在全球推广案例教学，为世界各国管理领域案例教学的发展起到了重要的奠基和助推作用。

第四，教师教育领域案例教学处于尝试阶段。教师教育领域的案例教学虽然发端较早，但从未在教学研究中被真正重视过。案例教学在哈佛商学院可以成功，而在教育学院却无法施展的主要原因有三：[①]（1）商学院资源充裕，鼓励教授和商业团体合作开发案例，所有费用由私人企业承担；（2）商学院将案例发展工作视为研究，提升案例编写工作的学术价值，提升参与编写案例教授的报酬；（3）商学院有明确的目标，一直坚持商业管理是一种做决定的过程，而教育学院无法凝聚对案例教学的共识。自 20 世纪 80 年代美国学者舒尔曼倡导使用案例教学以来，案例教学在教师教育领域仅仅走过了三十多年的历史，中国也是在近几年教育硕士专业学位研究生培养中逐渐意识到案例教学的重要价值，倡导加强应用案例教学和案例资源库建设，学界才转向对案例教学的关注与研究。

[①] 高熏芳：《师资培育：案例教学的发展与应用策略》，九州出版社 2006 年版，第 7 页。

二 案例教学内涵理解角度多样化

从目前对案例教学内涵的理解来看，主要有如下几种观点：一是"教学方法说"，认为案例教学是一种具体的教学方法，与讲授法相对立；二是"教学模式说"，认为案例教学是在一定的教学理论的指导下一系列教学程序的总和；三是"综合说"，认为案例教学是从理论指导到具体操作自上而下的一系列教学要素、教学方式、方法的总和。综合上述观点，我们认为，案例教学既不是一种单纯的教学方法，也不是一种固定的教学模式，案例教学首先应该有一定的理念支撑，以特殊的教学材料——教学案例为前提，以教学目标为方向，以课堂讨论为核心环节，以提升学生理论学习和实践能力为终极目标。

本书中，案例教学的内涵可表述为：案例教学是以学生为中心，以教学案例为载体，遵循教学目标的要求，通过呈现案例情境，引导学生发现问题、分析问题、解决问题，从而掌握理论、形成观点、提高教育教学实践能力的一种教学方式。

三 教学案例内涵理解具有鲜明的学科差异

学者们对教学案例内涵的理解同各专业领域的性质相对应，各自获得了独特的发展，形成了固有的性质。法学领域受英美法系以判例为法律渊源的影响，将案例称为判例；医学领域受《弗莱克斯纳报告》中"医学科学实证主义"和"从做中学"理念的影响，将案例称为"病例"；管理领域考虑面对疑难信息采取行动的紧迫性，将决策科学作为教学案例的基础，凸显了商业管理案例的行动决策特征。教育领域受杜威倡导的"知性方法"和舒尔曼案例教学理论的影响，以教师直面的实践问题为案例构成，从中进行教育研究与心理学研究原理与技术整合的教育，将案例和案例法视作连接理论与实践的方法论课程。

以上对教学案例内涵的理解虽具学科特色，但对教学案例的界定还存在以下问题：（1）忽视对教学案例与案例教学关系的认识。目前的界定仅从教学案例本身出发，强调教学案例所表达的内容特质（如体现法律原理、病案推理、管理决策、教育教学理论与实践），却没有从案例教学的角度去思考案例的内涵。我们认为，教学案例作为案例教学的材料，在反映学科特质的同时，更应该体现其与案例教学的内在关系特质。（2）内涵界定边界不清，导致教学案例概念使用混乱。目前与案例混淆的相关概念有：案例、事例、个案、范例、病例、判例、管理案例、教育案例、课例、课堂教学案例等。混乱的概念背后除了有角度和学科领域不同的因素外，更多的是一种对概念理解模糊的表现。我们认为，单纯的事例并非案例，而只有被用于案例教学并与相应专业分析相结合的事例才是教学案例，而且教学案例有特定的书写体例和规范。

本书中，教学案例的内涵可表述为：围绕特定的课程目标与课程内容，以教育教学实践中典型问题的客观描述为内容载体，表征相关理论和隐含多元化问题解决方案的案例教学材料。这一定义包含了教学案例的四个要素：（1）教学案例必须是指向特定课程的；（2）教学案例必须具有真实性、典型性、客观性、情境性、问题性；（3）教学案例应该促成案例学习者掌握理论原理和形成多元问题解决策略；（4）教学案例是案例教学的材料。

四　教学案例开发研究缺乏具有学科特色的"变式"

目前，教学案例开发在基本流程上已达成共识，但中国对教学案例开发研究仍停留在静态的开发步骤叙述层面，鲜见通过实证方式开展对教学案例开发的鲜活研究。而且有效案例写作的过程始终面临两个主要挑战：第一，目标不明确。第二，教师、案例作者以及案例贡献组织中联系人之间的沟通问题。具体包括实现教学目标要求的能力、使用的数据和研究方法的质量、案例表述形式的质量、案例作者把建立良好的合作关系作为研究的潜在目标的能力。教学案例开发不仅要建立在常规流程之上，更需要结合具体的学科领域，与具体的课程教学相融合。这样，教学案例开发必然会产生共性流程上的"变式"，也会衍生出独有的专业领域中的教学案例开发问题，这些都是目前管理领域的案例开发研究所无法顾及的。我们需要在共性的基础上，结合培养目标、课程目标与课程内容，进一步探索教学案例开发的目标、类型、标准、流程等具体问题。

总之，案例教学的重要价值已得到研究者的认同，尤其在管理领域形成了相对成熟的案例教学与教学案例研究。但从国内诸多有关案例教学和教学案例的研究来看，更多处于一种思辨研究状态，忽略了教学案例本身的丰富性和鲜活性。对教学案例开发的研究不仅仅是静态理论的搬运，不是僵化程序的模仿，更需要结合具体的学科，结合特定课程，结合案例教学对象的发展需求和特点，置于现实的专业学习情境中开展案例课程开发研究。

第 三 章

案例课程开发走向"知性方法"

第一节 研究话语的转换

教育实践借助话语得以结构化。用怎样的话语构想教育的目的与主题；用怎样的话语构成这种实践；用怎样的话语实现这种过程；用怎样的话语赋予这种过程中发生的变化；用怎样的话语去反思、表达这种实践的经验，这一连串用语所构成、所实现、所反思、所表达的活动，就是教育实践。把教育视为这种话语实践的立场，有可能使得教育学研究成为一种以话语为媒介的意义与关系的重建实践。[1]

20世纪70年代至80年代以来，课程的话语从以生产工程技术学为隐喻的术语逐渐转向以艺术表现手法为隐喻的术语；从以行为科学心理学与技术学为主的话语框域过渡到以社会学与政治学为基础的话语领域；从以个别科学为基础的命题性语言转向了以叙事为基础的叙述性话语。"文本""经验""意识""身份""共同体""认同性""批判"等成为课程领域的中心话语。我们需要对相关概念进行话语的重新表达，以此延展对案例课程的本质性理解。[2]

第一，课程的再定义。把课程作为"学习经验之履历"。作为个人的经验轨迹，学习得以形成、展开的过程，与个体的学习经验在课堂中相互冲突与妥协的过程，有必要当作课程研究的对象加以设定。这种教育

---

[1] ［日］佐藤学：《课程与教师》，钟启泉译，教育科学出版社2003年版，第3页。
[2] ［日］佐藤学：《课程与教师》，钟启泉译，教育科学出版社2003年版，第13—14页。

经验的过程是多层的、认知的、文化的过程，同时又是社会的、政治的过程，伦理的、实存的过程。

第二，学习的再定义。把学习作为"意义与关系"之重建的实践。学习是构成客体世界（教育内容世界）的意义的认知关系、同他者沟通的人际关系、同自身对峙的自我反思关系这三个维度上的对话性实践，在不同维度上重建意义与关系的实践，形成学习的"三位一体论"，即"创造世界"——实现世界的建构（认知的文化的实践）；"结交伙伴"——人际关系的建构（社会的政治的实践）；"自我探究"——内在关系的建构（伦理的实存的实践）。

第三，教学的再定义。把教学作为"反思性实践"。教师是在课堂中展开"意义与关系的重建"，是同教育内容对话、同儿童多样的认识对话、同自身的对话而展开教学的。这个过程是以"省察""反思"为核心的实践过程。

第四，学科的再定义。把学科作为"学习的文化领域"。由学科构成的课程将制度化的知识权威化，作为竞争与控制、压迫的工具发挥作用。由于知识的片段化和套装化，妨碍了批判性和创造性的发挥，割裂了以现实生活为基础的人际情结。为解构这一系统，有必要把学科排除了的教育领域重新纳入课程之内，使学科教学本身转换为综合性、情境性、现实性的学习。

第五，学校的再定义。把学校作为"学习共同体"。促进社会整体的学校化是现代社会的显著现象。要致力于探索拥护文化的公共领域、共同培育民主主义作为"学习共同体"的学校。

课程领域话语的转向充分表达了学校和课堂生活的丰富性、复杂性和现实性。显然，教师教育者只注重吸收理论，并把这些抽象的原理传授给学生是不够的，只能导致理论与实践的根本隔阂。开展有意义且具有情境性的以案例为本的教学，能够帮助未来教师学会在"结构不良领域"判断、决策、反思，进而形成新的观念。

第二节 研究范式的转换

库恩在《科学革命的结构》中提出了范式理论，其中范式概念是库恩范式理论的核心。库恩指出："范式是一个科学共同体成员所共有的东西，是由共有的信念、价值、技术等构成的整体。"范式的特点是：（1）范式在一定程度内具有公认性；（2）范式是一个由基本定律、理论、应用以及相关的仪器设备等构成的一个整体，它的存在给科学家提供了一个研究纲领；（3）范式还为科学研究提供了可模仿的成功的先例。[1] 教师教育研究深受技术理性研究范式和价值理性研究范式两种研究范式的深刻影响。技术理性研究范式受现代科学主义思潮的影响，强调教师专业知识的客观性和去个体化，提倡采用实证的、可测的、可重复的客观性研究方法收集研究资料。价值理性范式深受后现代主义思潮影响，表现出研究的人文主义取向。强调教师教育研究首要的问题是阐释教师教育领域本真的存在者（教师），要"按存在者的基本存在建构来解释存在者"，强调"职业叙事""职业生涯故事"等主观性的研究方法。[2]

20世纪70年代以来，西方教育科学领域发生了重要的"范式转换"：开始由探究普适性的教育规律转向寻求情境化的教育意义。从以行为科学为基础的量化研究转向以文化人类学与"民族学方法论"为基础的立足于解释学分析的质性研究；从实证主义转向后实证主义；从结构主义转向后结构主义。这种"范式转换"在教师教育研究领域有突出表现。教师教育研究的本质是对"人"的研究。教师作为"人"的存在，是自我主体性建构和社会建构的共同体。教师教育首先应该关注教师作为主体的"人"的需要，对教师教育的研究也应该从关注教师需要知道什么转向以核心实践组织的课程——在这个课程中，教师的知识、技巧和专业身份在学会实践的过程中得到发展。[3]

"在社会科学中，社会学范式提供了不同的观点，每个范式都提到了其他范式忽略的观点……范式本身并没有对错之分，只有用处多少之别，最好是尝试去发现这些范式可能带给你的益处。"[4] 案例知识、案例文本

---

[1]［美］托马斯·库恩：《科学革命的结构》，金吾伦等译，北京大学出版社2003年版，第36—43页。

[2] 姜勇：《现象学视野中的教师发展观》，《全球教育展望》2007年第2期。

[3] Grossman & Mcdonald., "Back to the Future: Directions for Research in Teaching and Teacher Education", *American Educational Research Journal*, Vol. 45, No. 1, March 2008.

[4]［美］艾尔·巴比：《社会研究方法》，邱泽奇译，华夏出版社2018年版，第51页。

和基于案例课程的教师教育催生了一个丰富而重要的研究议题，案例充满情境性，反映了一种叙事话语形式，案例教学受到共同体文化的浸润，在对话、合作、反思中展开，共同解读教学的无尽意义。案例和案例教学本身的研究是一种经得住考验的、逻辑严密的定性方法，与相关性和试验性的研究是并行的。[①]

第三节 研究角色的转换

课程开发是根据教育构想，将教材与学习活动加以具体化，有策略地组织儿童成长与其发展基础的文化经验的活动。以往的课程开发主体通常是各学术领域的专业学者和教育工作者根据社会要求，决定学术、文化的教育目标和基础性内容，然后将课程资源推行到课堂中。

20世纪60年代，美国课程学者施瓦布提出的集体审议模式是一种实践取向的课程开发模式，体现了课程开发的个体性、情境性和实践性。倘若课程开发以教师为主体，那么课程开发就是实践性研究所支撑的教材与学习经验价值的发现与创造过程，据此可构建一种"实践—审议—开发"的模式（见图3-1）。这种模式以教师构想的课程为轴心，课程与教学相互媒介，处于互动关系。将可能性课程转化为现实性课程的过程中，教师是实践者，同时也是研究者和开发者。这种模式可以理解为是以特定教材、特定教师、特定儿童为对象的案例研究，是追求课程局部构成单位改造与开发的方式。[②]

该模式的意义与功能，是发现学习经验的潜在价值和质性评价的过程，为我们从宏观的文化、社会视野中探究课堂微观层面的学习经验开辟了道路。同时，在综合探讨教材问题、教师问题、儿童问题和课堂问题的过程中，多样的视点和立场互补，形成了多侧面、立体化、综合性的视角，能够更容易打通理论与实践的隔阂。最重要的是，启发教师在课程开发与实践中的创造性，教师在参与决策的过程中，以美术和文艺

---

① [美]舒尔曼：《实践智慧：论教学、学习与学会教学》，王艳玲等译，华东师范大学出版社2014年版，第333—348页。

② [日]佐藤学：《课程与教师》，钟启泉译，教育科学出版社2003年版，第36页。

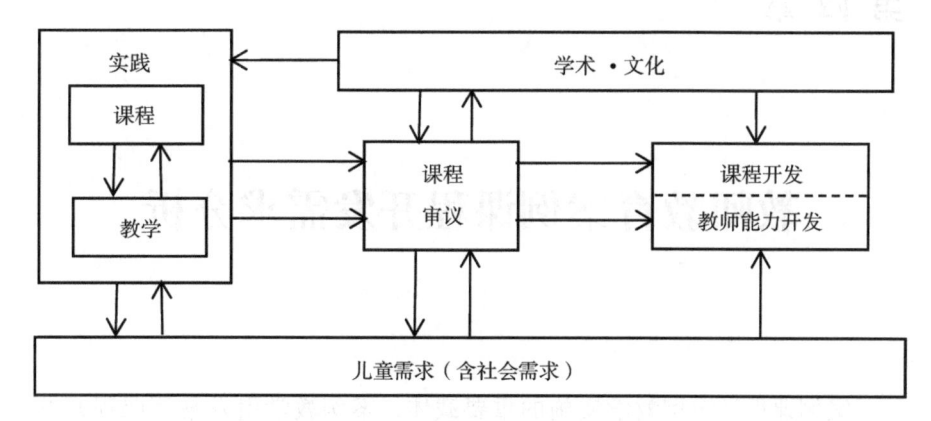

图 3-1 "实践—审议—开发"模式

评论为模式对教育经验的质性评价研究,以文化人类学为模式进行参与观察和分析研究。教师需要尽可能忠实地再现课堂中的人物和事件,发现事实之间的含义与关联,生动活泼地探究课堂教学的内在价值,这种实践是一种内蕴了"科学探究"的知性实践。如果说课程审议是作为师生创造性的作品,是鉴赏和评论课程与教学,也是名副其实的。

案例课程的写作和教学实践无一不蕴含着上述转换契机。从认识论的角度出发,案例可以巩固各类实践性知识,有机连接理论与实践;从专业的角度出发,案例可以为作者和使用者提供以特定时空框架为背景的批判性思考和解决问题的机会。这种特定的、实地的、个人的、情境的叙事模式,需要基于"技术理性",又超越"技术理性",需要借助哲学、心理学、历史学、教育学等"知性方法"对实践过程进行观察、洞察与反思,也需要未来的教师基于案例展开对教育教学的"实践性学习"。

第四章

教师教育案例课程开发需求分析

　　案例课程是案例教学实施的重要载体，案例教学引发案例课程开发问题。因此，案例课程开发问题需置于案例教学的范畴进行研究，只有对案例教学进行现实需求分析，才能准确定位案例课程开发的可行性与可操作性。本章主要通过对案例教学实施状况的410份调查问卷进行分析，了解中国教育硕士案例教学现实状况，发现案例教学开展过程中遇到的问题、阻力、需求，为研究教学案例开发提供现实方向与依据。

　　正式调查问卷主要围绕教师对案例教学理解、教学案例理解、教学案例开发、案例教学实施四个方面展开调查，四个方面的总体状况见图4-1。

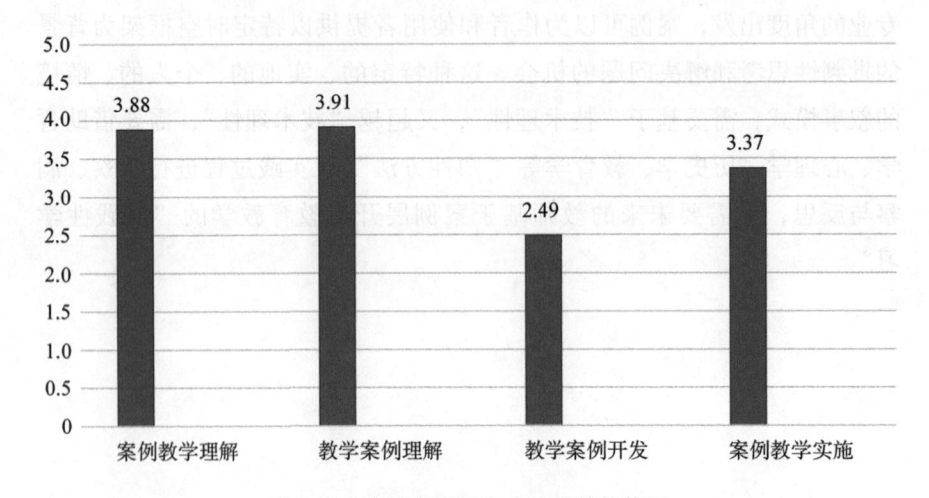

图4-1 案例教学四个方面的总体状况

方面	均值
案例教学理解	3.88
教学案例理解	3.91
教学案例开发	2.49
案例教学实施	3.37

以上数据显示，教师在关于案例教学调查的四个方面，所得的均值 M 分别为：案例教学理解（M=3.88）、教学案例理解（M=3.91）、教学案例开发（M=2.49）和案例教学实施（M=3.37）。通过对四个均值之间的比较显示：对教学案例的理解和对案例教学的理解情况相对较好，案例教学实施情况一般，教学案例开发情况最不理想。

第一节 案例课程的理解状况

一 对案例教学内涵的理解

图 4-2 是教师对"案例教学就是在教学中引用具体的例子"的看法。有 27.80% 的教师非常同意，26.59% 的教师同意这种观点，13.17% 的教师不确定，18.78% 的教师不同意这种观点，只有 13.66% 的教师非常不同意。该题目为反向计分，该题的平均得分仅为 2.64 分，该结果说明教师对案例教学的认识比较模糊，没有将案例教学与举例教学区分开来。图 4-3 是教师对"案例教学是传递理论知识的一种方式"的看法。有 43.17% 的教师非常同意，33.90% 的教师同意，9.51% 的教师不确定，只有 8.78% 的教师不同意，4.63% 的教师非常不同意。该题的平均得分为 4.02 分，该结果说明教师对案例教学的理论知识传递价值的认同度比较高。

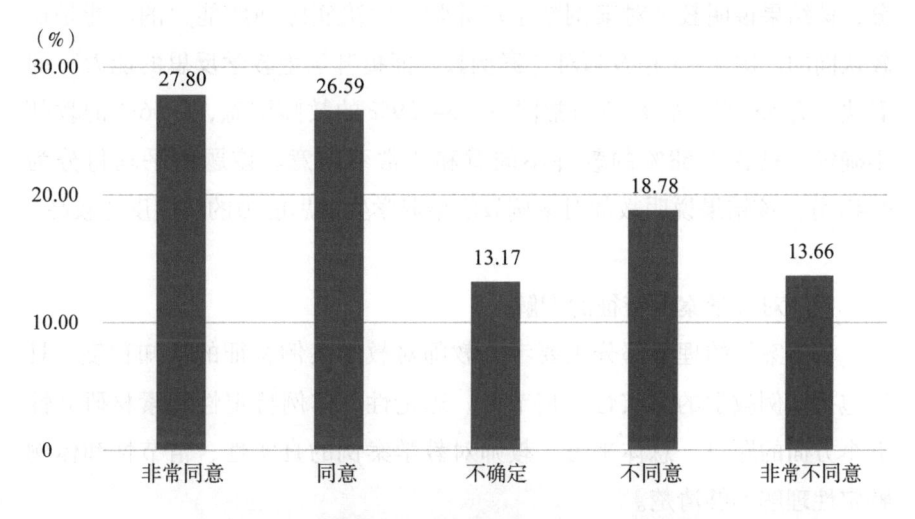

图 4-2 案例教学是举例教学的选择人数比例

[图表：案例教学是传递理论知识的方式选择人数比例]
非常同意 43.17%，同意 33.90%，不确定 9.51%，不同意 8.78%，非常不同意 4.63%

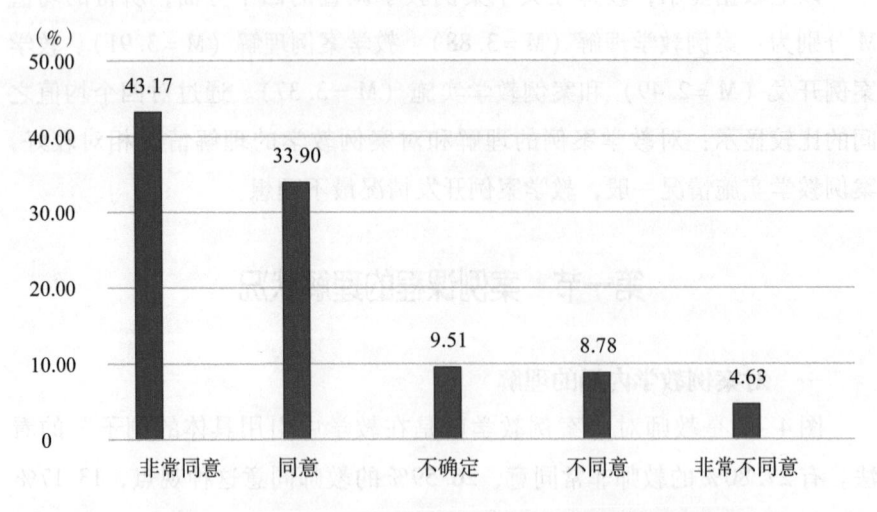

图 4-3　案例教学是传递理论知识的方式选择人数比例

二　对案例教学功能的理解

图 4-4 和图 4-5 是教师对案例教学功能的了解状况。图 4-4 是教师对"案例教学能培养学生解决实际问题的能力"的看法。有 60.24% 的教师非常同意，29.51% 的教师同意这种观点，7.32% 的教师不确定，只有 2.92% 的教师不同意和非常不同意这种观点。该题的平均得分为 4.46 分，该结果说明教师对案例教学培养学生解决实际问题能力的功能是比较认同的。图 4-5 是教师对"案例教学能提升学生教学反思的能力"的看法。有 55.37% 的教师非常同意，34.39% 的教师同意，7.56% 的教师不确定，只有 2.68% 的教师不同意和非常不同意。该题的平均得分为 4.42 分，该结果说明教师对案例教学培养学生反思能力的认同度比较高。

三　对教学案例特征的理解

教学案例的理解部分主要考查教师对教学案例特征的认知程度。具体包括案例教学的真实性、情节性、理论性、体例特定性和素材研究性五个方面的题目。总体来看，教师对教学案例的真实性、情节性和体例特定性理解不够清楚。

通过图 4-6 可以看出，教师对教学案例特征认知程度的均值分别

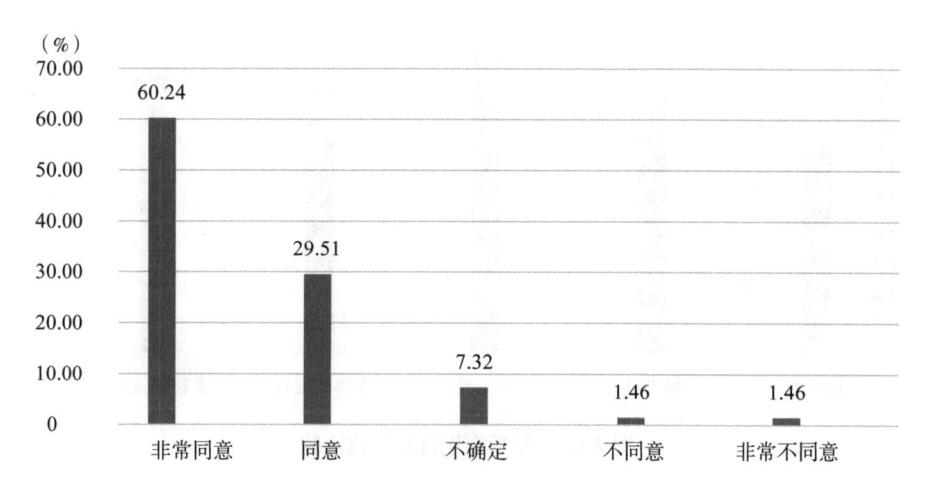

图 4-4 培养学生解决问题能力的选择人数比例

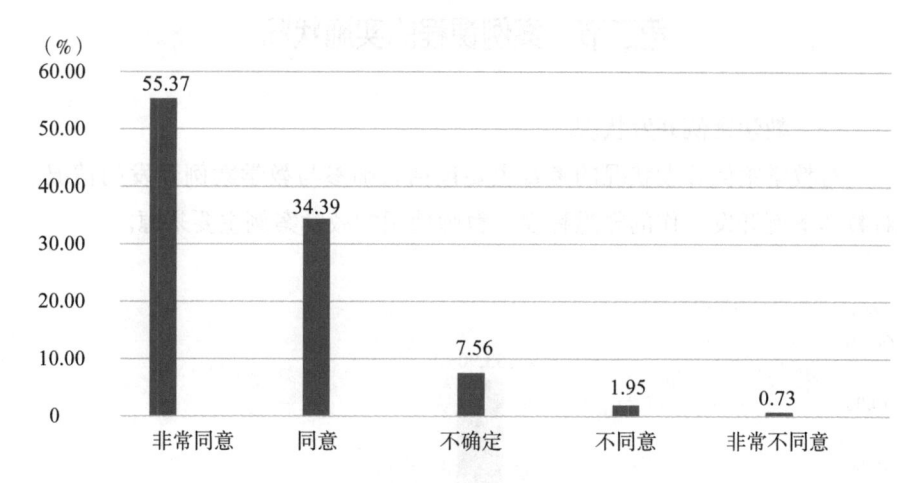

图 4-5 提升学生反思能力的选择人数比例

为：真实性（$M=3.75$）、情节性（$M=3.65$）、理论性（$M=4.40$）、体例特定性（$M=3.77$）、素材研究性（$M=4.00$）。通过对五个均值之间的比较显示：教师对教学案例的理论性和案例素材搜集的实地研究性认同度较高，相对来说，教师对教学案例的真实性、完整的情节性和体例的特定性认同度较低，均低于 4 分。这说明教师对教学案例本质特征的理解不够清楚，难以区分案例和例子之间的不同，这也与前面教师对案例教学和举例教学区分程度不高的结果是吻合的。

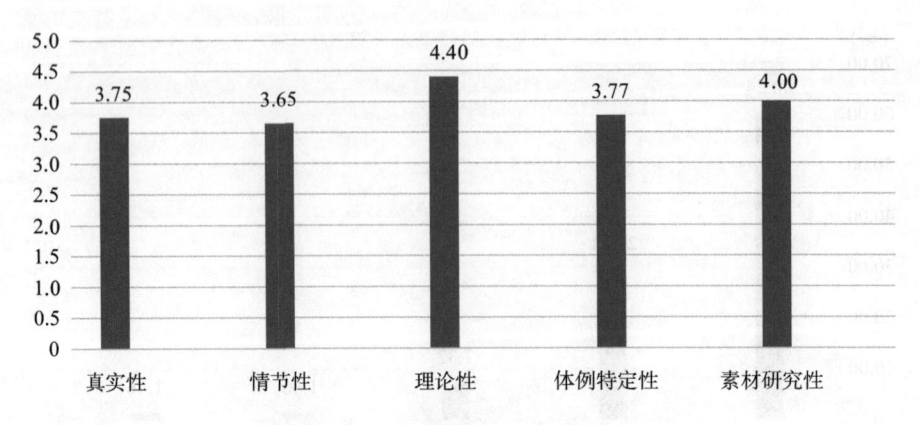

图 4-6 教学案例特征均值比较

（真实性 3.75；情节性 3.65；理论性 4.40；体例特定性 3.77；素材研究性 4.00）

第二节 案例课程的实施状况

一 教学案例开发状况

对教学案例开发状况的考查主要包括教师参与教学案例开发的情况、对教学案例开发工作的熟悉程度、教师使用的教学案例主要来源。

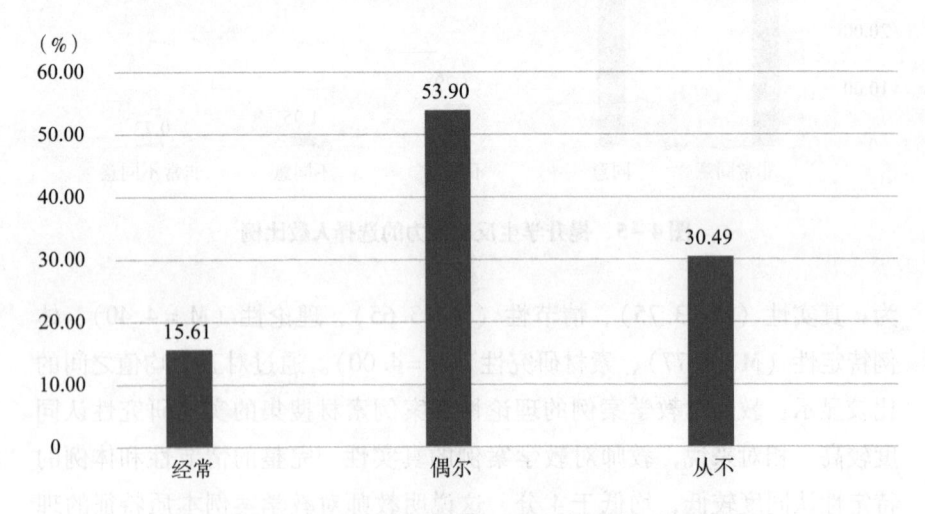

图 4-7 参与教学案例开发选择人数比例

（经常 15.61%；偶尔 53.90%；从不 30.49%）

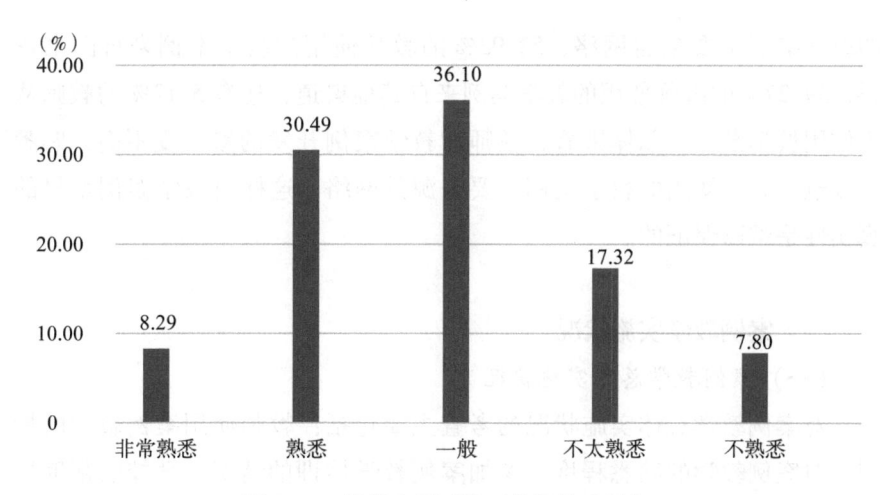

第四章 教师教育案例课程开发需求分析 / 101

图 4-8 教学案例开发工作的熟悉程度

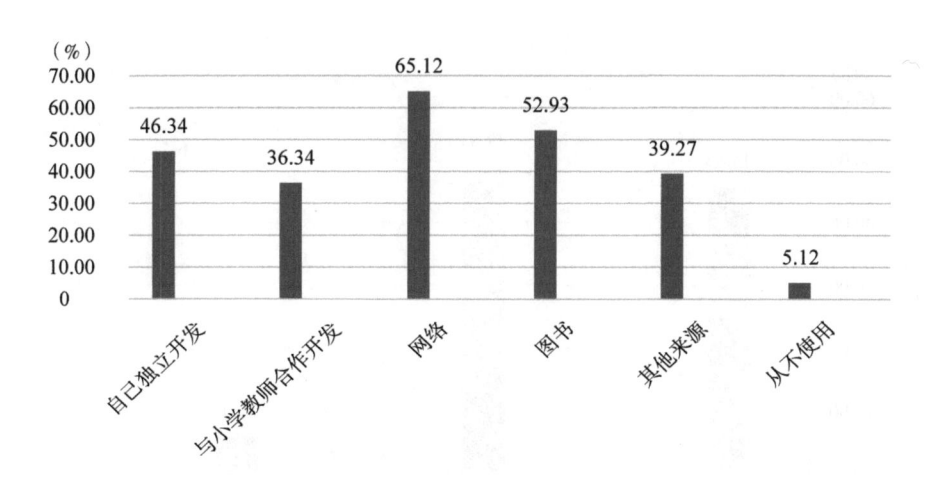

图 4-9 教学案例来源

从图 4-7 可以看出，教师参与教学案例开发的情况如下：15.61% 的教师经常参与教学案例开发工作，53.90% 的教师偶尔参与教学案例开发工作，30.49% 从来没有参与过教学案例开发的工作。从图 4-8 可以看出，仅有 8.29% 的教师非常熟悉教学案例开发工作，30.49% 的教师熟悉教学案例开发工作，36.10% 的教师对教学案例开发工作的熟悉程度一般，17.32% 的教师不太熟悉教学案例开发工作，7.80% 的教师不熟悉教学案例开发工作。从图 4-9 可以看出，46.34% 的教师选择自己独立开发教学案例，36.34% 的教师与小学教师合作开发案例，65.12% 的教师使用的教学案例主要来自网络，52.93%的教师使用的教学案例来自图书资料，39.27%的教师使用的教学案例来自其他渠道，还有5.12%的教师从不使用教学案例。总体来看，教师对教学案例开发的参与度不高，熟悉程度也不高，使用的教学案例主要来源是网络，这样对教学案例素材的真实性是难以保证的。

二 案例教学实施状况

（一）案例教学总体实施状况

对案例教学总体实施状况的考查主要包括：教师使用案例教学的情况、对案例教学的熟悉程度、参加案例教学培训的情况、学校的帮助情况和学校环境满足案例教学使用的情况。

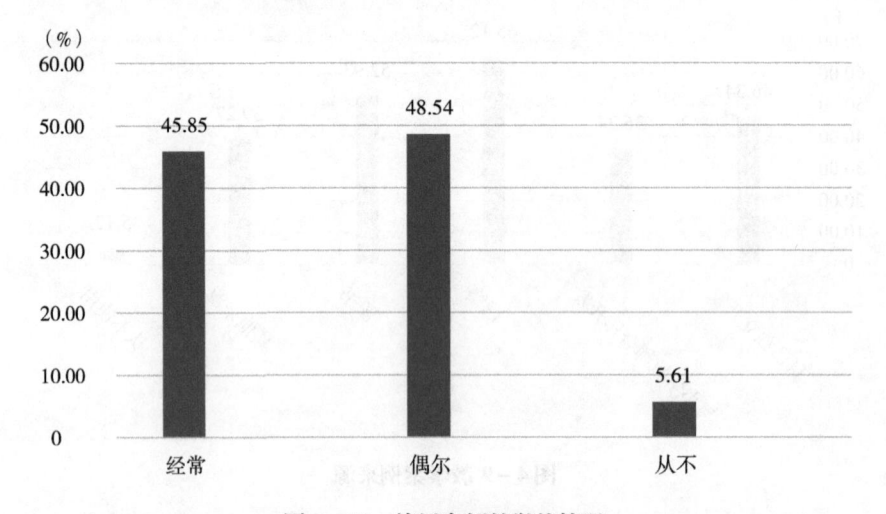

图4-10 使用案例教学的情况

从图4-10可以看出，45.85%的教师经常使用案例教学，48.54%的教师偶尔使用案例教学，5.61%的教师从不使用案例教学。总体来看，一半的教师对案例教学的使用较少。

从图4-11可以看出，11.95%的教师非常熟悉案例教学，45.12%的教师熟悉案例教学，35.12%的教师对案例教学的熟悉程度一般，5.85%的教师不太熟悉案例教学，1.95%的教师不熟悉案例教学。总体来看，一半多的教师对案例教学的使用处于熟悉程度。

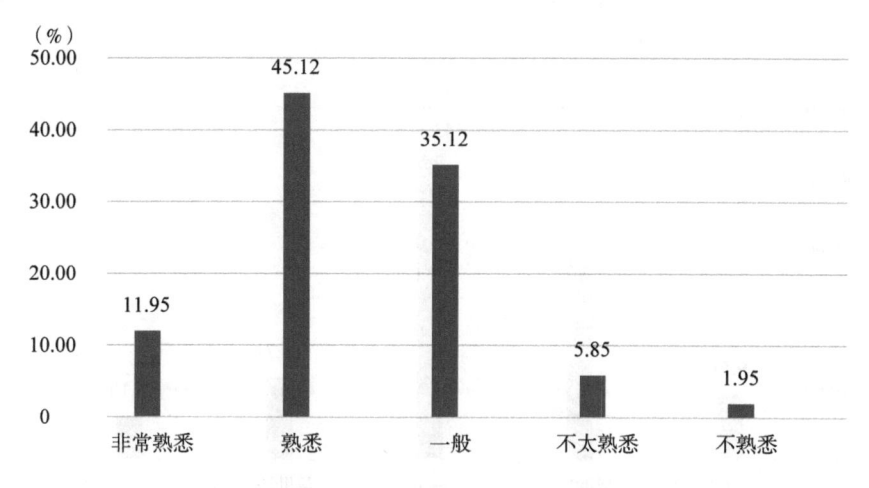

图 4-11　对案例教学的熟悉程度

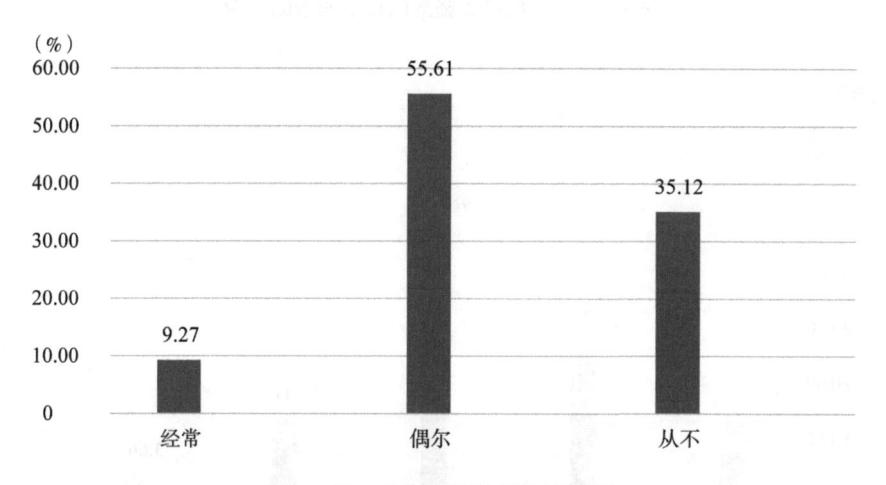

图 4-12　参加案例教学培训情况

从图 4-12 可以看出，9.27% 的教师经常参加案例教学培训，55.61% 的教师偶尔参加案例教学培训，35.12% 的教师从不参加案例教学培训。总体来看，近 90% 的教师参与案例教学培训的机会比较少。

从图 4-13 可以看出，9.51% 的教师认为学校对实施案例教学的帮助非常大，29.51% 的教师认为学校对实施案例教学的帮助较大，43.17% 的教师认为学校对实施案例教学的帮助一般，11.71% 的教师认为学校对实施案例教学的帮助不大，6.10% 的教师认为学校对实施案例教学没有帮助。总体来看，近 60% 的教师认为学校对实施案例教学的帮助程度不够

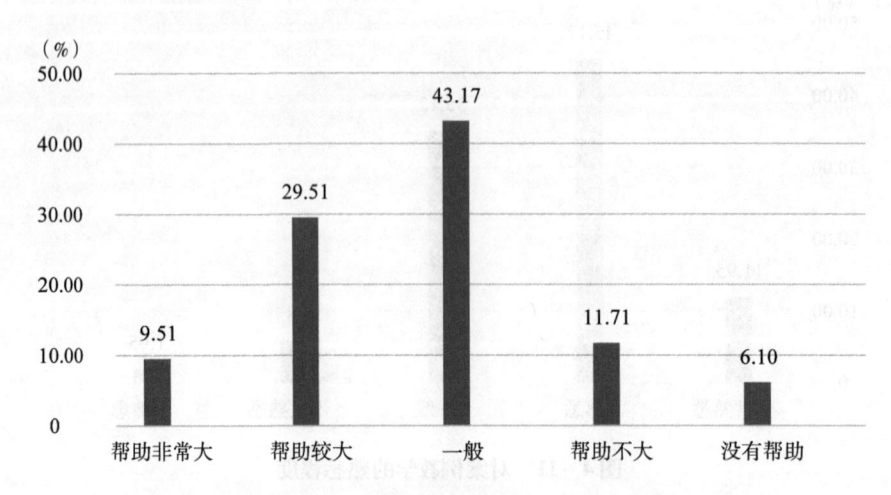

图 4–13　学校对实施案例教学的帮助情况

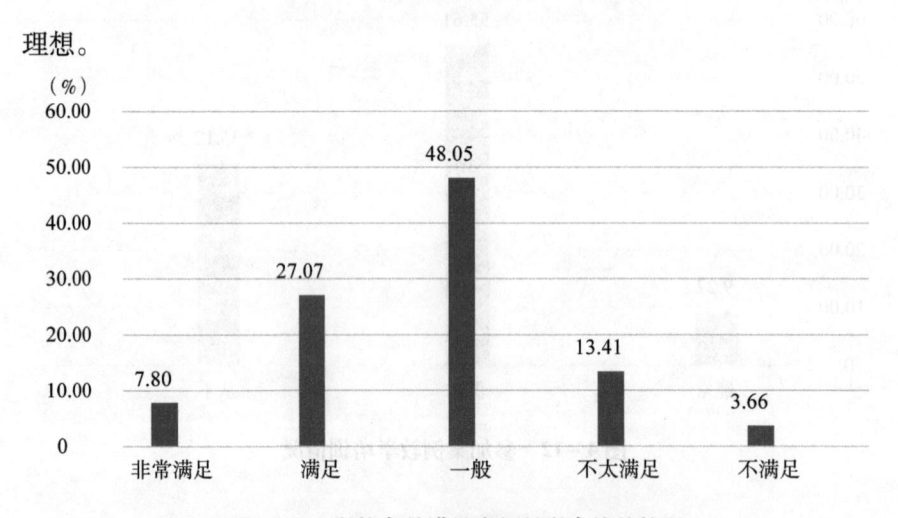

图 4–14　学校条件满足案例教学实施的情况

从图 4–14 可以看出，7.80% 的教师认为学校的条件非常满足案例教学实施要求，27.07% 的教师认为学校的条件能满足案例教学实施要求，48.05% 的教师认为学校的条件对案例教学实施要求的满足程度一般，13.41% 的教师认为学校的条件不太满足案例教学实施要求，3.66% 的教师认为学校的条件不满足案例教学实施要求。总体来看，60% 以上的教师认为学校实施案例教学的条件不够理想。

(二) 案例教学课堂实施状况

该部分内容主要由实施过案例教学的教师来填答。题目聚焦于课堂中的案例教学，主要考查教师在教学案例选择方面、提供阅读材料方面、引导学生讨论方面、教学评价方面、学生适应度方面、学生学习收获方面、未来继续使用案例教学方面的状况。

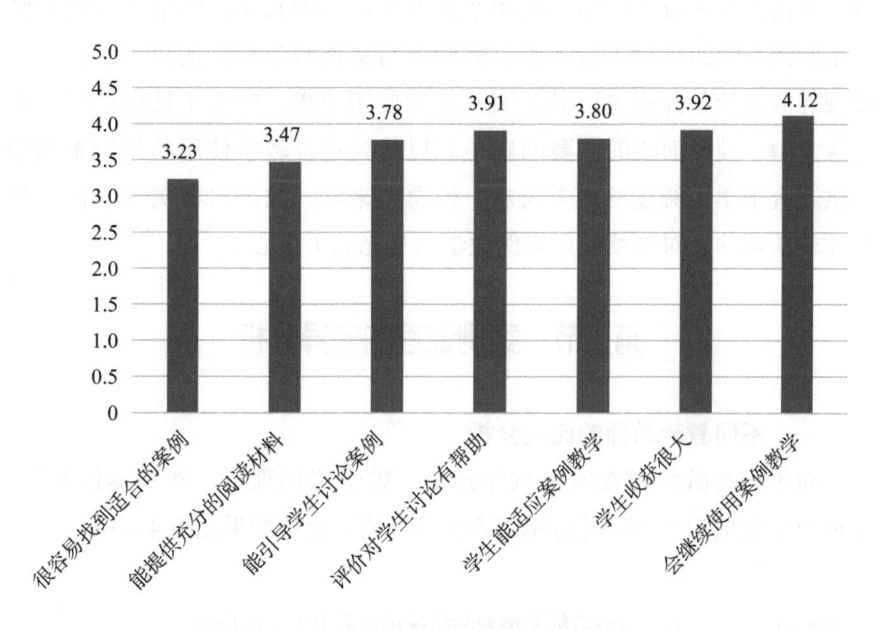

图 4-15 案例教学的课堂实施状况

通过图 4-15 可以看出，教师在案例教学课堂中各方面表现的均值分别为：很容易找到适合的案例（M = 3.23）、能提供充分的阅读材料（M = 3.47）、能引导学生讨论案例（M = 3.78）、评价对学生讨论有帮助（M = 3.91）、学生能适应案例教学（M = 3.8）、学生收获很大（M = 3.92）、会继续使用案例教学（M = 4.12）。通过对七个均值之间的比较显示：教师在案例教学中是否能够找到适合的教学案例得分相对较低，学生在案例教学中的收获得分相对较高，对于未来是否愿意继续使用案例教学得分最高，81.95% 的教师表示愿意继续使用案例教学。总体来看，教师在课堂中实施案例教学的情况不容乐观，尤其是难以找到适合的教学案例。但是大部分教师比较愿意采用案例教学，这说明教师和学生对案例教学的价值是比较认同的。

通过对案例教学理解、教学案例理解、教学案例开发和案例教学实施四个维度的分析发现,教师对案例教学和教学案例的理解还比较模糊,难以清楚区分案例教学与举例教学、教学案例与例子之间的不同。教师参与教学案例开发的机会较少,对教学案例开发工作并不熟悉,使用的教学案例大多来源于网络。使用案例教学的教师较多,但是学校对教师使用案例教学的外部支持不够,教师参与案例教学培训的机会较少,学校现有的教学条件也难以满足案例教学使用要求。聚焦于具体的案例教学课堂中,教师面临的主要问题是难以找到适合教学使用的教学案例和提供适宜于学生阅读的相关材料。但总体来看,教师对案例教学的价值是比较认可的,对继续使用案例教学还是充满了信心。

第三节 案例课程的差异分析

一 不同教龄教师的比较分析

对不同教龄教师在案例教学理解、教学案例理解、教学案例开发、案例教学实施四个方面进行单因素方差分析,分析结果见表4-1。

表4-1　　不同教龄教师案例教学状况单因素方差分析摘要

变量	教龄	均值	F	P	事后比较 LSD 法
案例教学理解	2 年以下（A）	3.7298	2.108	.079	n.s.
	2—5 年（B）	3.9167			
	6—10 年（C）	3.9896			
	11—20 年（D）	3.8592			
	20 年以上（E）	3.9257			
教学案例理解	2 年以下（A）	3.8323	.809	.520	n.s.
	2—5 年（B）	3.9152			
	6—10 年（C）	3.8458			
	11—20 年（D）	3.8739			
	20 年以上（E）	3.9986			

续表

变量	教龄	均值	F	P	事后比较 LSD 法
教学案例开发	2年以下（A）	2.5242	5.001	.001**	E>B；E>D
	2—5年（B）	2.2273			
	6—10年（C）	2.4479			
	11—20年（D）	2.3235			
	20年以上（E）	2.6993			
案例教学实施	2年以下（A）	3.4099	2.872	.023*	A>D；B>D；E>D
	2—5年（B）	3.5126			
	6—10年（C）	3.3507			
	11—20年（D）	3.2234			
	20年以上（E）	3.4465			

注：n.s. $p>.05$ *$p<.05$ **$p\leqslant.001$。

单因素方差分析的结果显示，不同教龄（2年以下、2—5年、6—10年、11—20年、20年以上）的教师，在教学案例开发（F=5.001，P=0.001≤0.001）和案例教学实施（F=2.872，P=0.023<0.05）上存在显著差异。采用最小显著差异法进行事后多重比较发现，在教学案例开发方面，20年以上教龄的教师显著高于2—5年教龄的教师和11—20年教龄的教师；在案例教学实施方面，2年以下教龄的教师、2—5年教龄的教师和20年以上教龄的教师都显著高于11—20年教龄的教师。总而言之，11—20年教龄的教师在教学案例开发与案例教学实施方面的表现不够理想，这一阶段的教师大多形成了对教学方式方法的经验性认识，教学方式方法有着鲜明的固着性，不太容易尝试新的教学方式方法，在教学案例开发和案例教学实施方面表现相对较保守。

二 不同学历教师的比较分析

对不同学历教师在案例教学理解、教学案例理解、教学案例开发、案例教学实施四个方面进行单因素方差分析，分析结果见表4-2。

表4-2　　　不同学历教师案例教学状况单因素方差分析摘要

变量	学历	均值	F	P	事后比较 LSD 法
案例教学理解	本科以下（A）	3.6667	1.721	.162	n.s.
	本科（B）	3.7407			
	硕士（C）	3.9152			
	博士（D）	3.8997			
教学案例理解	本科以下（A）	4.5333	2.825	.038*	B > D
	本科（B）	4.0741			
	硕士（C）	3.9602			
	博士（D）	3.8099			
教学案例开发	本科以下（A）	3.1667	.999	.393	n.s.
	本科（B）	2.5463			
	硕士（C）	2.4503			
	博士（D）	2.5137			
案例教学实施	本科以下（A）	3.6389	2.639	.049*	B > D
	本科（B）	3.5448			
	硕士（C）	3.3894			
	博士（D）	3.2962			

注：n.s. $p > .05$　*$p < .05$　**$p \leq .001$。

单因素方差分析的结果显示，不同学历（本科以下、本科、硕士、博士）的教师，在教学案例理解（$F = 2.825$，$P = 0.038 \leq 0.05$）和案例教学实施（$F = 2.639$，$P = 0.049 < 0.05$）上存在显著差异。采用最小显著差异法进行事后多重比较发现，在教学案例理解方面和案例教学实施两方面，本科学历的教师显著高于博士学历的教师。

本科以下学历的教师有3人，本科学历的教师有54人，硕士学历的教师有171人，博士学历的教师有182人。在教学案例理解方面的具体表现情况如下。

1. 不同学历教师在第5题"案例教学中的案例描述的是真实发生的故事"的答题情况见表4-3。从表4-3可以看出，本科以下学历的教师选择非常同意的2人（66.67%），同意的1人（33.33%）；本科学历的教师选择非常同意的25人（46.30%），同意的12人（22.22%），不确定的 11 人（20.37%），不同意的 5 人（9.26%），非常不同意的 1 人（1.85%）；硕士学历的教师选择非常同意的 57 人（33.33%），同意的 52 人（30.41%），不确定的 37 人（21.64%），不同意的 21 人（12.28%），非常不同意的 4 人（2.34%）；博士学历的教师选择非常同意的 51 人（28.02%），同意的 53 人（29.12%），不确定的 41 人（22.53%），不同意的 28 人（15.38%），非常不同意的 9 人（4.95%）。

表 4-3　　　　　　　不同学历教师第 5 题答题情况　　　　　　（人，%）

X/Y	非常同意	同意	不确定	不同意	非常不同意	小计	平均分
A. 本科以下	2 (66.67)	1 (33.33)	0 (0)	0 (0)	0 (0)	3	4.67
B. 本科	25 (46.30)	12 (22.22)	11 (20.37)	5 (9.26)	1 (1.85)	54	4.02
C. 硕士	57 (33.33)	52 (30.41)	37 (21.64)	21 (12.28)	4 (2.34)	171	3.8
D. 博士	51 (28.02)	53 (29.12)	41 (22.53)	28 (15.38)	9 (4.95)	182	3.6

2. 不同学历教师在第 6 题"案例教学中使用的案例具有完整的故事情节"的答题情况见表 4-4。从表 4-4 可以看出，本科以下学历的教师选择非常同意的 1 人（33.33%），同意的 2 人（66.67%）；本科学历的教师选择非常同意的 19 人（35.19%），同意的 14 人（25.93%），不确定的 14 人（25.93%），不同意的 4 人（7.41%），非常不同意的 3 人（5.56%）；硕士学历的教师选择非常同意的 47 人（27.49%），同意的 56 人（32.75%），不确定的 37 人（21.64%），不同意的 29 人（16.96%），非常不同意的 2 人（1.17%）；博士学历的教师选择非常同意的 46 人（25.27%），同意的 59 人（32.42%），不确定的 37 人（20.33%），不同意的 31 人（17.03%），非常不同意的 9 人（4.95%）。

表4-4　　　　　　　不同学历教师第6题答题情况　　　　　　（人，%）

X/Y	非常同意	同意	不确定	不同意	非常不同意	小计	平均分
A. 本科以下	1 (33.33)	2 (66.67)	0 (0)	0 (0)	0 (0)	3	4.33
B. 本科	19 (35.19)	14 (25.93)	14 (25.93)	4 (7.41)	3 (5.56)	54	3.78
C. 硕士	47 (27.49)	56 (32.75)	37 (21.64)	29 (16.96)	2 (1.17)	171	3.68
D. 博士	46 (25.27)	59 (32.42)	37 (20.33)	31 (17.03)	9 (4.95)	182	3.56

3. 不同学历教师在第7题"案例教学中使用的案例蕴含一定的理论"的答题情况见表4-5。从表4-5可以看出，本科以下学历的教师选择非常同意的2人（66.67%），同意的1人（33.33%）；本科学历的教师选择非常同意的30人（55.56%），同意的17人（31.48%），不确定的6人（11.11%），不同意的0人（0），非常不同意的1人（1.85%）；硕士学历的教师选择非常同意的84人（49.12%），同意的73人（42.69%），不确定的12人（7.02%），不同意的1人（0.58%），非常不同意的1人（0.58%）；博士学历的教师选择非常同意的97人（53.30%），同意的69人（37.91%），不确定的11人（6.04%），不同意的3人（1.65%），非常不同意的2人（1.10%）。

表4-5　　　　　　　不同学历教师第7题答题情况　　　　　　（人，%）

X/Y	非常同意	同意	不确定	不同意	非常不同意	小计	平均分
A. 本科以下	2 (66.67)	1 (33.33)	0 (0)	0 (0)	0 (0)	3	4.67
B. 本科	30 (55.56)	17 (31.48)	6 (11.11)	0 (0)	1 (1.85)	54	4.39
C. 硕士	84 (49.12)	73 (42.69)	12 (7.02)	1 (0.58)	1 (0.58)	171	4.39
D. 博士	97 (53.30)	69 (37.91)	11 (6.04)	3 (1.65)	2 (1.10)	182	4.41

4. 不同学历教师在第 8 题"案例教学中使用的案例有特定的写作体例"的答题情况见表 4-6。从表 4-6 可以看出，本科以下学历的教师选择非常同意的 1 人（33.33%），同意的 2 人（66.67%）；本科学历的教师选择非常同意的 23 人（42.59%），同意的 14 人（25.93%），不确定的 9 人（16.67%），不同意的 7 人（12.96%），非常不同意的 1 人（1.85%）；硕士学历的教师选择非常同意的 53 人（30.99%），同意的 61 人（35.67%），不确定的 38 人（22.22%），不同意的 15 人（8.77%），非常不同意的 4 人（2.34%）；博士学历的教师选择非常同意的 46 人（25.27%），同意的 61 人（33.52%），不确定的 49 人（26.92%），不同意的 16 人（8.79%），非常不同意的 10 人（5.49%）。

表 4-6　　　　　　　不同学历教师第 8 题答题情况　　　　　　（人，%）

X/Y	非常同意	同意	不确定	不同意	非常不同意	小计	平均分
A. 本科以下	1 (33.33)	2 (66.67)	0 (0)	0 (0)	0 (0)	3	4.33
B. 本科	23 (42.59)	14 (25.93)	9 (16.67)	7 (12.96)	1 (1.85)	54	3.94
C. 硕士	53 (30.99)	61 (35.67)	38 (22.22)	15 (8.77)	4 (2.34)	171	3.84
D. 博士	46 (25.27)	61 (33.52)	49 (26.92)	16 (8.79)	10 (5.49)	182	3.64

5. 不同学历教师在第 9 题"搜集教学案例素材需要进行实地研究"的答题情况见表 4-7。从表 4-7 可以看出，本科以下学历的教师选择非常同意的 2 人（66.67%），同意的 1 人（33.33%）；本科学历的教师选择非常同意的 27 人（50.00%），同意的 17 人（31.48%），不确定的 7 人（12.96%），不同意的 2 人（3.70%），非常不同意的 1 人（1.85%）；硕士学历的教师选择非常同意的 75 人（43.86%），同意的 54 人（31.58%），不确定的 24 人（14.04%），不同意的 17 人（9.94%），非常不同意的 1 人（0.58%）；博士学历的教师选择非常同意的 61 人

(33.52%),同意的 67 人(36.81%),不确定的 28 人(15.38%),不同意的 16 人(8.79%),非常不同意的 10 人(5.49%)。

表 4 – 7　　　　　　不同学历教师第 9 题答题情况　　　　　　(人,%)

X/Y	非常同意	同意	不确定	不同意	非常不同意	小计	平均分
A. 本科以下	2 (66.67)	1 (33.33)	0 (0)	0 (0)	0 (0)	3	4.67
B. 本科	27 (50.00)	17 (31.48)	7 (12.96)	2 (3.70)	1 (1.85)	54	4.24
C. 硕士	75 (43.86)	54 (31.58)	24 (14.04)	17 (9.94)	1 (0.58)	171	4.08
D. 博士	61 (33.52)	67 (36.81)	28 (15.38)	16 (8.79)	10 (5.49)	182	3.84

三　不同职称教师的比较分析

对不同职称教师在案例教学理解、教学案例理解、教学案例开发、案例教学实施四个方面进行单因素方差分析,分析结果见表 4 – 8。

表 4 – 8　　　不同职称教师案例教学状况单因素方差分析摘要

变量	职称	均值	F	P	事后比较 LSD 法
案例教学理解	助教(A)	3.6949	4.094	.007*	A;C>A;D>A
	讲师(B)	3.8665			
	副教授(C)	3.9776			
	教授(D)	3.8762			
教学案例理解	助教(A)	3.9288	.111	.954	n.s.
	讲师(B)	3.8757			
	副教授(C)	3.9200			
	教授(D)	3.9301			
教学案例开发	助教(A)	2.4915	3.368	.019*	D>B
	讲师(B)	2.3204			
	副教授(C)	2.5000			
	教授(D)	2.6699			

续表

变量	职称	均值	F	P	事后比较LSD法
案例教学实施	助教（A）	3.4760	.829	.479	n. s.
	讲师（B）	3.3430			
	副教授（C）	3.3770			
	教授（D）	3.3277			

注：n. s.　p > .05　*p < .05　**p ≤ .001。

单因素方差分析的结果显示，不同职称（助教、讲师、副教授、教授）的教师，在案例教学理解（F = 4.094，P = 0.007 < 0.05）和教学案例开发（F = 3.368，P = 0.019 < 0.05）上存在显著差异。采用最小显著差异法进行事后多重比较发现，在案例教学理解方面，讲师、副教授和教授对案例教学的理解程度显著高于助教；在教学案例开发方面，教授的案例教学开发程度显著高于讲师。可见，较高的职称在案例教学理解和教学案例开发方面表现相对较好。

四　硕导与非硕导之间的比较分析

对硕士生导师和非硕士生导师的教师在案例教学理解、教学案例理解、教学案例开发、案例教学实施四个方面进行独立样本T检验，分析结果见表4-9。

表4-9　硕导与非硕导案例教学状况独立样本T检验摘要

变量	是否硕导	个数	均值	标准差	t值	P
案例教学理解	是	228	3.9419	.52751	2.495	.013*
	否	182	3.8104	.53321		
教学案例理解	是	228	3.8877	.76649	-.741	.459
	否	182	3.9440	.76016		
教学案例开发	是	228	2.6031	.78625	3.069	.002*
	否	182	2.3626	.79036		
案例教学实施	是	228	3.3220	.62613	-1.797	.073
	否	182	3.4309	.58762		

注：*p < .05　**p ≤ .001。

独立样本 T 检验结果表明，硕士生导师和非硕士生导师在案例教学理解和教学案例开发两方面存在显著差异，在教学案例理解和案例教学实施两方面不存在差异。统计结果显示，硕士生导师和非硕士生导师在案例教学理解（t = 2.495，P = 0.013 < 0.05）和教学案例开发（t = 3.069，P = 0.002 < 0.05）的 t 统计量均达显著差异水平，其中硕士生导师在案例教学理解和教学案例开发两方面的表现显著高于非硕士生导师。

五 博导与非博导之间的比较分析

对博士生导师和非博士生导师的教师在案例教学理解、教学案例理解、教学案例开发、案例教学实施四个方面进行独立样本 T 检验，分析结果见表 4 – 10。

表 4 – 10　博导与非博导案例教学状况独立样本 T 检验摘要

变量	是否博导	个数	均值	标准差	t 值	P
案例教学理解	是	31	3.7258	.56034	-1.716	.087
	否	379	3.8964	.52986		
教学案例理解	是	31	4.0194	.81052	.809	.419
	否	379	3.9040	.75974		
教学案例开发	是	31	2.9032	.83086	2.988	.003*
	否	379	2.4631	.78508		
案例教学实施	是	31	3.5081	.66086	1.307	.192
	否	379	3.3591	.60630		

注：* p <.05　** p ≤.001。

独立样本 T 检验结果表明，博士生导师和非博士生导师在教学案例开发方面存在显著差异，在案例教学理解、教学案例理解和案例教学实施三方面不存在差异。统计结果显示，博士生导师和非博士生导师在教学案例开发（t = 2.988，P = 0.003 < 0.05）的 t 统计量达到显著差异水平，其中博士生导师在教学案例开发方面的表现显著高于非博士生导师。

六 不同层次院校的比较分析

对不同层次学校的教师在案例教学理解、教学案例理解、教学案例开发、案例教学实施四个方面进行单因素方差分析，分析结果见表4-11。

表4-11 不同层次学校教师案例教学状况单因素方差分析摘要

变量	学校层次	均值	F	P	事后比较LSD法
案例教学理解	教育部直属综合性大学（A）	3.7955	.972	.423	n.s.
	教育部直属师范大学（B）	3.8622			
	省属综合性大学（C）	3.8496			
	省属师范院校（D）	3.9545			
	其他（E）	3.9054			
教学案例理解	教育部直属综合性大学（A）	3.9636	2.931	.021*	B；D>C；E>B；E>C
	教育部直属师范大学（B）	3.7224			
	省属综合性大学（C）	3.7925			
	省属师范院校（D）	4.0345			
	其他（E）	4.0432			
教学案例开发	教育部直属综合性大学（A）	2.5455	2.161	.073	n.s.
	教育部直属师范大学（B）	2.4490			
	省属综合性大学（C）	2.3609			
	省属师范院校（D）	2.6545			
	其他（E）	2.5068			
案例教学实施	教育部直属综合性大学（A）	3.5189	2.019	.091	n.s.
	教育部直属师范大学（B）	3.2993			
	省属综合性大学（C）	3.2832			
	省属师范院校（D）	3.3803			
	其他（E）	3.4707			

注：n.s. $p>.05$ *$p<.05$ **$p\leqslant.001$。

单因素方差分析的结果显示，不同层次院校（教育部直属综合性大学、教育部直属师范大学、省属综合性大学、省属师范院校、其他类型院校) 的教师, 在教学案例理解 ($F = 2.931$, $P = 0.021 < 0.05$) 上存在显著差异。采用最小显著差异法进行事后多重比较发现, 在教学案例理解方面, 省属师范大学的教师和其他层次院校的教师显著高于省属综合性大学的教师和教育部直属师范大学的教师。

通过以上差异分析发现: 通过对不同教龄、不同学历、不同职称、硕导和非硕导、博导和非博导、不同层次高校教师在案例教学理解、教学案例理解、教学案例开发和案例教学实施四方面进行比较分析发现:

1. 在案例教学理解方面,讲师、副教授和教授对案例教学的理解程度显著高于助教,硕士生导师的表现显著高于非硕士生导师。

2. 在教学案例理解方面,本科学历教师的理解程度显著高于博士学历的教师,省属师范大学教师和其他层次院校教师的理解程度显著高于省属综合性大学的教师和教育部直属师范大学的教师。

3. 在教学案例开发方面,20 年以上教龄教师的表现显著高于 2—5 年教龄的教师和 11—20 年教龄的教师,教授的表现显著高于讲师,硕士生导师的表现显著高于非硕士生导师,博士生导师的表现显著高于非博士生导师。

4. 在案例教学实施方面,2 年以下教龄的教师、2—5 年教龄的教师和 20 年以上教龄教师的表现都显著高于 11—20 年教龄的教师,本科学历教师的表现显著高于博士学历的教师。

总体来看,教师的职称、教师是否承担硕士生导师或博士生导师对案例教学的实施状况具有一定的影响作用。一般而言,副教授或教授职称的教师担任硕士生导师或博士生导师,他们在硕士生教学或博士生教学过程中使用案例教学的机会相对较多。教师的学历和教龄并不必然与案例教学实施程度成正比,教龄在 11—20 年的教师,一般已经形成固定的个人教学观念和方式,不愿意轻易尝试新的教学方式方法。从院校层次来看,省属综合性大学和省属师范院校是教育硕士培养院校的主体,它们对案例教学的理解和运用效果直接影响到案例教学的使用效果和推广效果。

第四节 案例课程的影响因素

本书的调查问卷设计了两道开放题:"1. 您认为目前制约案例教学实施的因素有哪些? 2. 您认为目前教学案例开发存在哪些困难?"两道开放题的统计主要通过对答题内容进行关键词提取分析,进一步了解案例教学实施和教学案例开发方面存在的问题。

一 案例教学制约因素分析

通过对关键词的词频进行统计分析发现,教师认为制约案例教学的因素包括(如图4-16所示):缺乏适合的案例(112次)、教学条件不满足(58次)、教师能力有限(42次)、案例开发资源不足(21次)、学生知识储备不足(19次)、学校支持力度不够(17次)、精力和时间有限(16次)、案例开发难度大(15次)。

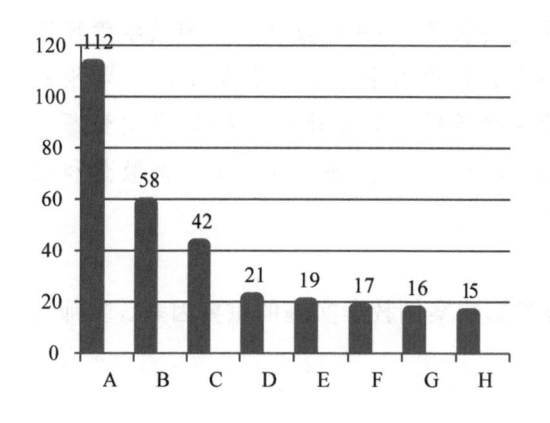

图4-16 制约案例教学实施的因素

通过图4-16可以看出,制约案例教学实施的三大因素分别是:适合的教学案例、学校的教学条件、教师实施案例教学的能力。

首先,适合的教学案例是影响案例教学实施的首要因素。教师们认为:

(1) 没有恰当的现成案例，需要自己开发，费时费力；另外，班级规模过大制约了案例教学的实施，尤其是公共课160—200多人很难开展，学生讨论的时间较少。(2) 各学科案例库不均衡，案例代表性不够，质量有待提高。(3) 好的学科教学案例少，不成体系，无法与学科教学的相关课程理论体系对应。(4) 针对性的案例还不够丰富，实施条件不能很好满足。(5) 案例编制不容易，现成的案例不多。(6) 没有足够可参考的案例，不知道如何使用案例教学，例如其流程、方法以及合适引出所蕴含的理论。(7) 案例缺少典型性，不能真正反映实际问题。

其次，学校的教学条件（软硬件）是影响案例教学实施的第二大因素。教师们认为：

(1) 教学设施支撑不够，学校对于教学过程的管理与监控欠缺。(2) 课堂教学时间有限，难以开展充分的讨论。(3) 学校的设施条件落后，难以开展案例教学。(4) 教学评价和教学管理落后，研究生教学管理不规范，没有这个方面的要求。(5) 学校对教学改革不重视，没有放在和科研的同等地位。(6) 案例资源不足，相关共享资源和培训课程少。(7) 缺乏成熟案例的数量和质量，案例库的开放程度不够。

最后，教师的教学能力也是影响案例教学实施的重要因素。教师们认为：

(1) 实施案例教学要求教师本身的实践能力较强并有一定的校外资源的帮助，只靠教师本身是无法完成的，校外资源的利用也会制约案例教学实施。(2) 教师个人能力的制约，大学行政化严重，教师无时间钻研案例教学。(3) 案例教学要求与自己的教学实际有差距，研究生教学没有统一的内容与方法，课程内容有很大的随意性，难以统一任课教师对案例教学的意识和理解。(4) 对教师知识的传授方式、教学进度及教学方式都要求有转变。(5) 教师理论素养不够，案例教学形式化、表层化严重。(6) 缺乏专门足够的培训，教师对案例教学不了解。(7) 搜集和获取合适的案例需要大量的时间和精力，教师需要有切身的体验才能搜集到合适的案例，这恰恰是很多老师所欠缺的。(8) 案例素材来源少，加工整理难度大，需要专业的案例知识。

二 教学案例开发困难分析

通过对关键词的词频进行统计分析发现，教师认为教学案例开发的困难主要表现在如下方面（如图4-17所示）：对教学案例开发缺乏系统了解（73次）、缺乏案例开发资源（45次）、缺少案例教学实践（41次）、教师精力有限（27次）、学校重视程度不够（22次）、缺少教学案例开发团队合作（17次）。

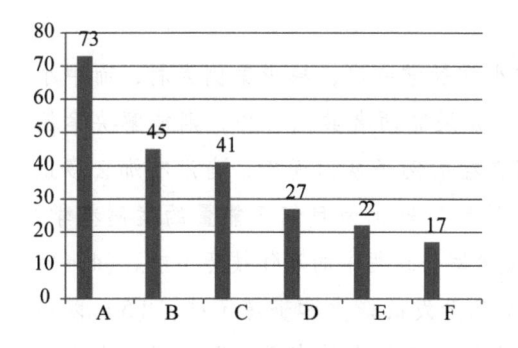

图4-17 教学案例开发困难表现

通过图4-17可以看出，案例教学开发方面存在的三大困难主要包括：对教学案例开发缺乏系统了解、缺乏案例开发资源、教师缺少对案例教学的理解。

首先，对教学案例开发缺乏系统了解是教学案例开发的首要困难。教师们认为：

(1) 涉及原理和哲学类的案例开发难度大，需要开发者有较高的理论水平，同时又能了解实践和学生的需求，且寻找合适的视角很难；(2) 学科类的教学案例撰写难度大；(3) 不了解教学案例开发的流程和规范；（4）找到有价值的开发点相对容易，但持续进行研究做出有价值的案例不容易。（5）将实际的教育事件转化为课堂上能够使用的具有教学价值的教学案例这是开发中最为紧迫的困难。（6）首先，不知道案例开发所包含的要素；其次，没有可参考的模型或者体例；最后，自己关于案例开发的素养缺乏。（7）没有参加过系统的关于案例教学的教学方法和开发案例的相关会议培训。（8）实地考察经验太少，导致教学案例呈现不具体，分析片面。（9）不知道如何开发，不知道怎么开始，没有一定的开发体系可以参考。（10）如何选择比较新颖的主题比较困难，真实的故事有时会线索比较零散，需要精细地梳理与筛选才能有一个主线。

其次，缺乏案例开发资源也是教学案例开发的主要困难。教师们认为：

（1）高校教师不熟悉中小学教学一线，缺少案例素材，而中小学教师只有素材，缺少理论，如果能两者共同合作，则能解决案例开发的部分问题。（2）实实在在的例子从何而来，当没有那么多正面的例子的时候，负面的例子如何转化为我们正能量的案例教学？（3）案例素材不容易找，开发者写作过程中的写作技巧不够。（4）对中小学教育实践的陌生导致案例开发的能力和资源不够。（5）以中小学教师为主体不现实，写案例的都是大学老师，即使跟踪中小学老师，以现在应试教育模式也很难找到一个钻研教学内容和方法的，中小学老师很少思考教育理论，如果完全以中小学老师为案例主人公，估计对研究生教学起不到太大的促进作用。（6）实地调研环节不畅通、案例开发团队建设困难。

最后，教师缺少对案例教学的理解也是教学案例开发的主要困难。教师们认为：

（1）不清楚什么是案例教学，首要的困难是先弄懂什么是案例教学，对案例教学的本质研究不够。（2）大学教师缺少案例教学实践，学校缺少共同开发案例的机制。(3) 需要教师有很多的案例教学经验和理论学习能力。(4) 教师收集真实案例并不容易，耗时耗精力，可是案例入库也就入库了，有几个老师知道？即使知道了，又不方便获得，即使获得了，又有几个老师会用？开发教学案例是为了什么而开发？(5) 老师不能从教学需要的角度开发案例，更多的是有什么素材就开发什么案例。(6) 教学案例开发还在起始阶段，需要更多的老师了解、开发、使用案例教学。

第五章

教师教育案例课程开发理论基础

案例课程是以真实的实践故事为载体，蕴含特定课程价值取向、理论原理、原则规范、专业判断、行为示范和实践反思的非理论体系的教学案例集合。"开发"意味着挖掘、发展、形成，是一个不断改进的过程。案例课程开发是一个集静态的内在剖析和动态的外在组织为一体的系统工程，案例课程开发能否真正体现教师教育的本质，能否集中体现案例知识的特点，是否遵循了课程开发的科学逻辑，这都制约着案例课程开发的质量。对案例课程开发本体特质和知识属性的思考，有助于从目的和内容上保证案例课程开发的方向性和实质性；对案例课程开发方法论的思考，有助于从程序上保证案例课程开发的科学性和规范性。本章以全日制小学教育领域教育硕士培养为例，探讨教师教育案例课程开发的理论基础。

第一节 案例课程开发的本体论

本体论起源于对万物本源的追问，是探究世界本源和本质的哲学理论。从哲学意义上看，本体是事物最为内在的方面和最根本的价值向度，表示事物质的规定性和本源，是决定事物何以存在的基本依据。本体论关注的是"存在"，即世界在本质上有什么样的东西存在或者世界存在哪些实体。所以哲学上的本体论是对世界任何领域内的真实存在所做出的客观描述，是研究存在本质的一门学问。对案例课程开发本质的追问，首先要清楚案例课程开发的旨归。以小学教育领域教育硕士培养为指向的案例课程开发，内在地形成与教师教育、小学教育和案例教学有关的本质系统。如此开发出来的案例课程才能真正服务于教育硕士培养中的案例教学，才能有助于教育硕士培养目标的达成和培养质量的提升。

一 基于教师教育理论定向

教育硕士专业学位的设置，是中国教师教育为基础教育服务的集中体现，其满足了基础教育师资队伍和管理队伍建设与提高的现实需要。探讨面向小学教育领域教育硕士培养的教学案例开发本质，首先应该在教师教育的理论定向下进行研究。教师教育的理论定向是指教师教育中所反映的一系列教师教育的目标及达成目标方法的思想。一种理论定向包括教学观、学习观及关于如何学习教学的理论，这种定向会指导甚至直接框定教师教育中诸如计划、课程开发、教学指导、检查和评价之类的实践活动。[①] 教师教育中至少包括五种理论定向：学术定向、实践定向、技术定向、个人定向和批判/社会定向。[②]

（一）学术定向

学术定向主要关注知识的传递和理解力的发展，强调教师作为认知的引导者和学科内容专家的角色。这种定向将案例教学看作传递理论知识的手段，要求开发出能表征理论知识的教学案例。正如舒尔曼指出，一个被恰当理解的案例，绝不仅仅是对事实或偶发事件的报道，一个教学案例近似于一个理论主张，案例的组织与运用要深刻地带有理论色彩。[③]

（二）实践定向

实践定向关注有技能的实践者在工作中表现出的工艺、技术和艺术的因素，强调教学情境的独特性、不确定性和模糊性，注重教师教学的恰当性、艺术性和创造性。这种定向认为经验是教学知识的首要来源，也是学习的重要手段。对于职前教师而言，案例教学是非常富有成效的

[①] 王少非：《教师教育中的案例法与教学案例的开发》，《高等师范教育研究》2000年第2期。

[②] Merseth, K. K., "The Early History of Case-Based Instruction: Insights for Teacher Education Today", *Journal of Teacher Education*, Vol. 42, No. 4, September 1991.

[③] ［美］舒尔曼：《实践智慧：论教学、学习与学会教学》，王艳玲等译，华东师范大学出版社2014年版，第141—142页。

教学方式，案例教学给他们提供了一种接近真实情境的可参考框架，去处理和分析类似于案例主人公所遇到的教学问题。为此所开发的案例课程是描述教学中的两难情境或向职前教师传递成手教师的经验，帮助他们学习、理解课程教学的技巧方法。

（三）技术定向

技术定向同样着眼于教学的知识和技能。但不同于实践定向的是，这种知识和技能不是基于经验，而是基于对教学的科学研究。教师教育的首要任务是培养能高效完成教学任务的教师，强调对教学的学习和研究。这种定向将能力视为行为表现，特别强调向学习者提供实践理性的决策模式和应用性的科学原理。因此案例教学特别强调提供特定的决策程序，提供在实践中可以加以执行的技能和行为模式。依据这种定向的案例课程开发侧重对教师提供系列化的理性决策模式。

（四）个人定向

个人定向关注教师作为个人的专业发展和个性发展，强调将教师置于教学学习过程的中心。学习教学就是学习理解，就是有效地发挥自己的作用，教师教育的中心目标就是教师的个人发展。在个人的成长和发展中，经验及对经验的反思极为重要。教师直接参与案例课程的开发，以此反思自己的经验。所开发的案例课程应为教师提供处理某种情境的行为模式或指南，案例课程可以不是开放式的。

（五）批判/社会定向

这种定向认为教师教育是创造一个更为公正更为民主社会的大策略中的一部分。教师是教育者，也是政治活动家，因而教师必须养成批判性分析和行动的能力。这种定向对案例教学一般较为淡漠，但它的某些观点如对批判性思考的强调等，能为案例课程的开发提供一些有益的启示。

通过比较发现，五种不同的教师教育理论定向框定了案例教学的价值取向，为案例课程开发提供了不同的关注点和操作点（见表5-1），案例课程开发需与特定的教师教育理论定向相匹配。

表 5-1　　　　　　　教师教育五种理论定向比较

定向分类	教师教育关注点	对案例教学的要求	对案例课程开发的要求
学术定向	知识积累	传递理论知识	故事+理论
实践定向	经验积累	提供参考先例	两难情境或基本技巧
技术定向	教学研究	提供实践原理	公认范例剖析
个人定向	个人发展	形成行为指南	教师反思
批判/社会定向	批判分析	产生争议思考	争议性故事

二　体现专业学位领域属性——以小学教育为例

自 20 世纪 50 年代以来，小学教师培养的学历标准先后经历了中师、专科、本科、硕士四个层次。将小学教师教育纳入高等教育体系，不断提升小学教师的学历层次以满足教育实践的需求，是当代国际教师专业化发展的必然趋势。面向小学教育领域教育硕士的案例课程开发应立足小学教育专业，体现小学教育专业的特质，以明确案例课程开发的领域属性。

（一）小学教育的基础性

中国的学校教育体系一般包括初等教育—中等教育—高等教育三大阶段。其中，初等教育（小学教育）和中等教育（中学教育）都属于普通基础教育，其连贯性很强，但每个阶段又有其独立的性质和任务，小学教育属于初等教育，是各级各类教育的基础。小学教育是儿童接受学校教育的开端，是面向儿童进行的最基础的知识、能力、情感的教育，儿童将要在这里迈出其关键性的第一步，这一阶段的教育，在人的一生发展中起着重要的启蒙和奠基作用。小学教育的对象是儿童，走进儿童的世界是小学教育专业的逻辑基础，小学教育专业应体现小学教师培养的对象性、儿童性和基础性。注重培养未来小学教师在道德和情感上对儿童个性的尊重和关爱，对每个儿童发展可能性的价值认同，在知识结构上具有宽厚的知识底蕴和扎实的学科基础，在思维方式上具有成人思维模式和半童性思维模式相结合的特征。理论研究和实践经验都表明，教育对象越是低龄，对教师的教育教学技能性和艺术性要求越高。小学教师在教学过程中，不但要关注知识内容本身，还必须关注知识的呈现形式，必须把抽象性的成人思维模式倒转回具体性的儿童思维模式，才能便于儿童的接受与理解,要具有将知识的"学术形态"转化成能使教育对象易于理解和接受的知识的"教育形态"的能力。① 从而帮助儿童突破时间和空间的限制,拓宽认知范围,促进儿童生活和学习的顺利过渡。

(二) 小学教育的综合性

从培养对象定位来看,小学教育属于初等教育,其性质和以语文、数学、物理、政治等学科为重点的中等教育有所不同,它不是以学科为基础,也不是专门培养某一个学科的小学教师,而是将小学教育作为一个专业,即培养小学教师的专业。②从专业素养结构来看,小学教师对学生的影响应当是综合的和全面的,要完成对儿童的性格养成和文化入门两大任务。这要求小学教师必须熟悉小学生身心发展规律和小学教育教学规律,拥有能与特定年龄阶段儿童交往互动的心理品质和思维模式,具有适应小学多学科教学和班队管理需要的知识结构和实践能力。同时,作为硕士学历的小学教师,与本科学历的小学教师相比,还要具备一定的教育科学研究能力,具有用理论检视和反思教学实践的专业自觉,成为适应性更强的发展潜能更大的研究型小学教师。

(三) 小学教育的实践性

教学是一个复杂的劣构领域,与医学和法律相比,教学实践面对的任务环境更加复杂。在一定的时空范围内,教师要同时面对教室里几十个不同的学生,加之小学生在认知能力、行为能力、情感个性等方面发展的不成熟性,小学教师需要在一节课完成多重目标,但每一种教学策略都具有不可复制性,需要具备敏锐的专业判断力和迅速的行动能力。由此,小学教育教师不是一个狭隘的知识传授者,而是在特定的学习情境中每天要做几百个决定并和儿童进行互动的个体,教师的工作是在具体情境中不断发展而完成的。小学教育专业人才培养应体现鲜明的实践性,以适应小学教育实践对人才特征的需求。培养目标要紧密联系小学教育实践需要,培养过程要基于小学教育实践,在小学教育实践的真实情境中培养学生的实践感,要重视学生教育实践性知识的构建,关注教

---

① 王智秋:《小学教育专业人才培养模式的研究与探索》,《教育研究》2007 年第 5 期。
② 马云鹏、解书、赵冬臣等:《小学教育本科专业培养模式探究》,《高等教育研究》2008 年第 4 期。

育实践能力的培养，重视学生基于实践、基于情境的反思和研究能力的培养。[1]

三 指向教育硕士培养的案例教学

案例教学逻辑链条内包含着案例课程开发、教学案例、案例课程、案例教学四个部分，四者表现为一种线性依存关系。案例课程开发是案例教学逻辑链条的第一环节，它是案例教学实施的前提条件，具有明确的课程旨归。案例课程开发过程中考虑的关键课程要素包括：培养目标、课程与教学目标、课程内容、教师（大学教师）、学生（教育硕士）。充分考虑课程要素的案例课程开发，才能保证开发的案例课程蕴含着丰富的"课程意味"，才能保证案例课程对教育硕士学习的示范意义和研究价值，才能保证案例教学对教育硕士学习方式改变的可能性。这一点也说明，案例课程不同于教学设计和课堂实录。案例课程是有特定指向的，是建立在学习主体需求基础上的，对教育教学关键事件和关键问题的描述和加工结果，体现案例教学独特的课程特征。而教学设计是对教学过程可能性所做的预设，教学实录是对教学实施过程的完整记录，教学设计和教学实录都是未经任何筛选和加工的"白描"，都可以作为案例课程开发的原始素材。

指向教育硕士案例教学的案例课程开发过程需要进行充分的课程目标分析和课程内容分析。培养目标是案例课程开发的起点，课程与教学目标是案例课程开发的终点。二者分别从上位和下位目标回答了案例课程开发应该从哪里来、到哪里去的根源性路径问题。案例课程开发目标与培养目标、课程与教学目标的一致性，有助于案例使用教师准确定位案例教学实施目标，准确把握案例课程中蕴含的知识重难点，设计有效的问题分析途径与思路；也有助于学生通过案例课程有针对性地学习特定课程知识，保持案例课程与课程目标的内在一致性。课程内容是课程目标的具体化与现实化，案例课程开发需要系统分析小学教育专业硕士的核心课程目标、课程内容与案例教学三者之间的内在关系，以凸显案

---

[1] 陈威：《"实践取向"小学教育专业课程设置研究》，博士学位论文，东北师范大学，2013年，第51页。

例课程的针对性、问题性和理论性。根据特定的课程内容，提炼案例课程所蕴含的主题，使案例课程主题与教育硕士培养的课程内容相兼容。

四 对案例课程开发的启示

通过对教学案例开发本质属性的剖析，我们明确了本书中的案例课程开发需要坚持的几个本质要点。

（一）案例课程开发要以教育硕士培养为核心目标

本书中案例课程开发的核心目标是为小学教育领域教育硕士培养中的案例教学提供支持。这一规定性目标提示我们：首先，本书必须立足于教师教育，充分吸收教师教育基本理念，尊重教师教育发展逻辑。其次，本书的案例课程是用于研究生（教育硕士）教育的，案例课程的使用对象是小学教育领域教育硕士及其授课教师。由于使用对象的特殊性，案例课程开发必须明确教育硕士的专业学位属性。教育硕士专业学位具有其自身的特点和存在价值，是依据教师职业特性设置的，具有鲜明的实践性，同时作为基础教育高层次人才培养，要体现一定的学术性和研究性，这意味着理论素养的培养对于教育硕士是同等重要的，案例课程开发要体现基于实践的理论指向。最后，使用对象的特殊性也决定了案例课程开发要重点考虑小学教育领域教育硕士在培养目标、培养规格、课程体系、培养方式、教学方式、毕业去向等方面的特殊性，要明显区别于中小学教师培训中使用的教学案例。

（二）案例课程开发要以小学教育专业为内在特质

教育硕士小学教育领域为案例课程开发研究框定了案例课程鲜明的专业特性，即小学教育。小学教育专业是培养小学教师的专业，是培养小学教师的专业教育。在小学教育专业硕士培养中，单纯有限的理论知识学习和简单重复的技能训练并不能满足小学教育工作的实际需求，案例课程的情境性与小学教育工作的实践性具有内在吻合性。尤其是职前小学教师的教学判断和行动能力都有赖于案例知识和基于案例的推理，"像教师一样思维"的案例方法给职前小学教师展示了一种创造性的思维方式、一个问题形成和探究的过程、一个不断设计的过程。面向小学教育专业硕士培养的案例课程开发要凸显案例课程在理论知识和实践知识之间的桥梁作用，重视案例课程素材与职前小学教师替代性学习经验之间的关联,重视案例课程内容在筑起职前小学教师专业推理和反思能力方面的张力。开发适合职前小学教师专业学习的案例课程,通过职前教师对案例课程中特定学科核心内容的本质、儿童学习特定知识的特征、教师选择合适的教学策略等方面的分析,模仿学习和模拟实践,弥合小学教育专业硕士在学科知识学习、教育教学理论学习与教学法训练的区隔,提升职前小学教师的教育教学实践能力和研究能力。

(三) 案例课程开发要以小学教育实践为现实参照

案例课程是以小学教育领域教育硕士培养目标为出发点,经过筛选、设计、加工的系列化真实故事和材料。面向小学教育实践,满足小学教育实践层面的现实需要,是案例课程开发的应有之义。案例课程取材于小学教育教学实践,案例分析基于小学教育实践,案例知识升华于小学教育实践。案例教学是一个模拟的小学教育教学实践训练场所,通过案例中情境化的描述,将教育硕士置于未曾经历过的情感、时间和空间的仿真场景,以帮助他们学会面对和处理结构不良的教育教学领域中的复杂问题。同时,案例课程开发要回应小学教育教学实践对人才培养的需求,案例课程主题和内容的选定要能够为教育硕士适应未来职业实践需要做好专业储备。

第二节 案例课程开发的知识论

知识论是有关知识的本质、形成条件、范围和证实的学问,被认为是哲学的中心领域。[①] 案例课程是一种具有理论和实践阐释效力的知识载体,具有概括和辐射多种理论知识的示范性。它以真实的实践故事的形式呈现,表征着相应的理论原理、原则规范、价值取向、专业判断、行为示范和实践反思等案例知识。针对教育硕士培养的案例课程开发过程与教师知识的理解、筛选、组织与传递紧密联系在一起,舒尔曼提出三种类型的教师知识形态:命题知识、案例知识和策略知识。本书将结合教师知识的三种形态,剖析案例课程开发过程中蕴含的不同知识类型。

---

① [美] 路罗斯·P. 波伊曼:《知识论导论》,洪汉鼎译,中国人民大学出版社2008年版,第3页。

一 课程内容中的命题知识

课程总是与知识紧密联系在一起,课程与知识的性质、知识的价值、知识的组织与传递方式有关。[1] 一方面,知识是课程的重要内容和载体,是课程的原生性来源;另一方面,课程是知识的选择、分配、传播和积累的重要途径,是知识运营的基本表现形式。[2] 指向教育硕士培养的案例课程开发,首先要建立在对教育硕士特定课程内容进行理解和筛选的基础上进行开发。一般而言,教育硕士课程中的内容大多是以学科为单位组织形成的命题形态的知识。施瓦布认为,学科知识的结构包括实质性结构和句法结构[3]。实质性结构是一门学科基本概念和原则被组织起来、用以体现具体事实的不同组织方式。学科的句法结构是一组用于区别真实与谬误、有效与无效的方式。句法就像语法,是一组在某一学科领域中用来判断的规则,判断怎么做是正确有效的,怎么做会破坏规则。正如教师不仅要能够告诉学生某一领域中被普遍接受的事实,还要能够解释为什么某个特定的命题被认为是合理的,为什么有必要了解它,以及它与其他的命题是怎样关联起来的。

以命题形式存在的学科知识,有明确的优势和劣势。命题知识在形式上非常简便,包容和简化了很多生活世界的复杂性,是在人类历史长河中经过无数次实践沉淀和提炼出来的高度凝练的知识形态,但简洁抽象的命题知识聚合在一起时,非常难以记忆和理解,因为它们是去情境化的,只剩下实质,而缺乏细节、情感与气氛。尽管命题性知识具有强大的包容性,但在学生理解学习时,恰恰需要细节和情境脉络的支持。因此,案例课程开发首先要对教育硕士课程内容中蕴含的知识类型和特征进行深度剖析和提取,以明确适合采取案例教学的课程命题知识,寻找与之对应的案例课程素材。

---

[1] 施良方:《课程理论——课程的基础、原理与问题》,教育科学出版社 1996 年版,第 59 页。

[2] 罗尧成、谢安邦:《论研究生教育课程体系开发的三个理论基础》,《教育研究》2008 年第 4 期。

[3] Shulman, L. S., "Those Who Understand: Knowledge Growth in Teaching", *Educational Research*, Vol. 15, No. 2, February 1986.

二 案例素材中的策略知识

内容是方法的依存，方法是内容的体现。案例教学所依赖的内容——案例课程，有着独特的来源、性质和编排体系。案例课程开发就是围绕与教育硕士课程相关的理论、原理、技术等"命题知识"，寻找教育教学实践中体现和诠释命题知识的案例课程素材的过程。

在实践领域中，当教师面对理论的、道德的或实践的特殊情境或问题时，命题知识相互冲突，没有一种单独的解决办法是可行的——策略性知识开始发挥作用。若一个原理与另一原理产生冲突，与教学实践不兼容时，相关的命题知识就会作为潜在的知识基础，策略性知识就会得以发展和拓展，成为超越策略知识的实践性知识，体现教师的专业推理和判断能力。教学案例开发就是挖掘教育教学实践中一线教师的实践智慧，呈现其将命题知识统整、转化和运用于真实教学情境的过程。案例课程的素材来源于一线教师内部丰富的、描述的、反思性的叙事，一线教师不仅仅是对教育教学故事进行叙述，还需要对故事背后本人对问题的判断、分析和决策的心路历程进行深入反思，通过提炼故事中反映的要点、疑点、热点和盲点，将教师、学生、教材、方法、环境等诸多要素在特定的教育教学场景中融合。通过案例课程的形式呈现一种境域性知识，[①] 使案例课程内容具有复合性以及解读的多层面性和多角度性。

富勒认为，教师专业知能的成长需要经历"自我—教学任务—教学影响"，即"教什么、如何教、教了如何"等三个层面的考虑，只有教师深切考量自己的教学效果和影响时，才算真正达到"专业"水准。[②] 案例课程素材的搜集与整理过程恰恰是为一线教师提供不断梳理、反思和研究教育教学实践的过程，这一过程也是教师对策略知识不断反思并转化为实践性知识的过程。教师的实践性知识是依存于特定境脉的一种经验性知识，同命题知识相比，尽管缺乏严密性与普遍性，但极其生动具体，

[①] 知识的境域性是指：任何的知识都是存在于一定的时间、空间、理论范式、价值体系、语言符号等文化因素中的；任何知识的意义也不仅是由其本身的陈述来表达的，更是由其所位于的整个意义系统来表达的；离开了这种特定的境域，既不存在任何的知识，也不存在任何的认识主体和认识行为。参见石中英《教育哲学》，北京师范大学出版社2014年版，第128页。

[②] 高熏芳：《师资培育：案例教学的发展与应用策略》，九州出版社2006年版，第2页。

是功能性的、弹性的。实践性知识是作为"特定的儿童的认知、特定的教材内容、特定的课堂语脉"加以积蓄和传承的,是旨在问题解决而综合多种学术领域的知识所获得的知识,它已经超越了已知命题知识的框架,深入探究不确定的状况,求得未知问题解决的知识,是洞察该情境所蕴含的多样可能性,探究更好方向的知识。案例课程的开发有助于这种知识的形成和发展。①

三 案例课程中的案例知识

案例知识是对事件进行具体恰当组织并详细描述的知识,是一种可被编码化的传达实践智慧的知识主体。尽管案例课程本身是对某些事件的报道,然而是它们所表征的知识使它们成为案例。我们应该主张这样一种案例文本的开发:案例的组织与运用要深刻地、自觉地带有理论色彩。② 案例课程中所表征的案例知识包括三种类型:原型、先例和寓言。原型能够例证理论原理,先例能够传递实践智慧,寓言能够传达价值规范。一个既定的案例课程能够实现不止一种功能,它同时发挥原型和先例的功能。

通常,我们倾向于将案例课程看作先例。因为我们所关注的经常是改变教师的行为,而不是考虑怎样把教师的教学概念与他们在课堂中的行为联系起来。如某位教师怎样教特定一节课的知识,或者一位教师如何引导班级中一位行为不端学生的方式,给教学案例的读者留下了深刻的印象。这些内容对指导教师的工作很有价值,它能成为一种具体观念的来源,同时又能激发新的思想。但案例知识中的"原型",可以例证并使理论命题的陈述生动化,是教师拥有的潜在的最强有力的工具。例如,虽然教师已经再三强调,但仍然有学生来教室不带铅笔。对此,教师不是给学生提供铅笔,也不是迫使他们整节课坐在教室中而没有从课堂参与中受益。这位教师的策略是:在讲桌上放了一大盒铅笔头,无论什么时候,当学生忘了带铅笔,教师就把铅笔头借给他们,学生就得用这些

---

① [日] 佐藤学:《课程与教师》,钟启泉译,教育科学出版社 2003 年版,第 228—229 页。
② [美] 舒尔曼:《实践智慧:论教学、学习与学会教学》,王艳玲等译,华东师范大学出版社 2014 年版,第 142—143 页。

铅笔头去完成一整天的功课。这样做既不影响学生的功课进度，又会让学生感到使用铅笔头不舒服而改掉不带铅笔上课的坏习惯。这个教学案例不仅是一个班级管理的先例，还可以是一个易于理解和记忆的原型：要避免强化那些漫不经心的不良行为。①

对于一个偶发事件如何具有教学案例的特性，并不能从故事的叙述中清晰地表现出来，而是这个事件具有被说明、阐释、争论、分析和重组的价值。没有理论理解，就没有真正的案例知识，非理论的案例知识的表达仅仅是轶事，而非真正意义上的案例课程。因此，案例课程开发不是仅仅展示教师个人与情境相伴随的行动过程，还需要把教师外在的活动和内在的理解在逻辑上联系起来，形成教师对教育教学理解的知识建构，并尝试设计一个能够供案例课程使用者进行理解性对话的具有主体间性的案例课程文本。

四　案例教学中的知识转化

从案例教学映射的知识观来看，案例教学作为承载、传递和发展知识的一种方式，必然受到知识观嬗变所带来的影响。传统知识观遵循工具主义的知识价值逻辑，将知识看作外化于人的工具，剥夺了人探究创生知识的权利，蒙蔽了人追问意义世界的意识。对知识确定性和客观性的刻画，人为割裂了知识与经验的内在联系，断裂了理论与实践的依存关系。受此观点影响，知识被理所当然地作为唯一裁定标准，从而获得了某种权威。这意味着谁拥有了知识，也就拥有了某种权力，这种权力不仅能主导他人的观念和行为，而且能帮助个体赢得竞争优势，甚至可以说，谁拥有的知识越多，则权力越大、优势也越明显。② 事实上，知识的本质不是确定的答案或现成的结论，而是不断探索、追问和理解问题的过程，这一过程赋予人追求知识的理性自由、反思批判、真实体验的内在价值，还原了知识本身所具有的探究性、情境性和公共性。长期以

---

① ［美］舒尔曼：《实践智慧：论教学、学习与学会教学》，王艳玲等译，华东师范大学出版社 2014 年版，第 142—143 页。

② 张新平、冯晓敏：《重思案例教学的知识观、师生观与教学观》，《高等教育研究》2015 年第 11 期。

来，人们多从工具主义的视角认识案例教学，把案例教学看成是一种灌输客观知识的教学手段，其最终目的依然是通过对知识的系统性学习，把学生培养成为未来的知识持有者和操纵者。在案例教学课堂中，重视其作为一种"方法"的工具价值，忽略了案例教学背后隐含的知识观转变的内在要求，忽略了案例知识适应新情境的灵活性与弹性，忽略了案例教学作为连接理论知识与实践知识的中介价值。

从案例教学映射的知识转化机制来看，案例教学在知识交互方面较传统教学是一个优化的教学方式，能够帮助学生有效完成知识转化过程。波兰尼在《个体知识》中根据人类知识是否可以通过语言符号的方式加以表述这一角度，将知识划分为"显性知识"与"隐性知识"。日本学者野中郁次郎和竹内弘高进一步并提出知识转化的 SECI 模型。他们认为，隐性知识和显性知识之间的互动转化可以创造和使用知识。知识转化包含四个过程（见图 5-1）：社会化、外化、融合和内化。[①] 社会化是隐性知识向隐性知识转化的过程，外化是隐性知识向显性知识转化的过程，融合是显性知识和显性知识的组合，内化是显性知识到隐性知识的转化，完成一次螺旋上升的每一个阶段都有一个"场"存在，以促成知识的扩散、嵌入与积累。

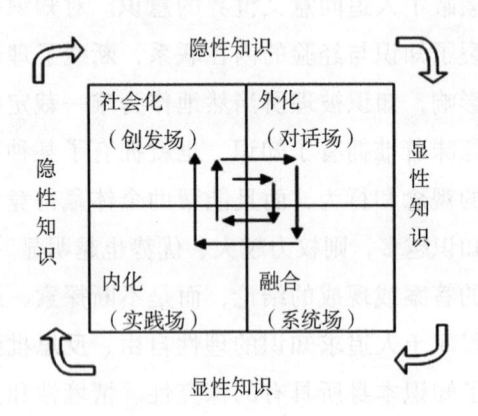

图 5-1　知识转化的 SECI 模型

---

① 毛天虹：《基于 SECI 模型的创新教育反思》，《高教探索》2011 年第 3 期。

知识转化的 SECI 模型有一个基本前提，即不管是人的学习成长，还是知识的创新，都是处在社会交往的群体与情境中来实现和完成的。案例教学的实施过程其实正是在课堂这个社会存在中，通过师生和生生之间的文化交往，实现了个体的成长、文化的传承和思想的创新。具体来看，案例教学运作的序列通常包括四个步骤：教师导向，出示案例；学生思考，表述案例；集体合作，讨论案例；教师总结，深化案例。[1] 这一过程正好契合了知识转化的基本过程，形成了案例教学知识转化系统（见图5-2）。第一阶段是教师采编、选择、理解、呈现教学案例的过程，其中蕴含了教师个人对教学案例素材、教学目标与案例知识的独特理解与感悟，基于共同的学习材料，教师分享其个人知识，创造了一个共有的知识转化场所；第二阶段是学生在接触教学案例后，基于所学的教育教学知识和经验背景，对案例材料进行个性化解读，进而表达个人内在真实感受的过程，这一过程是隐性知识向显性知识外部明示的过程；第三阶段是师生、生生通过合作对话，将各自的显性知识相互分享和汇聚的过程，在共享过程中教师和学生的观点得以充分交互，为进一步创造隐性知识提供充分条件；第四阶段是师生在案例学习过程中收获的理解和感悟进一步内化到个人的隐性知识系统中，产生更具有创意的联结。基于以上理解，案例教学是促进教师和学生显性知识与隐性知识不断转化的重要途径，案例教学的实践历程，本质上是知识的转化、创造和应用的过程，是教师专业知识和实践智慧不断涌现的过程，是学生在对话与反思中激活、创生具有再认识和多重意义表征价值的个体化知识的过程，实现了从静态理论知识的学习向替代性学习经验生成的转化。

五 对案例课程开发的启示

以案例教学作为整体系统，对各个节点所映射的知识关系进行梳理，可以发现案例教学系统过程中内含着知识的不同形态及其相互关系（见图5-3）。面向教育硕士小学教育领域的案例课程开发过程以对教育硕士课程中命题知识的提取为起点，展开对案例课程资源的搜集和

---

[1] 谢淑海、张燕：《试论知识创造视野下的案例教学》，《伊犁师范学院学报（社会科学版）》2008年第4期。

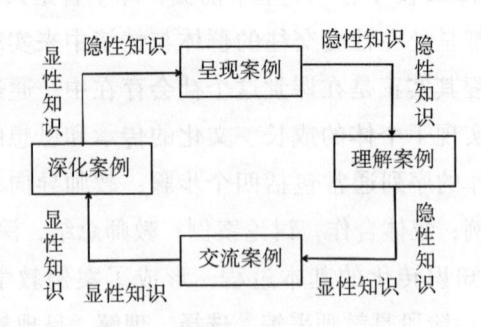

图5-2 案例教学知识转化系统

整理，案例课程资源中体现着小学一线教师策略性知识的提取和实践性知识的生成过程，案例课程承担着原型、先例和寓言的案例知识功能，案例教学实践过程进一步促成教育硕士显性知识和隐性知识的相互转化，使命题知识更容易被理解、储存和迁移，使案例知识发挥更大的功能，从而建构教育硕士对教育教学的个体化知识。

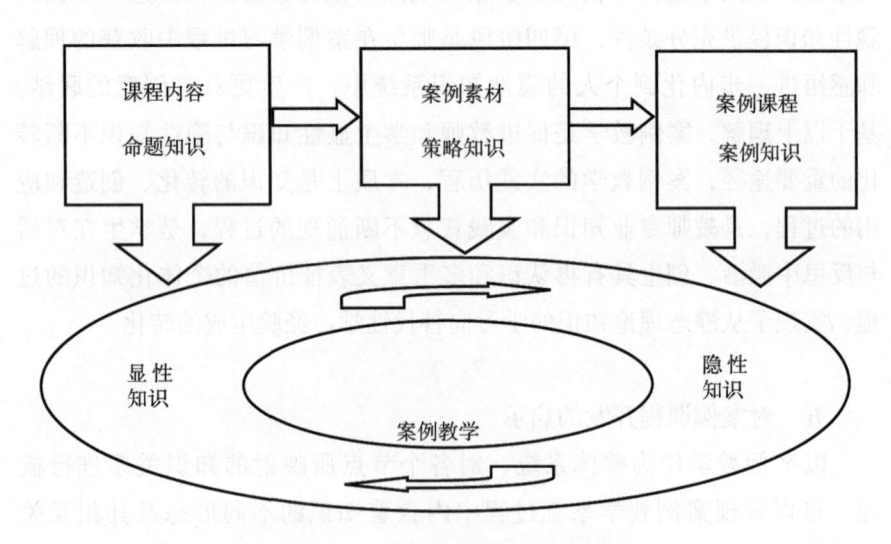

图5-3 案例教学知识结构模型

对知识关系的梳理有助于我们明确，案例课程开发是一个以"案例教学"为系统的工作，必须持有系统性思维，明确开发工作中各类知识之间的内在联系。案例课程开发不仅仅是一种技术的处理，更重要的是其背后所反映的对于知识的收集、处理、分享所形成的知识管理系统，案例课程开发对于促进各类知识的学习、共享、迁移和创新具有重要作用。

第三节 案例课程开发的方法论

案例课程开发是一个专业化的过程，好的案例课程是一份原始研究，是基于独特的信息而获得的独特故事。案例课程开发是构建非理论体系课程的理论与实践交融过程，它深刻地、自觉地带有课程开发的理论色彩，必须遵循一定的课程开发理论与方法的指导。

一 课程开发取向

课程开发是指通过精心计划的活动，开发出一项课程并将其提供给教育机构中的人们，以此作为进行教育方案的过程，它包括课程目标的确定、课程内容的选择与组织、课程的实施与评价等阶段。[1] 开发取向是指通过研究开发和设计的技术原理以及各种可重用的技术来尝试解决实际的教育教学问题，并在这个过程中体验教育教学规律，以形成对教育教学规律的独特认识的研究取向。[2] 课程研究中的开发取向不但表现为系统的课程开发技术体系，还表现为一种理解课程的独特方式。

（一）过程取向

我们习惯于将课程理解为一种结果，往往表现为对课程目标、课程内容、课程实施和课程评价等显性要素的关注，而忽略了对课程得以生成的开发过程的反思、批判和调整。开发取向认为，要理解一门课程或课程体系需要达到的理想标准时，也需要考察这些标准对课程生成过程的约束，很多问题和缺陷不是人的能力或者特定的指导思想所致，而是特定生成过程的必然结果。影响课程开发的因素是多元和复杂的，课程

---

[1] 施良方：《课程理论——课程的基础、原理与问题》，教育科学出版社1996年版，第81页。
[2] 杨开城：《教育技术学——"开发取向"的教育理论探究》，《教育研究》2004年第5期。

开发过程是一个需要综合多种复杂因素的决策过程和实践过程，科学规范的开发过程和满足多元需求的人性化开发过程是课程质量的根本保证，我们无法脱离课程的生成过程而理解课程。

（二）技术取向

我们常常乐观地认为，本着先进的理念就能够开发出体现相应价值的课程，然而由于关注角度、哲学基础、现实依据的不同，很多课程理念在实践中往往相互矛盾，难以发挥合力指导课程开发实践。课程目标往往是综合性的，是一种多层级、结构化的系统，难以通过单纯的理念保持课程内部的一致性。因此，技术取向反对孤立地讨论课程理念，提倡建立课程开发操作的技术体系，通过将课程生成过程技术化来保证课程质量。以技术为核心的开发取向试图从技术操作出发对课程理念进行取舍和优先级别划分，力求将课程理念与课程开发技术建立联系，追求课程理念与开发技术的统一，将技术体系作为课程理念的一道过滤器。

（三）结构取向

关于课程结构的理解，往往是从知识结构化的角度，将课程结构理解为各种课程类型的比例构成或学科群的内部结构。但是知识结构无法表征完整的课程结构，也无法表现课程目标与结构的内在关系。结构取向将课程看作课程组件的结构化组合，而不是静态知识的堆砌。具体来说，从课程目标出发，将课程理解为从宏观到微观的呈现方式，即课程怎样从基本目标逐渐具体化为学生学习经验的过程，这一动态过程是由知识模块、学习方式、评价方式及其所需资源的课程组件构成的综合体。[①] 课程组件的组合方式是由具体的课程目标和课程功能决定的，组件与目标、组件之间都具有内在的密切联系。

（四）效应取向

课程是人类教育发展到一定阶段发生功能分化的结果。课程表现为学科体系、学习活动、学习结果等多种形式，还可以表现为上述这些成分的组合，这取决于课程开发的目的及其对课程功能的设定。我们常常倾向于用教学表象来理解课程，忽略了对课程效应的关注。课程效应是

[①] 杨开城：《浅论课程开发理论中的角色分析和知识组件》，《教育理论与实践》2004年第9期。

指人们在课程实施过程中引发的各种教育教学结果。相同的课程在不同条件下实施，其效应必然是不同的，其中既包含达到目标的成分，又包含超出目标的成分。效应取向认为，课程的定义文本并不能帮助我们具体地理解课程，需要结合课程在实践中的具体效应来理解课程。

课程开发是理论指导下的课程"创建"过程，是对社会发展需求、人的发展需求、文化知识、教育目的、培养目标、课程目标、课程内容、课程实施、课程评价等相关要素的排列组合过程。课程开发是思想基础、基本理念和开发技术的集合体，而不仅仅是一般意义上的操作流程和框架。课程开发的不同取向提示我们，在课程开发过程中不仅要关注开发的理论基础，还要关注开发实践过程中的各类要素组合、技术规范和开发效应，以确保课程开发的系统性和开发质量的可靠性。

二　课程开发模式

自1949年美国课程学者泰勒出版了《课程与教学的基本原理》一书后，泰勒的"四阶段目标模式"就成了课程开发的主导模式，一直影响至今。自20世纪70年代以来，英国课程学者斯腾豪斯的"过程模式"和美国课程学者施瓦布的"集体审议模式"等都对目标模式进行一定的超越，也丰富了课程开发理论。

（一）目标模式

目标模式源自泰勒原理中的四个基本问题：学校应该追求哪些教育目标？我们要提供哪些教育经验才能达到这些目标？这些教育经验如何才能有效地加以组织？我们如何确定这些目标已经实现？[1]依据这四个问题，泰勒将课程开发分为四个阶段：第一个阶段旨在弄清各种目的，也就是期望通过课程而达到的东西；第二个阶段根据上述目标，对提供给学生的学习经验进行选择；第三个阶段则是把这些学习经验进行组织；第四个阶段是对这些目标在实践中的实现情况进行评价，指出课程取得的效果和尚待改进的地方。

在博比特和泰勒的课程模式中，目标是设计教学经验和进行评价的

---

[1] ［美］拉尔夫·泰勒：《课程与教学的基本原理》，罗康等译，中国轻工业出版社2014年版，第1页。

依据，是课程过程的起点和归宿。① 课程目标来源于学习者、学校以外的现代生活和学科内容。经由这三个来源，会获得很多课程目标，还需要对这些目标进行进一步筛选，用来筛选的"筛子"就是学校的教育哲学和教育心理学。目标确定后，需要进行学习经验的选择、组织和评价。泰勒提出了五个选择学习经验的原则：学习经验要给学习者提供机会去实践目标蕴含的内容；使学生由于实践该目标获得满足感；要求学生在经验中做出的反应在学生力所能及的范围内；同样的课程目标可以通过许多不同的经验达成；同一个学习经验通常会产生不同的结果。在学习经验的组织方面，泰勒提出了连续性、顺序性和整合性三个指标。连续性是对课程中的主要要素进行反复叙述，逐步加深；顺序性是指后一种学习经验建立在前一种学习经验的基础之上；整合性是指在课程中不同的学习经验之间建立关联。评价是目标模式的最后步骤，并不是在整个课程完成后才进行，而是在规划工作内容中就已经出现。② 泰勒的目标模式如图5-4所示。③

目标模式继"泰勒原理"之后产生了很多变形，经历了不断被改造、被修缮的过程。如塔巴的课程开发模式包括八个步骤（见图5-5）：诊断需求，陈述目标，选择内容，组织内容，选择学习经验，组织学习经验，确定评价的对象与方法，检查平衡性与顺序性（课程开发者要在教学单元各部分寻求连贯性，以保证学习经验的恰当顺序和学习类型之间的平衡）。

"目标模式"在理论和实践中产生了很大的影响。人类的任何理性活动都以目标为起点，所以目标模式是合乎逻辑的；在目标引导下可提升活动的效率；事先明确目标，使教学有所指向，评价有据可依，有助于提升教学质量；以目标为中心的课程开发，整合了课程各要素，使其发挥更大效能。但目标模式在本质上含有管理控制的意图，有利于规范教师的行为，但不利于师生主体性和创造性的发挥，容易造成只重学科、

---

① ［美］约翰·富兰克林·博比特：《课程》，刘幸译，教育科学出版社2017年版，第12页。
② 马云鹏：《课程与教学论》，中央广播电视大学出版社2005年版，第58—60页。
③ 张华：《课程与教学论》，上海教育出版社2000年版，第95、112页。

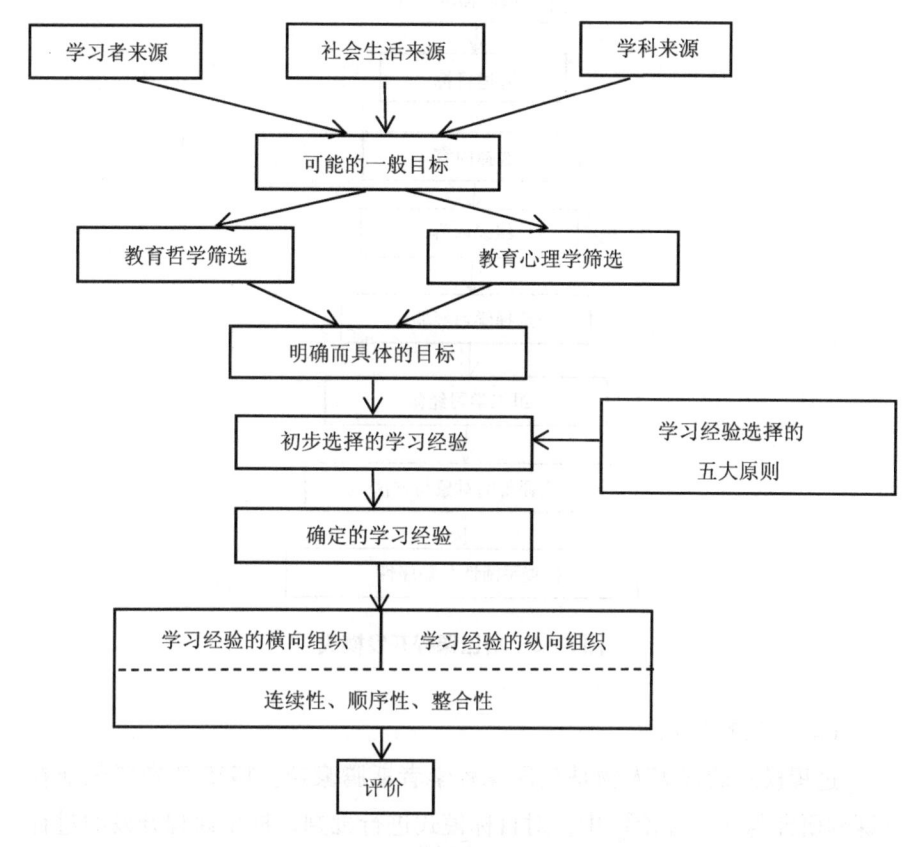

```
                学习者来源      社会生活来源      学科来源
                       ↘         ↓         ↙
                           可能的一般目标
                          ↙              ↘
                  教育哲学筛选          教育心理学筛选
                          ↘              ↙
                           明确而具体的目标
                                 ↓
                         初步选择的学习经验    ←    学习经验选择的
                                 ↓                五大原则
                           确定的学习经验
                                 ↓
                  学习经验的横向组织   学习经验的纵向组织
                  ─────────────────────────────────
                         连续性、顺序性、整合性
                                 ↓
                                评价
```

图 5-4　泰勒课程开发目标模式

教材的设置，而忽视课程实际运作中的特定情境的要求，使课程缺乏必要的弹性；目标模式对目标的分析多指向可预期的目标，对非预期目标没有给予足够重视；行为目标的叙写只顾及可表现的外显行为。[①] 但泰勒强调教师在课程开发中的重要作用，他指出"每一位教师都需要参与课程的规划，其参与程度至少是他们能够充分理解这些宗旨和手段。他们也可以作为一个整体，集体审议将要采用的组织框架"。[②]

[①] 黄政杰：《课程设计》，东华书局 1991 年版，第 172—175 页。

[②] [美] 拉尔夫·泰勒：《课程与教学的基本原理》，罗康等译，中国轻工业出版社 2014 年版，第 135—136 页。

```
           诊断需求
             ↓
           陈述目标
             ↓
           选择内容
             ↓
           组织内容
             ↓
          选择学习经验
             ↓
          组织学习经验
             ↓
       确定评价的对象与方法
             ↓
       检查平衡性与顺序性
```

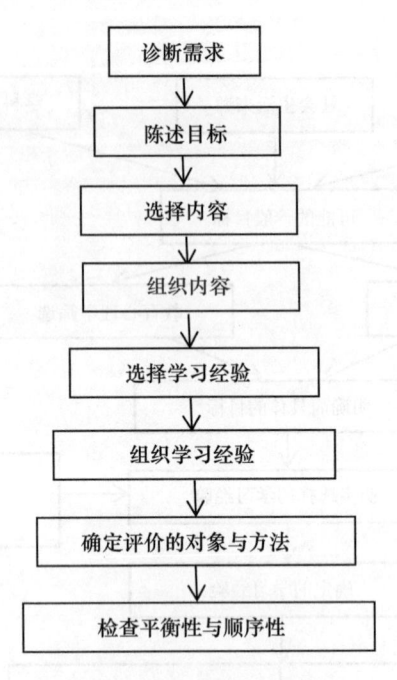

图 5-5 塔巴课程开发模式

(二) 过程模式

过程模式的代表人物是英国课程学者斯腾豪斯。1975 年斯腾豪斯在《课程研究与开发导论》中，对目标模式进行批判，提出课程开发的过程模式。斯坦豪斯认为，目标模式对于训练行为技能是很适用的，但对于知识的学习则不适宜。知识是人类自由思考的结果，把知识作为必须达到的目标会束缚人的思考，切断知识的来源。课程应该考虑知识的不确定性，鼓励个体化的、富有创造性的学习，而不是把知识及其学习作为满足预定目标的尝试。所谓"过程模式"即课程开发应关注过程而非目的，不宜从详细描述目标开始，而是要先详述程序原则和过程，然后在教育活动中不断予以改进修正。

过程模式主张课程开发应该从具有内在价值的知识中，挑选出那些最能够体现该知识的内容，这些选择出来的内容，能够代表那些最重要的过程、最关键的概念和该知识领域的固有标准。[①] 斯腾豪斯认为，他所

---

① 汪霞：《课程开发的过程模式及其评价》，《外国教育研究》2003 年第 4 期。

遇到的课程定义是让人不满意的，因为作为一个课程研究工作者，这些定义划走了他在实践中所遇到的问题。① 他认为课程开发的过程，实际就是教师研究课程的过程。教师最接近教育实践，对教育实践的改造最具有发言权和影响力，教师的价值观会指导其在教学程序中的作为，他提出的"教师即研究者"的课程思想，为当今世界课程改革重视教师主体作用的课程编制模式提供了理论基础。过程模式鼓励教师对课程实践的反思批判和发挥创造，不过教师应遵循以下五项"过程原则"：第一，教师应该与学生一起在课堂上讨论、研究有争议的问题；第二，在处理有争议的问题时，教师应持中立原则，使课程成为学生的论坛；第三，探究有争议的问题的主要方式是讨论，而不是灌输式的讲授；第四，讨论应尊重参与者的不同观点，无须达成一致意见；第五，教师作为讨论的主持人，对学习的质量和标准负责。②

过程模式并不像目标模式那样有清晰的程序步骤，而且也不以产生出一套计划为目的，"与其说它是一个详述编制步骤的'模式'，不如说它是一种编制的思路，一种编制思想，在这种'模式'中，编制过程如何展开恰恰是需要在实践中研究和探索的"。③ "过程模式"要求教师对学科中的各种概念、原理和标准不断地加以精练，并加深对它们的认识和识别，对教师的要求很高，在实践中完成十分困难。但是，过程模式和目标模式并不是对立的，格朗伦德指出，在陈述了一个"过程性"的一般目标后，需要对该目标进行深入具体的阐释规定，以描述清楚学生需要达到的特定具体行为表现，这些表现是作为人们接受"一般目标"达到的证据，可称为"内部过程与外显行为相结合的折中表述方法"。④

（三）集体审议模式

集体审议模式是美国课程学者施瓦布于 20 世纪 60 年代末提出的。该模式的提出源自对传统课程研究的批判。他认为传统的课程研究是"理

---

① Jean Rudduck, David Hopkins (eds), *Research as a Basis for Teaching: Readings from the Work of Lawrence Stenhouse*, London: Heinemann, 1985, p. 62.
② 张华：《课程与教学论》，上海教育出版社 2000 年版，第 115—120 页。
③ 施良方：《课程理论——课程的基础、原理与问题》，教育科学出版社 1996 年版，第 172 页。
④ 黄甫全：《现代课程与教学论学程》，人民教育出版社 2006 年版，第 175—179 页。

论的"，其错误在于习惯性地依赖某一理论，而教育过程的复杂性决定了课程研究更应该是一项贴近实践的工作，其决策过程应该是具体的、情境化的、个别的，应该通过广泛的参与，通过对实践的细致分析、对理论的反复权衡，使课程诸要素之间达到协调与平衡。

集体审议模式是一种实践取向的课程开发模式。该模式强调课程的实践价值和动态过程，追求课程的实践性，重视课程开发中结果与过程、目的与手段的统一，主张用集体审议的方式解决课程问题，同时把教师和学生视为课程的主体和创造者。集体审议模式具有如下特征：[1] 第一，针对要解决的问题，提出各种解决方案进行取舍，做出选择。第二，审议应该以实践作为衡量各种方案的标准。集体审议遵循从提出问题到解决问题的实践的逻辑过程，运用实践的语言，依靠实践的智慧，进行实践的判断，得出实践的结论——得到最终一致性的行动意见。[2] 第三，课程审议将形成一个新的群体。这个群体的构成对于课程开发诸要素而言具有广泛的代表性，尤其要有那些将受所决定采取行动后果影响的人参加。集体参与不仅是做出合理行动决定所必需的，也是参与者彼此互动、相互启发的教育过程。[3]

集体审议模式主张课程研究解决实践问题，但绝不因此否定理论对课程实践的指导作用，它反对的是盲目地依据单一的理论指导课程实践。在集体审议过程中，需要考虑课程的四个基本要素：学科内容、学习者、环境和教师，由代表四个基本要素的人员组成审议群体，共同识别问题所在，共同对有关的各种理论资源进行剖析，共同对各种备选方案进行审议，共同做出课程决策。为了使四个基本要素得到同等的重视，须有一人担当审议小组的主任，他要懂得如何按照审议的原理编制课程，并激发、引导整个审议小组朝着审议的方向运行，保持四个要素的协调平衡。为使审议能够有效解决课程问题，施瓦布主张实践的艺术和择宜的艺术。前者替实践说话并为实践规划，弥补理论的不足；后者指对各种

---

[1] 马云鹏：《课程与教学论》，中央广播电视大学出版社2005年版，第62—63页。
[2] 史学正、徐来群：《施瓦布的课程理论述评》，《外国教育研究》2005年第1期。
[3] 吴刚平：《校本课程开发的思想基础——施瓦布与斯腾豪斯"实践课程模式"思想探析》，《外国教育研究》2000年第6期。

理论进行折中、调和，具体包括：将理论、知识、观点与实际情境中的问题进行比较的艺术；对各种理论、知识、观点进行修改、重组，以使其适应实际情境和问题的艺术；超越现存的各种理论、知识、观点，创造新的行动方案的艺术。①

集体审议模式使得广大教师从传统课程理论的束缚中解脱出来，并开始反省他们自己的课程编制和教学实践，这对课程理论的发展和教师素质的提升都具有重要贡献。集体审议的方式开发课程，体现了课程开发的民主性，其课程决策模式是一种"自下而上"的模式。但由于各审议成员主体的文化水平、社会地位、利益需求、价值取向不同，对课程问题也很难取得完全一致的看法。折中的方式很容易造成思路上的混乱，而形成表面上的一致性。

三 案例课程开发模式

教师教育领域的案例课程开发是在管理类案例课程开发基础上探索形成的。此部分将以哈佛商学院和毅伟商学院管理类案例课程开发基本模式为引子，重点探讨舒尔曼在教师教育领域提出的案例课程开发模式。

（一）哈佛商学院案例开发模式

哈佛商学院成立于1908年，是世界上最早的工商管理类学院。哈佛商学院是全球管理院校在案例教学领域的领军者，拥有世界上最大的管理案例库，并致力于在全球推广案例教学。作为管理教育中采用案例教学的首倡者，其MBA教育以案例教学为主要方式。从学生的知识来源看，案例教学过程中的学生知识来自教师、同学和自我，其理论基础是交往教学理论。从学生的学习内容看，案例教学学习的主要是程序性知识，其理论基础是信息加工理论。从学生的学习效果看，通过对大量有代表性案例的分析与讨论，学生面对各种复杂的管理情境，决策效率明显提升，其理论基础是学习迁移理论。哈佛商学院的案例教学有助于扩大学生的知识来源，强化学生对知识的实际运用能力，为未来决策效率的提高打下坚实的基础。哈

---

① Joseph J. Schwab, "The Practical: Arts of Eclectic", *School Review*, Vol. 79, No. 4, September August 1971.

佛商学院案例教学的作用机制如图5-6所示。①

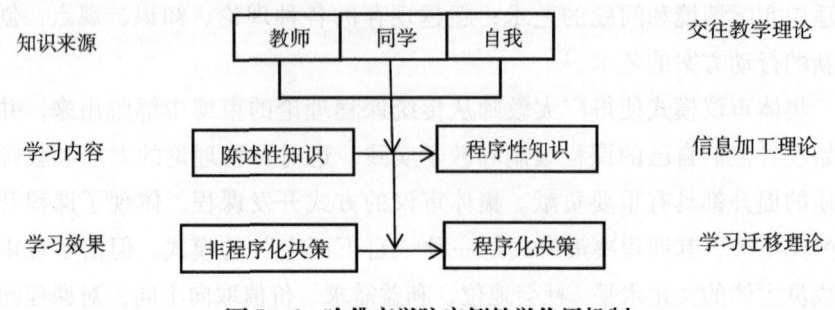

```
知识来源      ┌──教师──同学──自我──┐      交往教学理论
                    │       │      │
                    ▼       ▼      │
学习内容      陈述性知识 → 程序性知识         信息加工理论
                    │       │
                    ▼       ▼
学习效果      非程序化决策 → 程序化决策        学习迁移理论
```

图5-6　哈佛商学院案例教学作用机制

案例教学的有效开展需要高质量的案例库作为支撑。目前，哈佛商学院案例库收录了约8000个案例（含相关教学手册、录像片等）。由于哈佛商学院所拥有近7万名校友大多是各企业的中高层管理者，因此构筑起庞大的案例编写资源库。为了调动教师编写案例的积极性，哈佛商学院将案例视为教师重要的科研成果，并投入大量的经费。目前，哈佛商学院每年编写的新案例大约为350个，编写一个案例所需要的经费大约为1.5万—5万美元。随着时间的推移，哈佛商学院非常重视案例更新，每年案例及其相关资料将更新1/3左右的内容，具有庞大的案例信息资源维护团队。

正规的案例都是建立在细致研究基础上的。作为直接经验的替代，教学案例需要符合三方面的要求：有意义的商业事件、足够据以得出结论的信息、没有确定的结论。教学案例产生过程一般包括三阶段六步骤。第一阶段是形成构想。本阶段教师先确定案例范围并决定案例的形式是采取口述、书面或观察，此阶段对应步骤一。第二阶段是文件化。本阶段不断地检视与修正案例，直到案例能表达出要传达的理念，此阶段对应步骤二和步骤三。第三阶段是试用。本阶段将案例实际运用于现有环境中，以评价改良案例，将修正后的案例提供给教师，此阶段对应步骤

---

① ［美］威廉·埃利特：《案例学习指南——阅读、分析、讨论案例和撰写案例报告》，刘刚等译，中国人民大学出版社2009年版，第1—2页。

四、步骤五、步骤六（见图5-7）。①

（二）毅伟商学院案例开发模式

目前国际上被广泛采用的案例主要来自美国哈佛商学院案例库和加拿大西安大略大学毅伟商学院案例库。哈佛商学院每年向全球提供350篇新案例，哈佛案例和相关教材在全球有广泛影响。毅伟商学院同样以案例教学著称，毅伟商学院每年向全球提供200篇新案例，是仅次于哈佛商学院的世界第二大企业管理案例出版者和发行者。毅伟案例库有6500个案例，广泛流通的有2500个。2010年，毅伟商学院、中国管理案例共享中心和全国MBA教育指导委员会决定合作开发一系列基于中国企业实践的管理案例，并经由毅伟商学院的案例分销渠道向全球推广。

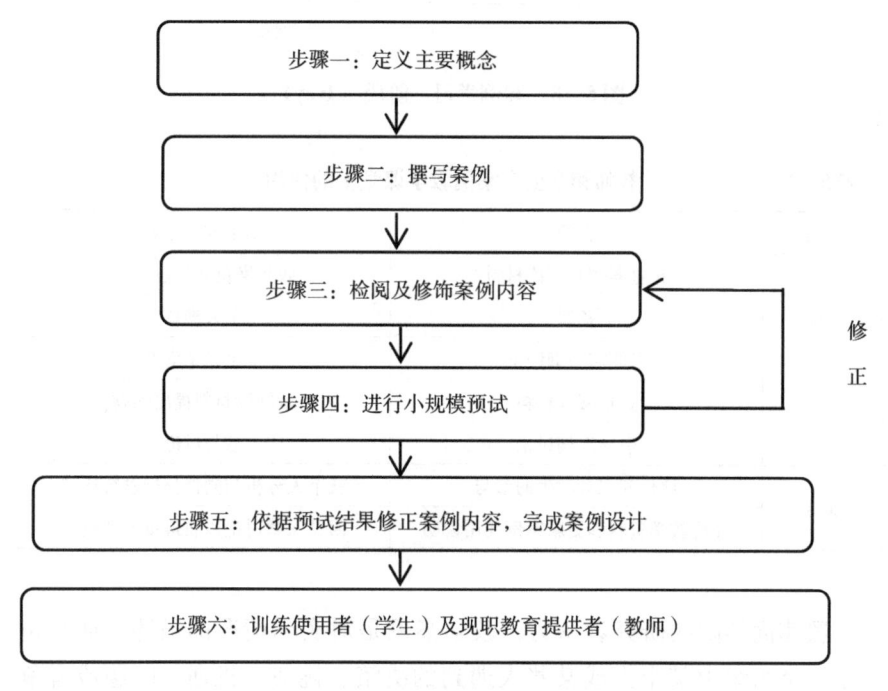

```
步骤一：定义主要概念
    ↓
步骤二：撰写案例
    ↓
步骤三：检阅及修饰案例内容 ←──┐
    ↓                          │ 修
步骤四：进行小规模预试          │ 正
    ↓                          │
步骤五：依据预试结果修正案例内容，完成案例设计
    ↓
步骤六：训练使用者（学生）及现职教育提供者（教师）
```

图 5-7　教学案例形成三阶段六步骤流程

毅伟商学院所信奉的案例教学方法与"案例的教与学"有关。案例

---

① 高熏芳：《师资培育：案例教学的发展与应用策略》，九州出版社2006年版，第47页。

学习包括个人准备阶段、小组讨论阶段和班级讨论阶段。图 5-8 表明这三个阶段的每一个阶段是如何以不同方式渐进地保证学习的数量和质量最大化的。① 教学案例给出了学生和教师同样的信息要求大家做出决策。以此为出发点，每个人都会在学习过程中起着不同的作用。表 5-2 归纳了案例教学课堂上教师和学生所起的作用。②

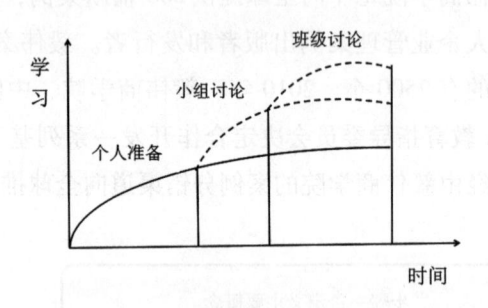

图 5-8　案例学习三阶段（Ivey）

表 5-2　　　　　教师和学生在案例教学课堂上的作用

时间	教师	学生或参与者
课前	布置案例和阅读材料	收到案例和作业任务
	备课	个人准备
	可能需咨询同事	小组讨论案例
课上	处理阅读材料	就阅读材料提出问题
	引导案例讨论	参与讨论
课后	评价和记录学生的参与	就个人分析与同伴分析进行比较
	评价教学资料和更新案例使用说明	回顾课堂讨论以获得重要的概念

毅伟商学院的研究者认为，教学案例是对实际情况的描述，通常包含了一个组织中某个人或某些人遇到的决策、挑战、机遇、问题或者争论等。案例的采编是基于现场调研的，都是需要经过许可的，教学案例是

---

① ［加］路易斯·A. 林德斯、［加］詹姆斯·A. 厄斯金、［加］迈克尔·R. 林德斯：《毅伟商学院案例学习（第4版）》，赵向阳等译，北京师范大学出版社2011年版，第19页。
② ［加］迈克尔·R. 林德斯、［加］路易斯·A. 林德斯、［加］詹姆斯·A. 厄斯金：《毅伟商学院案例写作（第4版）》，赵向阳等译，北京师范大学出版集团2011年版，第4、26页。

周密详尽的研究和报告过程的产物。教学案例写作包括三个阶段：第一阶段包括案例缘起、案例线索、初次接触、案例焦点选择、案例计划和临时许可；第二阶段包括数据收集、初稿和案例教学指南初稿、编辑案例、案例修改和许可；第三阶段包括案例教学指南、课堂测试、案例修改和再许可（见图5-9）。①

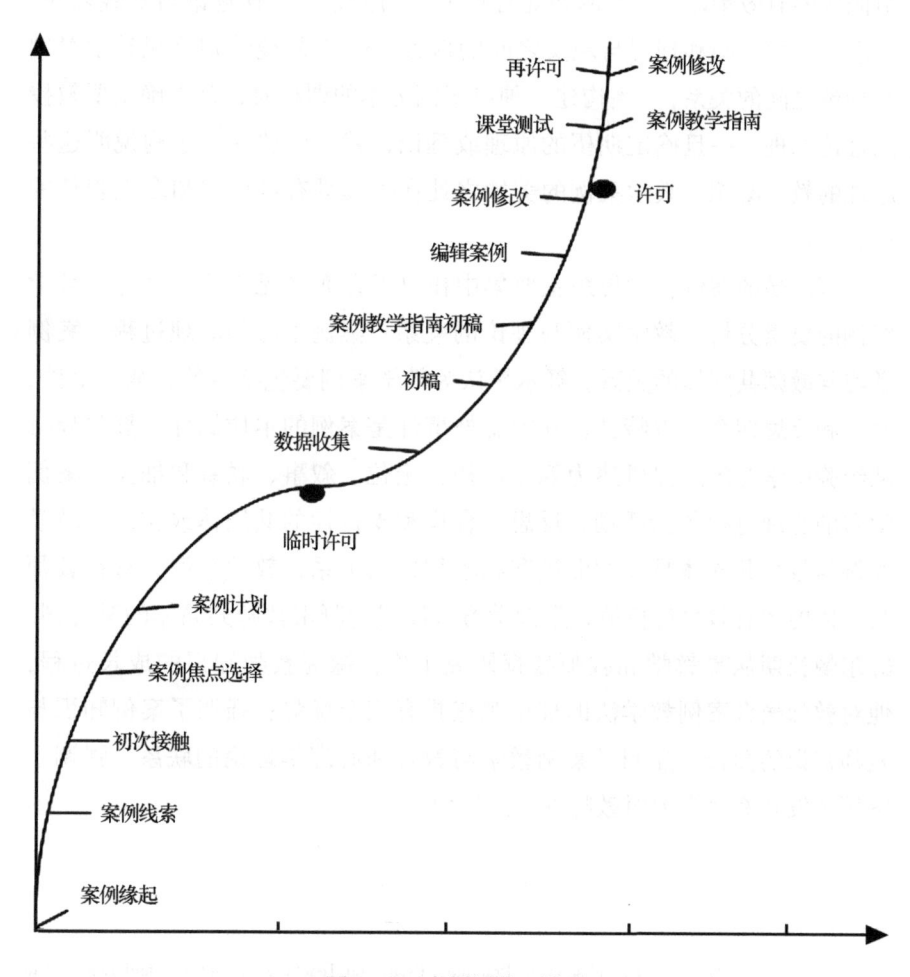

图5-9 案例写作三阶段

---

① [加]迈克尔·R. 林德斯、[加]路易斯·A. 林德斯、[加]詹姆斯·A. 厄斯金：《毅伟商学院案例写作（第4版）》，赵向阳等译，北京师范大学出版集团2011年版，第25—28页。

（三）舒尔曼案例开发模式

舒尔曼是教师教育领域案例教学的倡导者，在舒尔曼的教师教育思想中，案例教学思想是重要的组成部分。舒尔曼认为，在教师教育领域内，任何有关案例教学法的学说或正统观念还远远没有形成。案例教学法是当今教师教育的必然选择，可以成为克服教师教育中理论与实践脱节问题的有效策略。"案例如此有魅力是因为它居住在理论与实践之间、观念与经验之间和理想与现实之间的地方。"[1] 舒尔曼特别重视教学案例与理论之间的关系，"当构建一种以案例为本的课程时，首先确定要教授的理论原理。一旦确定期望的原理或理论，就可以选择或建构说明这些原理的教学案例。教学案例的美妙之处在于其具有再认识和多重表征的潜力"。[2]

舒尔曼的案例教学思想主要集中在以下方面（见图 5-10）：[3] 教学案例的要素分析、教学案例与理论的关系、案例学习的心理过程、案例学习与教师共同体的关系。舒尔曼认为教学案例要包括目的、意外事件、判断和反思四个基本特征，其中意外事件是案例的本质属性。舒尔曼将从经验中学习的过程概述为四个阶段：定位、叙事、联系和抽象。案例学习的心理过程包括活动、反思、合作和支持性的共同体或文化。教学案例与教师共同体是互相促进和相辅相成的关系，教学案例只有在教师共同体内才有教育性价值，案例学习可以成为凝聚教师共同体的黏合剂。舒尔曼长期从事教学和教师教育研究工作，探究教师知识的成长过程，他对教师教育案例教学法的理论观点具有三个优势：强调了案例知识与教师知识的契合、强调了案例教学与教育和心理学理论的联系、强调了案例开发和案例学习对教师发展的作用。

---

[1] Shulman, L. S., "The Wisdom of Practice: Essays on Teaching, Learning, and Learning to Teach", *Professing theLiberal Arts*, San Francisco: Jossey-Bass, 2004, p. 561.

[2] ［美］朱迪思·H. 舒尔曼：《教师教育中的案例教学法》，郅庭瑾译，华东师范大学出版社 2007 年版，第 3—17 页。

[3] Shulman, L. S., "Just in Case: Reflections on Learning from Experience", *The Case for Education: Contemporary Approaches for Using Case Methods*. Boston: Allyn and Bacon, 1996, pp. 197 - 217.

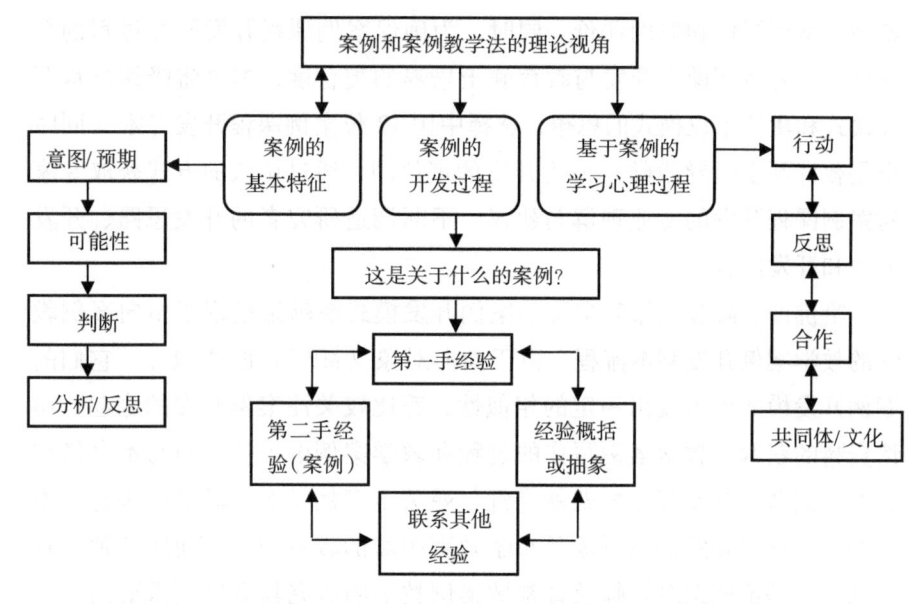

图 5-10　舒尔曼案例和案例教学法理论

四　对案例课程开发的启示

（一）采取折中的案例课程开发方式

课程开发的目标模式、过程模式和集体审议模式是课程开发的三种经典模式。总体来看，目标模式虽然受到一定程度的批判，但是课程开发实践无论如何灵活，目标模式的四个要素都是课程开发需要考虑的基本要素，过程模式和集体审议模式为增强课程开发理论对课程实践的适切性具有重要价值。三种课程开发模式的基本理念、开发过程和开发技术对案例课程开发都具有重要的理论引导作用，为案例课程开发理念和技术的确立提供重要的理论支撑。

案例课程开发是一个技术性与非技术性交融的过程。从技术性的角度看，案例课程开发需要明确的技术路线和开发步骤，是一种客观理性的专业行为。从非技术角度看，案例课程开发本身也是一个主观的、充满着不确定性的、个体之间展开专门对话的互动过程。基于这样的认识，本书将采取折中的方式，案例课程开发主体思路采纳泰勒目标模式的基本开发路径，以案例课程开发需求的调查和诊断为前提，重视目标在案例课程开发研究中的导向作用，开发目标将指引案例课程素材的搜集、整理、案例写作和案例评价。同时，为确保案例课程开发研究过程的严谨性，提升案例课程开发与教育硕士培养的契合度，本书将吸纳过程开发模式和集体审议模式的思想，选择中国12位案例课程开发专家（同时也是教育硕士指导教师）作为开发的审议团，通过访谈的方式获取专家对案例课程开发的专业理解与建议，不断调适研究者的开发思路、开发方法和开发内容。

哈佛商学院和毅伟商学院的案例开发模式清晰地呈现了指向案例教学的教学案例开发基本流程。由于面向对象（MBA）的相似性，它们的案例开发模式也表现出一定的相似性，都比较关注案例开发的缘起、访谈资料的获取、教学案例写作的过程和教学案例的评估。而与本书最相关的案例课程开发理论框架就是舒尔曼关于案例及案例教学的理论。本书的案例课程开发面向对象是小学教育领域的教育硕士，同属教师教育领域。其理论框架对教师教育领域案例教学的研究具有极其重要的借鉴价值，其关于案例和案例教学的理论框架为本书提供了一个清晰的开发路径。

（二）对舒尔曼案例教学理论框架的理解与修订

首先，舒尔曼将案例的焦点置于对"学科知识教学"的叙事，不是令教师头疼的孩子的案例，也不是课堂管理问题的案例，更不是与家长、校长或同行教师打交道的案例，而是关于一个教师向一群孩子教授特定知识、技能、理解或领会的案例，这种特定的案例类型是"学科知识教学案例"。本书中小学教育领域的学科教学类课程必然涉及学科教学知识的传递问题，与舒尔曼的"学科知识教学案例"紧密相关。在舒尔曼教学案例四个基本特征的基础上，我们更突出案例分析后对案例蕴含的课程与教学中理论原理的揭示，引导小学教育领域教育硕士反思和领悟教学案例故事背后的概念、原理、原则。

其次，舒尔曼案例开发和案例分析的重要问题是"这是一个关于什么的案例？"，他强调这是一个为了激发学生进行专业学习的有力工具，这个问题说明案例课程是一个更大类别中的实例，这个"类别"就是案例所代表的一类理论。舒尔曼案例开发的主体指向中小学一线教师，案例开发强调教师从经验中学习的过程。本书中的案例课程开发指向小学教育领域教育硕士培养，案例课程开发人员是以教师教育者为主体而构建的教师教育者与小学一线教师的合作共同体,即教师教育者主要进行案例课程素材的收集、整理、撰写等工作,小学一线教师作为案例课程素材的提供者和教学案例客观性验证者的身份助力教学案例开发。为便于理解与操作,笔者以促进基于经验的学习作为案例课程开发的内在指引,将案例课程开发具体过程显性化,明确表述为:(1)搜集原始素材。(2)选择与提炼素材。(3)撰写教学案例。(4)案例课程(检视与讨论教学案例中蕴含的教育理论)四个显性开发步骤,四个步骤之间相互影响,旨在揭示和回答案例课程蕴含的理论,它们共同构成案例课程开发的实践过程(见图5-11)。

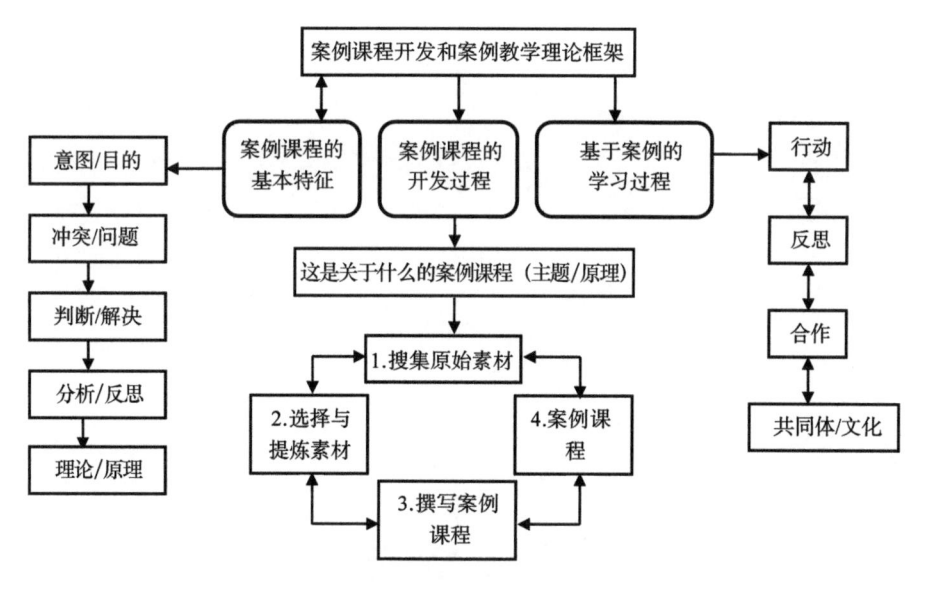

图5-11 案例课程开发和案例教学理论框架
(根据舒尔曼案例和案例教学理论框架修订)

最后,舒尔曼案例学习心理过程强调学习者在案例学习过程中的主观能动作用,学习者的反思合作讨论,以及共同体或支持性文化中展开的学习过程与案例教学实施过程相对应,小学教育领域教育硕士的案例教学与舒尔曼的案例学习循环过程是吻合的,课前准备、课堂讨论和课后延伸都强调了教育硕士的积极参与,这种积极参与以合作互助的学习共同体文化为支撑,具体表现为教育硕士阅读案例材料、小组讨论、班级讨论、撰写案例分析报告等学习活动。本书以案例教学为研究的整体依托，对案例课程开发的研究是案例教学整体逻辑链条中的第一步，案例课程的开发研究是指向案例教学的。因此，本书更关注的是理论框架中的案例的理解与案例的开发部分。综合以上认识，依据舒尔曼案例和案例教学理论的基本框架，结合小学教育领域教育硕士的角色特征和学习特点，本书建构了针对小学教育领域教育硕士的案例课程开发和案例教学理论框架。

第 六 章

教师教育案例课程开发要素组织

在一定程度上,案例开发理论只为我们的研究提供了一个若隐若现的方向,至于案例课程开发的实际是怎样的,将是对一系列问题思考、追问和实践的过程。依据前一章分析的案例课程开发基本理论框架,本章将聚焦于以下几个问题:我们要开发什么品质的案例课程?我们开发的是关于什么主题的案例课程?我们开发的案例课程是否能够服务于小学教育领域教育硕士培养?我们开发的案例课程素材从何而来?如何撰写完整的案例课程?本书拟采取以标准和目标为导向的自上而下的研究路径,探寻以上问题的答案。

第一节 案例课程标准——寻求共识

鉴于案例课程是教学案例的系统集合,案例课程开发实践研究之前,首先需要把握教学案例必备的特质以及优良品质的教学案例具有怎样的标准,为案例课程开发提供实践指南。

一 教学案例的基本特征

教学案例是一种描述性文本,通过叙事的方式描述教育教学过程中发生的故事、遇到的难题、关键事件或冲突等,尽量把参与者与情境实体做平衡与多重面向观点的呈现。沃塞曼进一步指出,"叙事文"并不等

于案例,要成为案例必须具备如下特质:①

1. 案例的形式是用叙事文体来写作;
2. 案例必须具备有意义的知识基础;
3. 案例是有趣且具有可读性的;
4. 案例强调显示,而非述说;
5. 案例具有邀约读者融入情境的作用;
6. 案例建构于单一事件的基础上,单页必须具有可推论性;
7. 案例包含许多重要的概念,可转化为教学的课程;
8. 案例最终不再提供解决之道或正确答案,而是在于引发反思的问题。

列恩认为,作为一个故事或文学形式,案例教学的特殊性是它适用于专业教学领域。因此,应该去寻找那些在教学上效果特别好,又能增加案例学习经验价值的那些教学案例的基本特征。②

从学生角度看,如果一个教学案例具备了如下特征,那么它将引起学生的积极响应。

1. 案例写得很好。它的表达生动清晰,是一篇吸引人的阅读材料。对专业术语有清楚的解释,句子结构整齐。

2. 案例中有让人感兴趣的人物。案例中的主人公有着某些吸引人的品质特征,学生会更容易投入其中。案例中如有一些生动的传记材料,使角色生动形象,显得真实自然。

3. 案例中包含着有趣的故事。教学案例应具备精短小说的某些特点:具有一定的情节、完备的人物形象、叙述的张力、一种期待、惊人的瞬间或突然改变时间发展的方向,并有引导读者继续阅读或激发他们对将要发生的事情产生好奇心的"圈套"或线索。

4. 案例中包含的事件既具有戏剧性又具有现实性。最优秀的案例中各个角色总是讲述令人感兴趣的、惊讶的、有教育意义的、引人注目的

---

① Wassermann, S., *Introduction to Case Method Teaching: a Guide to the Galaxy*, New York: Teacher College Columbia University, 1994, p. 28.

② [美]小劳伦斯·E. 列恩:《公共管理案例教学指南》,郏少健等译,中国人民大学出版社2001年版,第101—105页。

事件。

5. 尽管案例带有许多文学作品的特征，但它仍要与读者的专业兴趣与发展以及与读者生活的世界或社区的整体情趣相关。

6. 案例有明确的重点，有一个清晰实在的目的。当读者开始费力去探寻该案例的实质内容的时候，该案例很可能不会取得成效。

7. 案例至少允许一部分读者对主要人物产生同情或较为认同。有很大一部分读者会产生一种与案例中角色有情感联系的意识。

从教师角度看，他们无疑会探寻案例的不同特征。通常情况下，教师青睐的案例具有如下特征：

1. 案例在实体内容和智力水平上具有很高的质量。这一点有时候可能与学生的观点是不一致的。

2. 案例包含一个有效的教学笔记。教学笔记是教师就某个特定案例的运用及其价值进行相互交流的手段。

3. 案例处于教师的教学素质和方法能力所及范围之内。教师希望能控制住材料并且能够控制由案例引起的讨论。

4. 案例要与案例讨论的时间安排以及物质方面的设施相适应。一个为 90 分钟的课堂而设计的案例就不太适合于 50 分钟的课堂。

5. 案例会引起学生的潜在兴趣。

在此基础上，列恩提出一个星级案例满足的标准：

1. 提出一个没有明显正确答案的问题。案例对学习者的认知能力和情感能力提出了严峻的挑战，并通过充分挖掘使得这些能力得到加强。

2. 明确必须解决问题、作出决策的主角。案例确定了一个戏剧性的焦点；一个特定的、可辨认的人物；一个让学习者辨认的优势地位。

3. 需要读者运用案例中的信息去思考问题。案例要给学习者带来一种有必要从案例中搜寻相关信息和证据的感觉。案例应当让学习者搜寻、评价，并对信息加以运用。

4. 需要读者进行批判性、分析性的思考，以便对问题及其潜在的解决方式进行评估。案例不应简单地让一名学习者不经过切实思考或者对案例中的材料进行反复琢磨就能提出一种解决方案。

5. 具有足够的赖以进行深入分析的信息。案例应当能够使学习者利用现有信息做出高质量的分析和推理。

案例的质量涉及诸多维度。首先，案例质量与满足教学目标要求的案例有效性有关。案例是否如所预期的那样在课堂上可行？是完全满足还是仅仅有限地满足了教学目标？其次，案例是基于原创的、详细调研的数据基础上完成的，如果撰写完成的案例条理清晰、编辑得很好，这也是一条衡量案例质量的标准。因此，案例的质量由三部分构成：实现教学目标要求的能力；使用的数据和研究方法的质量；案例表述形式的质量。[1]

管理案例是为了明确的教学目标，围绕一定的管理问题进行对某一真实的管理情景所作的客观描述。即采用文字声像等媒介采编撰写形成的一段或者一个真实的管理情景（或个案）。这段简明的定义中，包含案例的三个核心特征：[2]

1. 管理教学案例必须以事实为依据，体现真实性。与创作小说不同，案例在主题内容和情节上不得虚构；名称与数据出于保密需要可加以掩饰；必要时对素材可以删减合并，但基本事实应来自管理实际。管理案例基本上是对实施的白描式记录，不得带有撰写者的分析与评论。

2. 管理教学案例中应包含一个或数个管理问题。这些问题可能是待解决的，也可能是已经解决的。因为教学案例的目的是使学生分析讨论并学会如何解决管理问题，需要有典型的、适于讨论的管理问题作为案例教学的线索和支持。

3. 管理教学案例需要明确的教学目的。案例准备用于哪种课程的哪些章节，拟使学生借此验证、操习和运用什么概念、理论或工具，想让他们通过分析与讨论，掌握和提高哪些知识与技能，事先都要心里有数。

二 教育硕士小学教育领域教学案例的特征

管理领域的教学案例标准为我们提供了一个深入理解教学案例的基点。可以看出，作为教学案例本身，何以称为教学案例，一定要具有真

---

[1] ［加］迈克尔·R. 林德斯、［加］路易斯·A. 林德斯、［加］詹姆斯·A. 厄斯金：《毅伟商学院案例写作（第4版）》，赵向阳等译，北京师范大学出版社2011年版，第15页。

[2] 付永刚、王淑娟编著：《管理教育中的案例教学法》，大连理工大学出版社2008年版，第9—10页。

实性、典型性、情境性、问题性、理论辐射性和教学指向性。

真实性强调案例故事的来源不得是虚构的、想象的，必须具有真实的人物原型。典型性强调案例故事是一个"类"，而非一个"点"，案例故事集聚了一类典型的问题或现象。情境性强调教学案例要将故事置于特定的时空框架内，完整细致地描述一个故事发生的来龙去脉和关键人物的所思所想，案例信息量充分能便于读者提取深入分析问题的证据，而不只是片式的描述。问题性强调教学案例的故事背后要埋下思考点和讨论点，只有那些含有问题、矛盾、对立、冲突在内的事件，才有可能构成案例，简单的"白开水式"没有问题在内的事件，不能称之为案例。① 舒尔曼强调案例是可能发生的事情，是被打断了的行动计划。② 这层意思与杜威对探究的阐述非常一致。杜威认为，思考是对一件习以为常的事情遭遇障碍而做出的回应。当我们的习惯性行为或对行为的反思模式无法达到预期目标时，我们就开始思考。当我们因行为受阻而必须对行为进行反思并对新路径做出决策时，我们就获得了有教育意义的经验。③ 理论的辐射性强调教学案例应该能够概括和辐射许多理论知识，它应该是学术讨论的支撑点。教学指向性强调教学案例要明确案例使用对象，与其相关的课程目标与课程内容相适应。

从中国教育硕士培养的角度认识和理解教学案例，我们访谈了几位中国教育管理和小学教育领域的专家，他们熟悉该领域的最新进展，谙熟硕士专业学位的教学实际，具有丰富的教育教学实际工作经验，持续关注中国教育管理和小学教育的实践发展与变革，是中国教师教育领域教学案例开发的引领者。当问及他们对于教学案例特征的看法时，他们的观点如下：

> 南京师范大学的 Z 教授认为："教育硕士使用的教学案例除了满足案例的一般特征，还应该突出<u>研究性</u>，这是案例编写和案例教学

---

① 郑金洲：《案例教学：教师专业发展的新途径》，《教育理论与实践》2002 年第 7 期。
② Shulman, L. S., "Just in Case: Reflections on Learning from Experience", *The Case for Education: Contemporary Approaches for Using Case Methods.* Boston: Allyn and Bacon, 1996, pp. 197–217.
③ [美] 约翰·杜威：《我们如何思维》，伍中友译，新华出版社 2015 年版，第 9—11 页。

的重心所在。研究性主要体现在三方面：第一，加强本源性问题的探索。如，什么是案例？什么是案例教学？什么是小学教育案例教学？第二，加强内隐性问题的探索。案例编写需要挖掘教学案例背后隐藏的教师知识观、师生观，表述对传统教学改进的成分。第三，加强可操作性问题的探索。如，教学案例编写规范中的真实性原则，什么是真实？案例中叙事的比例应该占多大才符合真实性原则等。"

沈阳师范大学的 L 教授结合自身教学经验认为："要考虑案例的使用对象是教育硕士，案例开发应该突破目前市场层面的案例开发样式，既要变革小学教育专业硕士研究生的教育教学模式，同时也要区别于本科生的教学模式。比如教学目标的设计要体现研究元素，不能只满足于参考教参，要依据课程标准、教材和教参几个层面设计，再体现教学流程，并阐释通过怎样的教学过程实现了教学目标"。

东北师范大学的 M 教授认为："教学案例是对教学内容、教学对象、教学设计、课堂教学、教学评价等内容的描述，体现了教学的完整性。案例通常讲述教师如何经历问题、分析问题、运用策略以及最后解决问题或是陷入困境的过程，具有情境性。"

北京师范大学的 Z 教授认为："教学案例开发要以一定的理论为指导，吸取教师在教学实践中积累的教学经验，形成小学教育教学案例标准。"

东北师范大学的 L 教授认为："案例的使用者是教育硕士，应该凸显研究性，要区别于一般网络平台使用的案例。教学案例应该体现对教学关键事件的分析，呈现教师诊断、关注、分析关键事件的完整过程，引导教育硕士理解和体会在没有'正确答案'的环境下教师如何发挥其专业判断力。在教学实例之后，呈现对教学实例的学理分析，如此可体现教育硕士教学的'操作性+研究性'。"

西南大学的 Z 教授认为："本科生实习是培养学生站讲台的能力，而教育硕士实践要达到半年至一年的时间，除了要具备本科生的教学能力，还需要在实践基地完成毕业论文的研究与写作，二者的培养具有本质区别，教育硕士的教学案例应该更加凸显研究性。"

从对几位专家的访谈内容中，我们发现，专家们普遍认同教学案例所具有的一般特性，如真实性、情境性、情节的完整性和典型性等，也认为这是教学案例区别于事例的显著特征，假如没有这些特征，教学案例也就不能称其为教学案例了。聚焦于教育硕士小学教育领域案例课程开发问题，大家提到最多的词语是"研究性"。他们都比较关注教学案例的使用对象，结合教育硕士的培养特点和学习需求，认为小学教育领域教育硕士的案例课程开发一定要明确案例的使用对象，教学案例要区别于本科生教育和职后培训，加强对教育教学关键事件的完整情境描述，通过情境体验和反思增强教育硕士的理论与实践能力。

教学案例研究性的理解需要立足于关于教师专业成长的视角，研究性不是对理论的独有强化，而是关涉教师教育中理论与实践融合的问题。杜威认为"理论"与"实践"的二元对立是"教师职业的主要恶弊之一"，"理论与实践之间倘若不是相互一体，基于教师个人的经验求得成长，那么，教师的个人经验终究也不可能成长。教师教育中需要一种'知性方法'，[①] 引导教师在教育实践中展开观察、洞察、反思，逼近教育学、心理学原理的方法，将教师教育中学生的学习从'经验式'方法上升到'科学式'方法。他提示了把以观察、洞察、反思为核心的案例分析运用于教师教育的可能性"。[②]

第二节 案例课程主题——回归理论

"这是一个关于什么的案例？"这是在所有与案例有关的活动中必问的一个问题，舒尔曼将这个问题作为贯穿整个案例活动的核心问题，这个问题探讨的是案例课程与理论之间的关系，在他看来，"这是一个关于什么的案例？"是一个为了激发学生进行专业学习的有力工具，在特殊性的案例和简化的理论之间，学生必须学会举一反三、触类旁通。只有在

[①] 杜威的"知性方法"是指基于心理学、教育学原理的教育技术。但它不应当被理解为运用心理学与教育学原理于实践之中的技术；也不是凭借心理学、教育学原理从外部理解与控制儿童学习的技术。"知性方法"是对于"心智成长的根本条件"——"内在兴趣"进行"心理学洞察"。换言之，在于洞察儿童内在的对于教材的兴趣、思考、表象和情绪是如何展开的。

[②] ［日］佐藤学：《课程与教师》，钟启泉译，教育科学出版社2003年版，第280—285页。

理论和案例持续的相互作用下，才能避免缺乏实践的理论所固有的局限性，避免缺乏理论原则指导的鲜活实践的有限性。[①]

从舒尔曼教学案例开发的理论框架中可以看出，这个核心问题牵引着案例课程开发的整个实践过程。对"这是一个关于什么（哪方面）的案例？"的回答，将开启本书对案例课程背后理论的追问。案例课程开发是一种自上而下的模式，理论指引着案例课程开发的方向，而案例课程分析则是一种自下而上的模式，需要从案例故事中去归纳其蕴含的理论、原理和概念（见图6-1）。教育硕士小学教育专业的案例课程开发中，与案例课程有关的理论来源需要从课程标准、培养目标、课程体系、具体的课程目标和课程内容中去探寻。

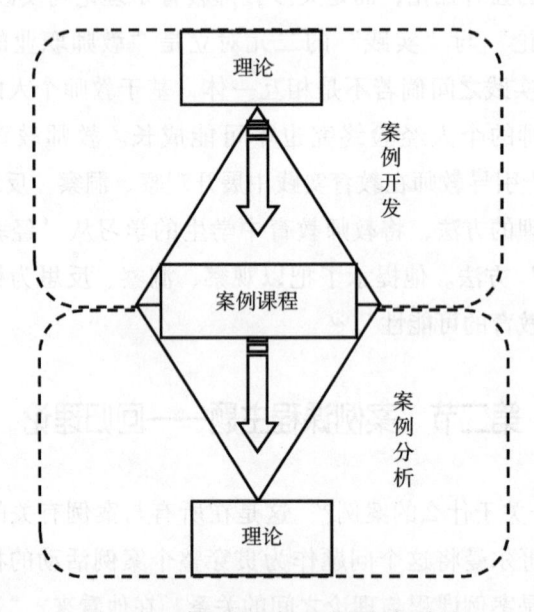

图6-1 案例课程与理论的逻辑关系

本书对教育硕士小学教育领域的案例课程开发实践研究始于对《小学教师专业标准》（以下简称《专业标准》）、《全日制教育硕士专业学位

---

① Shulman, L. S., "Just in Case: Reflections on Learning from Experience", *The Case for Education: Contemporary Approaches for Using Case Methods.* Boston: Allyn and Bacon, 1996, pp. 197–217.

研究生指导性培养方案（修订）（小学教育专业领域）》（以下简称《培养方案》）的具体内容进行文本分析，在此基础上提炼出与案例课程密切相关的框架和课程要素。

一 《专业标准》描述与分析

2012年2月10日，教育部下发《关于印发〈幼儿园教师专业标准（试行）〉〈小学教师专业标准（试行）〉和〈中学教师专业标准（试行）〉的通知》（教师〔2012〕1号）。《专业标准》是国家对合格小学教师专业素质的基本要求，是小学教师实施教育教学行为的基本规范，是引领小学教师专业发展的基本准则，是小学教师培养、准入、培训、考核等工作的重要依据，开展小学教师教育的院校要将《专业标准》作为小学教师培养培训的主要依据。《专业标准》倡导师德为先、学生为本、能力为重、终身学习四个基本理念，从"专业理念与师德""专业知识""专业能力"三个维度、13个领域和60项基本要求厘定了小学教师的合格标准。《专业标准》为小学教师培养机构确定人才培养目标、完善培养方案、科学设置课程和改革培养模式提供了一个国家标准。

（一）专业理念与师德维度

《专业标准》从职业理解与认识、对小学生的态度与行为、教育教学的态度与行为、个人修养与行为四个领域对小学教师的专业理念与师德提出具体要求。该维度强调教师对小学教师专业性和独特性的认同；突出强调小学生的生命教育，教师要服务于小学生生命成长的需要，关心小学生生命状态，也要关注小学生自身对生命的体验和态度；教师要尊重教育规律和小学生身心发展规律，为每一个小学生提供适合的教育，要积极创造条件，让小学生拥有快乐的学校生活。[①]

（二）专业知识维度

《专业标准》从小学生发展知识、学科知识、教育教学知识、通识性知识四个领域对小学教师的专业知识提出具体要求。该维度强调小学教师要了解和掌握小学生发展的知识，仅仅了解身心发展的特点和规律是

---

① 顾明远：《小学教师专业标准》说明（http：//www.moe.gov.cn/jyb_xwfb/gzdt_gzdt/moe_1485/201112/t20111213_127944.html，2011 - 12 - 13.）。

远远不够的，还要加强对政策和法律层面的学习；强调了小学教师学科知识的特殊性，小学教育的综合性要求小学教师了解多学科知识，掌握所教学科的知识体系、基本思想和方法，关注学科之间的相互联系；小学教育与教学的基础性、养成性和启蒙性要求小学教师应掌握一定的小学教育教学基本理论。

（三）专业能力维度

《专业标准》从教育与教学设计、组织和实施、激励与评价、沟通与合作、反思与发展五个领域对小学教师的专业能力提出具体要求。该维度一方面强调常规教育教学活动的设计与组织实施，要求教师能够合理制订教育教学计划，合理利用教学资源，科学编写教学方案，能够调动小学生的学习积极性，采用灵活多样的教学方法，能够对小学生日常表现进行观察判断与评价；另一方面还强调了小学教师专业能力建设过程中的独特性。首先，增加了体现小学教师教育教学特殊性的一项新能力，即"设计主题鲜明、丰富多彩的班级和少先队活动。发挥好少先队组织生活、集体活动、信息传播等教育功能"[1]。这些项目的要求说明小学教师不应该只是学科知识的传授者，还应该都能做班主任，每个小学教师都能够结合儿童身心特点和发展需要设计和开展各类丰富的课内外活动。其次，还十分强调小学教师与学生、同事、家长沟通与合作能力的重要性。明确提出"使用符合小学生特点的语言与小学生进行有效沟通。与同事合作交流，分享经验和资源，共同发展。与家长进行有效沟通合作，共同促进小学生发展。协助小学与社区建立合作互助的良好关系"[2]。最后，还强调新时代的教师应该具有一定的教学反思和研究能力，这是对全球教师专业化发展背景下教师专业发展内在要求的回应，教师专业化的本质就是具有自主发展的意识和能力。

（四）《专业标准》对案例课程开发的启示

《专业标准》提供了一个培养合格小学教师的道德坐标、知识坐标和

---

[1] 教育部教师工作司：《小学教师专业标准（试行）解读》，北京师范大学出版社2013年版，第90—94页。

[2] 教育部教师工作司：《小学教师专业标准（试行）解读》，北京师范大学出版社2013年版，第138页。

能力坐标,也反映出小学教师专业的独特性。小学教师在人格上更具情感性和人文性,要学会通过目光、语言、体态等各种方式向儿童传递爱的信息,在知识结构上要具备将儿童生活世界与科学世界双向整合的综合知识结构,在教学方式方法上,要学会将学习材料转化为儿童易于理解的教育形态。① 从案例课程开发的角度来理解,《专业标准》提供了一个小学教师专业素养的基本框架,凸显了小学教师专业素养的特殊性(见图6-2)。

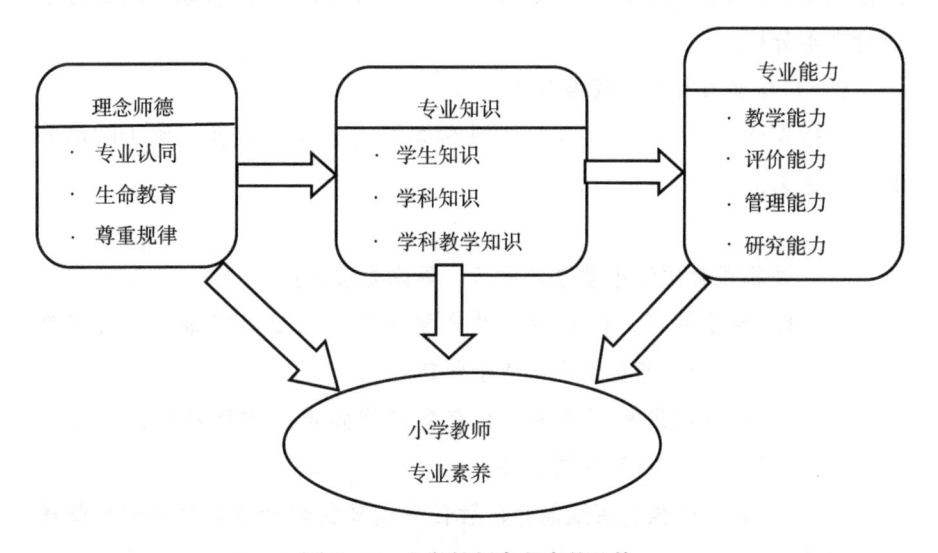

图6-2 小学教师专业素养结构

《专业标准》从一个合格教师的角度,厘定了小学教师的从教资格,是小学教师培养的目标参照,对于制定和完善小学教师培养方案,科学设置小学教师教育课程,降低小学教师职前培养的盲目性和随意性,提升小学教师教育质量具有重要的参考价值。教育硕士小学教育领域案例课程开发在明晰小学教师专业素养基本结构的基础上,进一步剖析《培养方案》,寻找《专业标准》与《培养方案》中透视出来的案例课程开发关键点。

---

① 王智秋:《基于教师专业标准的小学教师职前培养》,《中国教育学刊》2012年第12期。

二 《培养方案》描述与分析

2017年3月6日,全国教育专业学位研究生教育指导委员会(以下简称"教指委")公布了《全日制教育硕士专业学位研究生指导性培养方案(修订)(小学教育专业领域)》,该方案是各院校制定本校全日制教育硕士专业学位(小学教育专业领域)培养方案的直接依据。本书结合教指委颁布的《培养方案》,选择了1所教育部直属师范大学、2所省属师范大学、1所省属综合大学共4所大学的全日制小学教育硕士培养方案进行文本分析。

(一)培养目标的描述与分析

教指委颁布的《培养方案》对小学教育专业全日制教育硕士的培养目标表述为:

> 培养高素质的小学专任教师。具体要求为:
> 1. 热爱祖国,拥护中国共产党领导。热爱教育事业,教书育人,为人师表,积极进取,勇于创新。
> 2. 掌握现代教育理论,具有良好的知识结构和扎实的专业基础,了解学科前沿和发展趋势。
> 3. 具有较强的实践能力,胜任并创造性地开展教育教学和管理工作。
> 4. 具有发现和解决问题、终身学习与发展的意识与能力。
> 5. 能较为熟练地运用一种外国语阅读本专业的外文文献资料。

教指委《培养方案》的目标表述,分别包括以下维度:总体定位、理念与师德(第1条)、专业知识(第2条)、专业能力(第3、4、5条)。在这一培养目标框架指导下,4所大学《培养方案》的培养目标表述维度见表6-1。其中D校为教育部直属师范大学、N校和Q校为省属师范大学、B校为省属综合大学。

表6-1　　　　　不同院校小学教育领域教育硕士培养目标

单位	总体定位	理念与师德	专业知识	专业能力
D校	优秀 小学教师 教育管理者	政策法规 职业道德 社会责任	理论素养 先进教育理念 专业知识结构 研究方法	多维度分析问题能力 教育教学实践能力 教育教学研究能力
N校	高素质 研究型 小学专任教师	党和国家 现代教育观 道德品质	理论素养 专业基础 小学教育前沿 基础教育课程改革	教育教学实践能力 教育教学研究能力 运用理论解决问题能力 使用现代教育技术能力
Q校	高素质 小学教师 教育教学管理 人员	党和国家 为人师表	现代教育理论 专业基础 学科前沿 基础教育课程改革	教育教学实践能力 使用现代教育技术能力 创造性解决实践问题能力
B校	高素质 小学教师	党和国家 现代教育理念 为人师表	专业基础 小学教育前沿 基础教育课程改革	教育教学实践能力 使用现代教育技术能力 解决教育实践问题能力

通过对4所大学小学教育领域教育硕士培养目标的分析可以发现，培养目标的内容维度与《专业标准》中小学教师专业素养基本结构相吻合，进一步明确了小学教育领域教育硕士的培养重点。将以上内容再次提炼后，便得到更加明确的小学教育领域教育硕士培养关键点（见表6-2）。这些关键点为开发教学案例提供了内容关键点，小学教育领域教育硕士教学案例开发主题可聚焦于"理念与师德""专业知识""专业能力"三个维度15个内容板块。

（二）课程设置的描述与分析

培养目标为案例课程开发提供了一个较为宽泛的内容要点，案例课程开发最终将对应的是某门特定课程中的某些个具体的知识点，才能够更好地回答"这是一个关于什么（哪方面）的教学案例"这个问题。因此，还需要进一步细化内容关键点，对特定课程进行进一步分析。

教指委颁布的《培养方案》中小学教育专业全日制教育硕士课程分为学位基础课、专业必修课、专业选修课和实践教学。总学分不少于36学分。

表6-2　　　　小学教育领域教育硕士培养目标关键点

总体定位	理念与师德	专业知识	专业能力
高素质 小学专任教师 教育管理者	·党和国家 ·先进教育理念 ·政策法规 ·职业道德 ·为人师表	·现代教育理论 ·专业知识结构 ·小学教育前沿知识 ·基础教育课程改革 ·研究方法	·教育教学实践能力 ·教育教学研究能力 ·分析与解决问题能力 ·使用现代教育技术能力 ·管理能力

1. 学位基础课（12学分）

（1）外语（2学分）

（2）政治理论（含教师职业道德教育）（2学分）

（3）教育原理（2学分）

（4）课程与教学论（2学分）

（5）教育研究方法（2学分）

（6）心理发展与教育（2学分）

2. 专业必修课（10学分）

（1）小学课程与教材研究（2学分）

（2）小学教学设计与实施（2学分）

（3）自设课程（3门，6学分）

自设课程由培养院校根据培养目标和学科特色自行设置。可开设旨在提高学生学科素养的学科素养类课程，或提升学生教学评价与实践反思能力的教学评价和反思类课程，或旨在增强学生信息技术应用能力的信息技术应用类课程。

3. 专业选修课（6学分）

（1）专业理论知识类课程

（2）教学专业技能类课程

（3）教育教学管理类课程

每一类专业选修课至少设置2门课程，每门课程1—2学分。

4. 实践教学（8学分）

（1）校内实训（2学分）：教学技能训练、微格教学、课例分析等

(2) 校外实践（6学分）：教育见习（1学分）、教育实习（4学分）、教育研习（1学分）等

在教指委《培养方案》课程设置的指导下，4所院校《培养方案》的课程设置情况如表6-3所示。

表6-3　　4所院校小学教育领域教育硕士课程设置情况

培养院校	专业必修课	学分	专业选修课	学分	备注
D校	小学语文课程与教学专题	3	现代教育技术学	2	
	小学数学课程与教学专题	3	中外教育简史	2	
	课堂管理艺术	2	教师专业发展的理论与实践	1	
	小学生心理健康教育	2	小学数学学习心理	2	
			小学语文学习心理	2	
			小学德育理论与实践	1	
			小学教学基本技能	1	
			小学教育管理	1	
			小学科学教育专题	1	
			小学课外活动研究	1	
N校	语文课程与教材研究	2	科学教学专题及案例研究	2	专业必修课不少于10学分，专业选修课不少于6学分
	数学课程与教材研究	2	品德教学专题及案例研究	2	
	语文教学设计与实施	2	英语教学专题及案例研究	2	
	数学教学设计与实施	2	班主任工作案例分析	2	
	语文教育测量与评价	2	校本课程开发实务训练	2	
	数学教育测量与评价	2	语文学习理论	2	
	语文发展前沿专题研究	2	数学学习理论	2	
			中外教育简史	2	
			学校环境与文化研究	2	
			心理健康教育	2	
			课程改革研究	2	
			教师书写与口语训练	2	
			现代教育技术应用	2	
			教育政策与法规	1	

续表

培养院校	专业必修课	学分	专业选修课	学分	备注
Q校	小学课程与教材研究	2	小学德育理论与实践	2	专业必修课不少于10学分,专业选修课不少于6学分
	小学教学设计与实施	2	小学语文学科专题	2	
	小学教学测量与评价	2	小学数学学科专题	2	
	班级管理与课堂教学	2	小学课程前沿问题研究	2	
	教育政策与规划	2	小学科学课程专题研究	2	
	基础教育改革研究	2	中外教育简史	2	
			中小学心理健康教育	2	
			小学生社团活动	2	
			小学生中华传统文化教育	2	
			学校环境与文化研究	2	
B校	小学(语文或数学)课程与教材分析	3	现代教育技术应用	2	
	小学(语文或数学)教学设计与案例分析	3	小学心理健康教育	2	
	小学教育测量与评价	2	中外教育简史	2	
	小学教育发展前沿专题	2	基础教育改革研究	1	
	小学(语文或数学)学习理论与方法	2	教育政策与法规(基础教育)	1	
			小学德育理论与实践	1	
			小学科学教育专题	1	
			小学活动课程研究	1	
			学校环境与文化研究	1	

由于教指委的《培养方案》在学位基础课与实践教学两个部分进行统一规定,各培养院校课程设置的差异主要体现在专业必修课和专业选修课两个部分。通过对表6-3进行分析可发现,在专业必修课部分,主要包括小学语文和小学数学两个学科的相关课程,两个学科的课程内容分别指向课程与教材分析、教学设计与实施、教学测量与评价三块主要内容。在专业选修课部分,主要包括四类课程内容:"中外教育简史、学习心理、基础教育课程改革"等专业理论知识类的课程,"品

德、科学、英语"学科教学类课程,"书写和口语、校本课程开发、教育技术应用"等教师专业技能类课程,"课堂管理、教育管理、课外活动、班主任工作、社团活动、活动课程、心理健康教育"教育教学管理类课程(见表6-4)。

表6-4　　　　　小学教育领域教育硕士课程门类关键点

专业必修课	专业选修课			
语文/数学学科	专业理论知识	学科教学	教师专业技能	教育教学管理
·课程与教材分析	·中外教育简史	·品德	·教师书写口语	·课堂班级管理
·教学设计与实施	·学习心理	·科学	·校本课程开发	·课外社团活动
·教学测量与评价	·课程改革	·英语	·教育技术应用	·心理健康教育

通过对《专业标准》和《培养方案》具体内容的剖析,我们提炼出小学教师专业素养关键点、小学教育领域教育硕士培养目标关键点和课程内容关键点。三个方面的关键点凸显出小学教育领域教育硕士案例课程开发的基本要点。关于教育硕士小学教育领域案例课程的开发要点,本书访谈的几位专家分别表达了自己的看法。

　　东北师范大学的M教授谈道:"针对教育硕士开发的教学案例应具有引领作用,要立足于<u>职前小学教师</u>,以多数学生的<u>专业能力发展</u>为前提,要让学生看到好课是什么样子,应该怎么上,有争议的课不应不纳入教学案例的范畴。"
　　杭州师范大学的X教授认为:"小学语文、数学<u>学科的教学案例</u>不同于教育管理领域的教学案例,学科教学需要呈现<u>教学设计</u>或者<u>微课</u>。"
　　温州大学的P教授认为:"教学案例应该给学生一个<u>基本的教学框架</u>,这样有利于学生掌握基本的<u>教学规范</u>。"
　　沈阳师范大学的L教授认为:"案例主题应体现该案例要达到的<u>知识、能力</u>等方面的目标和要解决的问题,要体现该案例中蕴含的<u>教育教学原理</u>。"
　　华南师范大学的G教授认为:"编制教学案例应该回到原点问

题：给谁用？教育硕士作为案例使用对象，我们要清楚教育硕士包括哪几类？分别要培养什么能力？目前教育硕士培养大体可以分为三类：第一类是管理类，要侧重管理能力的培养；第二类是学科教学类，要侧重从事某学科课堂教学能力的培养；第三类是活动类，要侧重对课外活动、教研活动、校本课程开发等活动的策划与组织能力的培养。不同类型的教育硕士培养决定了教学案例具有不同类型和不同结构。小学教育领域的教学案例应该主要是后两种类型，还应体现教研活动、家校活动等主题。"

华东师范大学 L 教授指出："教学案例编写首先要考虑教育硕士培养目标。例如一位小学数学教师，首先能做到的是把课上下来，然后才能考虑到教育教学理念、对学生和教材的解读等深度变革问题。小学数学教师和数学家的区别在于小学数学教师多了一层理解学生的'透镜'，对他们而言学科教学知识（PCK）非常重要。由此，教学案例编写首先要明确小学教育专业教育硕士培养目标要求形成什么样的素养结构。"

由此可以看出，几位专家强调的问题恰恰是我们通过剖析《专业标准》和《培养方案》回答的问题。回答"这是关于什么（哪个方面）的教学案例？"这个问题，其实就是对案例课程本质属性的追问。教育硕士小学教育领域案例课程开发有两个明确的特征：小学教育 + 教育硕士。"小学教育"限定了案例课程开发的领域，"教育硕士"限定了案例课程的使用对象，这两个限定语凸显了本书的案例课程与其他领域案例课程的不同之处。从《专业标准》和《培养方案》的剖析中，我们进一步提炼出案例课程开发要素。

三 案例课程开发要素的提炼

案例课程开发要素是支撑案例课程开发实践过程的关键点，它们分别回答"谁来开发？开发什么？怎么开发？"等基本问题，这几个问题构成了案例课程开发的基本要素。对案例课程开发要素的提炼，是在剖析《专业标准》和《培养方案》的基础上形成的（见图 6 - 3）。

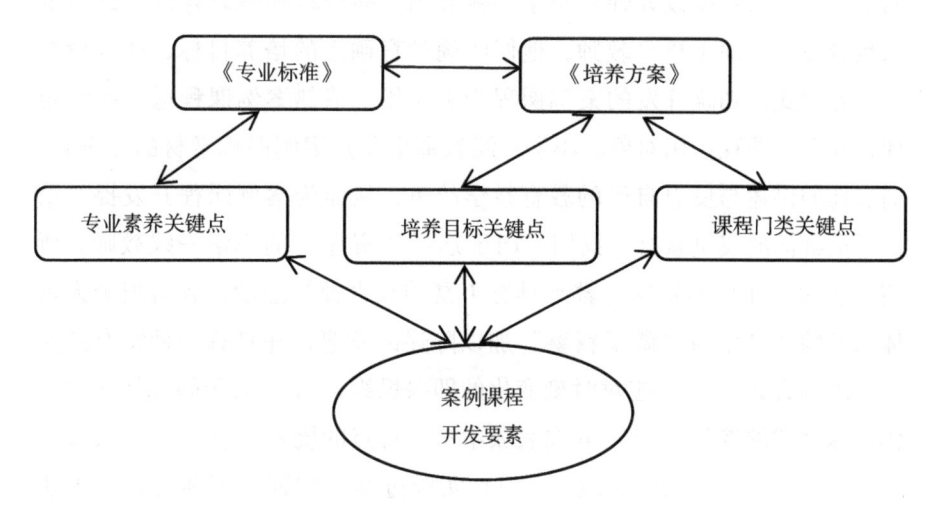

```
         《专业标准》 ←→ 《培养方案》
              ↑           ↑
   ┌──────────┐   ┌──────────┐   ┌──────────┐
   │专业素养关键点│   │培养目标关键点│   │课程门类关键点│
   └──────────┘   └──────────┘   └──────────┘
              ↖        ↑        ↗
                  ╭─────────╮
                  │ 案例课程  │
                  │ 开发要素  │
                  ╰─────────╯
```

图 6-3　案例课程开发要素提炼过程

（一）案例课程开发主体

一般而言，案例课程开发中所涉及的人物包括案例作者（如果不是教师本人的话）、联系人、案例焦点人物/主人公、教师、学生。[①]

案例作者就是案例课程撰写者，包括教育工作者、教师、指导教师、学生、培训者、管理人员或研究人员。案例作者的任务是直接获取"故事情节"，为案例读者提供充足的信息来理解关键决策者面临的问题。案例作者提出问题、收集数据并且撰写案例。

联系人在案例课程开发中常被称为案例线人，即为案例作者提供适合人选的中间人。

教师、培训者、指导教师、教育工作者是指负责一个班级、研讨会、讲习班、一门课或者一个项目的教学人员。

学生即参与者、案例课程读者或者参与案例课程学习的人。

从教育硕士小学教育领域案例课程开发来看，案例课程开发过程是高校教师基于一定的教学目标，结合特定的课程内容，搜集整理真实的小学教育教学事件，并撰写案例课程的过程。案例课程开发的主体包括

---

① ［加］迈克尔·R.林德斯、［加］路易斯·A.林德斯、［加］詹姆斯·A.厄斯金:《毅伟商学院案例写作（第4版）》，赵向阳等译，北京师范大学出版社2011年版，第10、45页。

两类关键人物：高校教师和小学一线教师。高校教师是教育硕士课程的执教者或教育硕士指导教师，他们明确教育硕士的培养目标、课程设置和培养方式，知晓开发的案例课程为谁所用，谙熟案例课程适用的特定课程和案例课程使用对象。小学一线教师主要是案例课程素材的提供者，通过他们讲述与反思自己的教育教学故事，从而为案例课程开发提供第一手最鲜活的案例素材。我们倾向于选择"资深"的小学一线教师，所谓"资深"主要是指这些教师具有丰富的教育教学经验，具有把个人具体的经验轨迹作为"微型叙事"加以陈述的意愿，并具有一种特有的实践性思维方式：（1）应对时刻变化的即兴思维；（2）对于问题情境的主体式深究式的参与；（3）问题表象中多元视点的统整；（4）问题表象与问题解决中的背景化的思考；（5）实践过程中问题的不断建构与再建构。[①] 在其讲述教育故事的背后，渗透着这种特有的思维方式，表征着在其专业领域内有效发挥作用的实践智慧。

对开发主体之间关系的认识，从舒尔曼及其妻子朱迪斯·H. 舒尔曼关于案例开发的研究来看，案例课程开发的主体是有教学经验的一线教师，他们特别强调案例课程开发和案例学习过程中教师的学习共同体关系，强调案例课程对教师共同体中教师的教育意义。在他们看来，没有他人支持、没有他人视角作为参考，没有他人观点的补充，没有他人扮演积极的倾听者和诤友的角色，从经验中学习几乎是不可能的。[②] 其实，在教育硕士案例课程开发中，高校教师和一线教师同样是一种互相学习的共同体关系（见图6-4）。一线教师叙述个人教育教学故事的过程，就是进行初步反思的过程。从本质上来说，他们在抓住实践特征叙事时的反思是内省式的，当通过故事与高校教师反复对话时，他们就从个体化的反思过渡到社会性的反思，从内省式反思转到对话性反思。高校教师对案例故事的倾听、整理、分析过程，是基于实践进行理论回应与再学习的过程。这样一种基于真实问题情境的对话，是高校教师和一线小学

---

① ［日］佐藤学：《课程与教师》，钟启泉译，教育科学出版社2003年版，第215—243页。
② Shulman, L. S., "Just in Case: Reflections on Learning from Experience", *The Case for Education: Contemporary Approaches for Using Case Methods*. Boston: Allyn and Bacon, 1996, pp. 197 – 217.

教师组成的共同体"交换"自己的感受、经验和认识的过程,彼此对问题情境进行解释和判断时,就会产生思想的碰撞,情感的共鸣,这一过程是理论与实践相互浸润滋养的过程。①

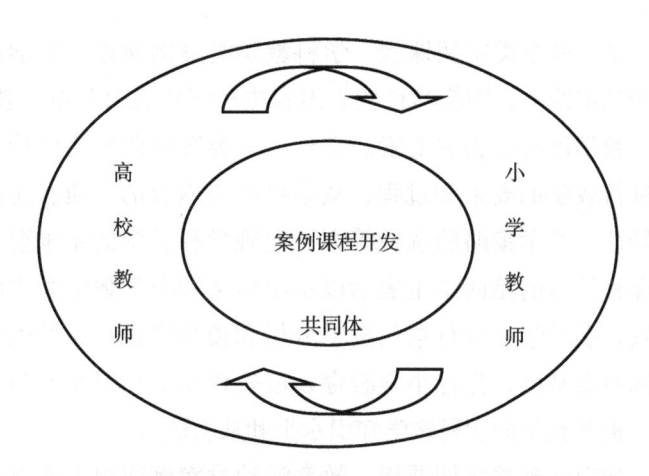

图 6-4　教育硕士小学教育领域案例课程开发主体关系

(二) 案例课程类型

案例课程类型的划分标准是多样的,可以按照案例的功能、体例、内容等标准进行划分。小学教育领域案例课程类型划分的主要依据是《专业标准》和《培养方案》中的小学教师专业素养关键点、小学教育领域教育硕士培养目标关键点和特定课程内容关键点,它们集中体现了高素质小学教师的培养要点,反映了小学教师职业实践对教师专业素养最迫切的需求。三个关键点中,特定课程内容对案例课程类型的影响是最直接的,它直接框定着案例课程开发的内容,案例课程不能脱离特定课程而独立使用,如果没有课程中潜在理论和概念的支撑,单薄的案例故事会削弱学生在案例学习中归纳能力的发挥。作为案例课程开发者,必须明确特定课程与教学的目标和内容,以此指导案例课程开发。

《培养方案》的课程门类中,最能凸显小学教师专业特性,有助于培养教育硕士良好实践适应性的课程主要包括学科教学类课程和教育活动

---

① 李润洲:《实践逻辑:审视教育理论与实践关系的新视角》,《教育研究》2006 年第 5 期。

类课程。学科教学类课程以小学语文、小学数学等相关学科的教学为主，教育活动类课程以小学课堂管理、班级管理、班队活动为主。因此，从内容维度与课程内容相对应的小学教育领域教育硕士案例课程主要包括如下两类。

第一，学科教学类案例课程。学科教学类案例课程以小学各学科的核心内容为基本线索，围绕学科核心内容描述课程教材分析、教学设计、教学实施、教学评价等相关要素。学科教学类案例课程突出特定的学科内容如何进行教学的要素和过程，从学科核心内容的本质、儿童学习特定知识的特征、教学策略的选择等方面呈现学科教学的基本要点。学科教学案例课程的目的是向学生展示以小学语文和小学数学为主的学科教学完整图景，引导学生进行案例资料分析和模拟实践，为学生学科教学知识的建构奠定基础，弥合小学教育领域教育硕士知识学习与教学法训练的区隔，提升教师的学科教学知识水平和从教能力。

第二，教育活动类案例课程。教育活动类案例课程主要以小学教师的课堂管理、班级管理、班队活动、家校沟通、校本课程开发等活动为主要内容，突出教师如何经历问题、分析问题、运用策略以及最后解决问题的过程。教育活动类案例课程的目的在于培养职前小学教师作为学科教师或班主任的组织与管理能力，创建和谐的教学环境，形成良性互动的师生关系，提升课堂教学效果和学生的学校生活质量。

（三）案例课程主题

主题常用于人文、艺术和文学批评等各种不同的学科领域中。主题作为一个术语常被指称为文本中经常出现的要素（主旨、惯用语或方法），主题是经验的焦点，好的主题表述可以集中表达我们试图理解的概念的核心。[①] 对案例课程主题的确定，我们访谈了相关专家。

东北师范大学的 L 教授认为："从教育硕士角度来看，他们感觉难讲的课一般有两种：学科知识本身难和教学呈现难。到底从学科内容上突破还是从教学设计上突破？以教学为逻辑起点建构案例，还是以

---

① ［加］马克斯·范梅南：《生活体验研究——人文科学视野中的教育学》，宋广文等译，教育科学出版社 2003 年版，第 102—130 页。

学科知识为逻辑起点建构案例？如果从教学的角度看，教学目标、教学过程、教学评价是最重要的，但教学设计可以包括教学评价。"

杭州师范大学的 X 教授认为："教学案例的主题板块是我们编写案例的重要参照，老师可以知道从哪里开始写。可以按照教学设计、教学实施、教学评价来划分。实施是教学过程，含在设计里面。"

首都师范大学的 S 教授认为："以教学为逻辑起点，可以包括教学设计、教学目标、教学方法、教学模式、教学资源、教学评价。对于准教师而言，通常会关注这课（关注内容）怎么教？教学要素不一定面面俱到。学科内容是确定的，课程标准的划分就是依据。教学要素是第二维的。"

东北师范大学的 M 教授认为："以学科核心内容为主要划分依据。在具体内容中涉及教学设计和教学评价等方面。内容和设计是相互交叉的，学科内容里面蕴含了教学设计，教学设计里面蕴含了不同的学科内容。一个完整的教学案例可以覆盖多方面的内容，可以体现教学设计的功能，也可以体现学科核心内容的功能。"

北京师范大学的 Z 教授认为："案例主题应该是从教学理论和教学实践的角度呈现教学案例的价值，为案例的引出做铺垫。案例正文应该有故事性，这样学生会保持对案例正文的阅读兴趣和悬念。"

案例课程的主题是对不同类型案例课程内容的细化，对应着案例故事中蕴含的理论原理，案例课程主题的清晰化和显性化有助于案例课程开发者将零散的案例素材组织成系统化的、适合于教学使用的案例课程内容。通过对专家看法的梳理，我们发现，案例课程开发最复杂的是学科教学类案例课程的开发，教育活动类案例课程的主题只需按照与小学教师教育教学相关的活动内容划分即可。学科教学类案例课程涉及对学科知识的理解和对学科知识的教学，学科教学类案例课程的主题应该考虑两个指标：一级指标应该是学科核心领域；二级指标应该是教学设计与实施中蕴含的教学要素。学科核心内容划分的主要依据是学科课程标准，可根据教育硕士开设课程中涉及的学科知识的逻辑关系和学生学习需求再做进一步的细分，如阅读教学中的记叙文教学、古诗词教学等。从教学系统的角度来看，教学是由多种要素构成的复杂系统。教学设计与实施过程中蕴含的核心要素主要包括教学目标、教学对象、教学情境、教学策略（包括教学方法）、教学评价与其他要素。

以小学数学学科和小学语文学科为例，小学教育领域学科教学案例课程主题的划分以学科核心内容和教学设计与实施要素为划分维度。学科核心内容以《义务教育数学课程标准（2022年版）》和《义务教育语文课程标准（2022年版）》中学科领域的划分为基本板块，教学设计与实施的核心要素包括教学目标、教学对象、教学情境、教学策略（包括教学方法）、教学评价与其他要素。不同学科案例课程主题板块划分如下（见表6-5和表6-6），案例课程开发者可以围绕学科核心内容选择案例课程内容涉及的其中一个或几个要素。例如，关于数与代数的教学目标如何设计的教学案例（涵盖教学目标这一教学要素）、关于图形与几何的教学设计与实施的教学案例（涵盖了各教学要素）、识字与写字的教学设计与实施的教学案例（涵盖各教学要素）、阅读与鉴赏教学情境设计的教学案例（涵盖教学情境这一教学要素）。

表6-5　　小学数学学科教学案例课程主题板块划分二维

核心内容	教学对象	教学目标	教学情境	教学策略	教学评价	其他要素
数与代数						
图形与几何						
统计与概率						
综合与实践						

表6-6　　小学语文学科教学案例课程主题板块划分二维

核心内容	教学对象	教学目标	教学情境	教学策略	教学评价	其他要素
识字与写字						
阅读与鉴赏						
表达与交流						
梳理与探究						

(四) 案例课程结构

对案例课程结构的探讨是为了提供单个教学案例编写的基本样例，以提高案例课程编写规范与标准的通用性和可操作性。莱安、科尔和考克斯提出良好的案例写作应该包含以下项目：案例背景、案例主题、案例问题、问题与讨论、相关阅读材料。[1] 列恩指出哈佛大学公共管理类案例的结构一般包括如下几个部分：[2]

- 标题。
- 引言。开始段、问题/决策/困境的罗列。
- 背景。一般信息和具体信息。
- 故事的开始。叙述的出发点。
- 关键事件/插曲/事件。行动的开始。
- 另外的事件/含义。故事的展开。
- 故事的高潮/决策时刻。演员或决策人"揭示真相的时刻"。
- 结束："我们现在在哪儿？"让读者来分析案例。
- 附录。分析所需的额外信息。

林德斯等人用一个垂直站立的圆锥体表示了毅伟商学院管理领域教学案例通常的大纲（见图6-5）。[3]

中国工商管理领域总结出一个较为完整的教学案例正文结构，通常包括标题、摘要、引言、背景介绍、主题内容、结尾、附件、注释、案例使用说明等要素。[4] 标题一般包括素描型、问题提示型、画龙点睛型标题；摘要是对案例主要内容的概括，便于读者了解案例的主题及领域，还应该提供关键词；引言是案例的开场白，有导入和引起注意的作用；背景主要介绍组织的基本情况和背景信息，为读者提供比较适当的案例讨论和分析背景材料；主题内容是案例正文的主体，是对真实的管理事

---

[1] 高熏芳：《师资培育：案例教学的发展与应用策略》，九州出版社2006年版，第49—50页。

[2] [美]小劳伦斯·E. 列恩：《案例教学指南》，郄少健等译，中国人民大学出版社2016年版，第102—130页。

[3] [加]迈克尔·R. 林德斯、[加]路易斯·A. 林德斯、[加]詹姆斯·A. 厄斯金：《毅伟商学院案例写作（第4版）》，赵向阳等译，北京师范大学出版社2011年版，第76页。

[4] 付永刚、王淑娟编著：《管理教育中的案例教学法》，大连理工大学出版社2014年版，第38—43页。

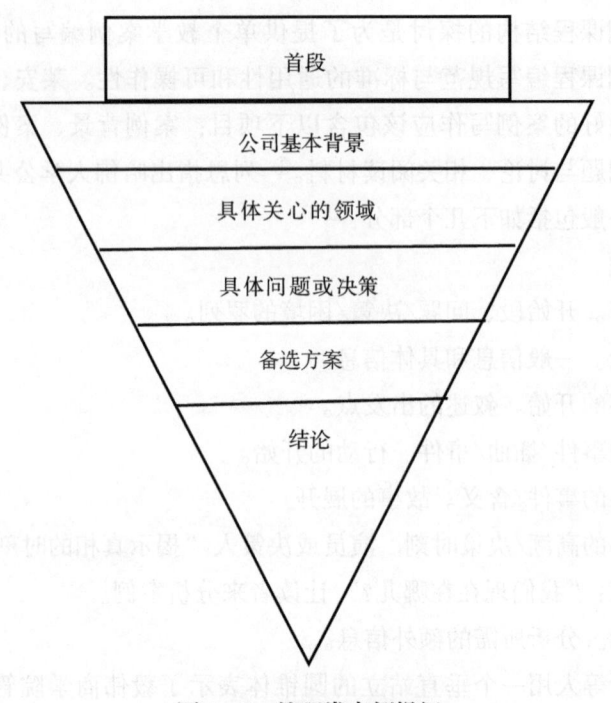

```
        ┌─────────────────┐
         \    首段      /
          \─────────────/
           \ 公司基本背景 /
            \───────────/
             \ 具体关心的领域 /
              \─────────────/
               \ 具体问题或决策 /
                \───────────/
                 \ 备选方案 /
                  \───────/
                   \ 结论 /
                    \───/
                     \ /
```

图 6-5 管理类案例提纲

件、管理情景等案例主题内容进行比较细致周到的介绍与描述；结尾是对正文精辟的总结；附件是除了前面几个部分外，不能直接加到案例正文中的内容；注释一般包括篇首注释，放在首页是对编写者情况、版权情况、掩饰处理情况、编写目的的说明；案例使用说明也称"教师使用手册"，一般包括教学目的和用途、思考题、案例分析思路、理论依据与分析、案例内容关键点、建议课堂计划和其他教学支持等。中国教育硕士教育管理领域也形成了类似于该框架的教学案例基本规范（见附录2）。[①]

帕特森、弗利特和达菲也指出，教学案例的写作并无一定的格式，

---

① 中国教育硕士教育管理领域已形成通用的教育管理教学案例编写体例，本书的教学案例体例结构是在该规范的基础上，根据小学教育领域的特殊性改造而成。其中，教育活动类案例基本遵照教育管理教学案例编写体例，学科教学案例在遵照基本框架的基础上，对具体内容作了调适与改造。

可以有多种呈现方式，但主要取决于以下四项特质：教学案例因长度及复杂程度而有所不同；教学案例因相关资料或佐证材料的完整性而有所不同；教学案例因写作体例或格式的架构性而有所不同，教学案例因补充资料或随附支持性材料的性质而有所不同。① 但是，在小学教育领域的案例课程开发需要借鉴管理领域的教学案例框架结构，在此基础上根据小学教育领域的特殊性开发出小学教育领域教学案例结构的"变式"。对此，研究者访谈了几位专家，他们对小学教育领域教育硕士教学案例的结构认识如下：

> 杭州师范大学的 X 教授认为："目前小学教育专业硕士的生源水平参差不齐，缺乏学科背景，应该通过教学案例的内容引导硕士生掌握通用的教学技能技巧，提高专业硕士培养质量。可以在管理案例的基础上，针对小学教育中的学科教学案例特点进行改造。一般应该包括：1. 背景。教学案例所涉及的国家教育政策背景或事件本身的背景。2. 教学设计。要体现教学设计的形成过程。3. 教学录像。教学录像可选择优质的教学录像片段。4. 专家点评与教师反思。5. 教学资源拓展。可链接相关的教学资源。如 PPT、学科文化等相关知识。6. 案例思考题。"
>
> 东北师范大学的 L 教授认为："小学教育领域的学科教学案例的基本结构应该包括案例背景、教学设计、教学预案、教学反思、专家点评、思考探究、课文原文、预学材料、教学 PPT、文献阅读、使用建议和教学视频 12 个组成部分。可以在使用建议部分加入'你对整个案例有何看法？应该如何改进？还可以如何设计？'等开放性问题。"
>
> 沈阳师范大学的 L 教授认为："小学语文、数学学科的教学案例不同于教育管理领域的教学案例，学科教学需要呈现教学设计或者微课，字数应该在 1 万—2 万字。小学教育的教学案例应该给学生一个基本的教学框架，这样有利于学生掌握基本的教学规范。"

---

① 高熏芳:《师资培育：案例教学的发展与应用策略》，九州出版社 2006 年版，第 49—50 页。

东北师范大学的 M 教授认为:"应该把握'从案例教学出发'的总体原则,依次呈现<u>案例背景、案例故事本身、案例分析、教学资源和使用建议</u>。"

北京师范大学的 Z 教授认为:"教学案例是否应该有案例编写的<u>主模式及其变式</u>?案例要<u>突出学科性</u>,要推而广之,不能光追求编写的技术性问题。一节课中案例蕴含的作用与价值不宜太多,应该<u>挖掘主要价值</u>。"

小学教育领域教学案例结构的特殊性主要表现在学科教学类案例中。教育活动类案例由于与管理案例具有内在的相似性,可以借鉴管理领域案例的基本框架。学科教学类案例的特殊性是要结合"课例"的基本内容,对"课例"进行"案例化改造"。综合各位专家对小学教育领域教学案例结构的理解,本书形成了对小学教育领域学科教学类案例结构的基本理解(见附录3)。

首先,我们认为学科教学案例的结构参考中国教育管理硕士案例的基本框架,主要包括标题、首页注释、摘要与关键词、背景信息、案例正文、案例思考题、案例使用说明七个组成部分。

其次,学科教学案例正文的书写应体现学科性。学科教学案例的正文应该体现学科核心内容主题中的教学设计与实施要素,应体现学科教学案例要达到的知识、能力等方面的目标和要解决的问题,要体现该案例中蕴含的教育教学原理。教学案例正文应该基于课堂实录这个结果去阐释这段实录的来龙去脉,教师为什么这样设计课,实录的前后变化过程就是案例故事,案例开发者应该对原始的实录进行加工,起到案例加工的作用。

最后,学科教学案例应该通过体现执教教师的个人反思、学科专家的点评、案例开发者的评议对学生形成多角度的启发与思考。其中,案例开发者的评议不是简单评价一节课,而应该站在指导教育硕士的角度或者未来准教师从事教学的角度去评议,引导教育硕士学会规范地教学,学会如何上好课,并逐渐探索教学改革,应该体现从"个"到"类"的延伸。

（五）案例课程开发原则

从案例课程开发目的来看，案例课程开发要本着"服务人才培养"的原则。

教育硕士小学教育领域的案例课程开发初衷是为改革教育硕士教学方式，完善教育硕士人才培养模式，提升教育硕士人才培养质量而开发的。要始终以小学教育专业学位研究生的培养目标为方向，要把"培养高素质的小学专任教师"作为小学教育案例课程开发的根本指向。具体来讲，就是案例课程开发要紧扣小学教育领域教育硕士课程教学，围绕培养方案中的核心课程进行开发，满足小学学科课程标准与教材分析、教学设计与实施等核心课程的教学建设与改革需要，满足提升小学教育专业教育硕士专业学位研究生理论联系实际的能力、课堂教学实践能力、课堂管理和班级管理能力、教学思考与研究能力等相关能力的目标追求。

从案例课程开发本质来看，案例课程开发要本着"指向案例教学"的原则。

案例教学引发了案例课程开发，案例课程开发指向案例教学。因此，作为案例教学资源的案例课程必须遵循其本质特征，保证其教学适用性。第一，案例课程的时代性。撰写案例的一个重要动因是为了保持课程的时代性。案例课程不可能永远适用，需要不断根据时代变化撰写新案例。因此，所选取的案例故事、事件，最好是近五年发生的，尽量回避或者不用那些十年前发生的案例故事和事件。第二，案例课程的真实性。真实性是案例课程的根本特征，也是与事例和例子的根本区别。案例课程一定要取材于真实的教育教学故事，展现教者原生态的想法与做法，而非从现有论文或著作中转摘和借用而来。第三，案例课程的思考性。案例课程要有细节、有情节、讲故事、可读性强，但主观描述太多，学生讨论的空间就会变小，思考的张力就会受限。案例作者在案例编写过程中要坚持中性立场，要提防在案例中夹杂明显的说教取向，避免暗示或直接明示读者"什么是正确的""应该怎么做"之类的案例写法。

从案例课程开发技术来看，案例课程开发要本着"规范开发过程"的原则。案例课程开发是在一定理论指导下的课程开发技术实现过程。首先，一定要按照小学教育领域案例课程开发的基本类型，在相关的主题板块中确定属于该领域的案例课程开发主题，以确保案例课程的学科适用性。其次，要按照不同类型案例课程的基本结构进行规范书写，符合通用的案例课程基本标准。最后，要坚持开发过程中的伦理性原则。案例素材的获取一定要征得案例主人公的书面同意，签订案例许可书。而且在案例书写过程中要隐去所涉及人物的真实姓名和其他相关信息，要使用第三人称表述正文内容。

第三节 案例课程素材——实地研究

好的案例课程是一份原始研究，是基于独特的信息而获得的独特故事。要讲一个好故事并能完成具体的教学目标，依赖于案例课程开发者能否成功地研究与案例课程有关的全部事实。教育硕士小学教育领域的案例课程素材的搜集整理途径和方法因案例课程的类型而有所不同。

一 学科教学类案例素材的搜集与整理

学科教学类案例素材的主要来源是课堂教学，素材搜集方法以课堂观察法为主，以访谈法为辅，具体流程见图6-6。

（一）课堂观察

课堂观察是一般观察法在课堂研究中的应用，它是研究者或观察者带着明确的目的，凭借自身感官（如眼、耳等）及有关辅助工具（观察表、录音录像设备等），直接或间接地从课堂情境中收集资料，并依据资料作相应研究的一种教育科学研究方法。[1] 学科教学案例素材搜集主要通过课堂教学录像间接观察教学过程。为帮助教育硕士对学科教学核心内容和教学要素的认知与理解，本书围绕案例主题，将课堂录像转化为课堂实录文本并进行两个维度的分析。一是通识性分析，即一般意义上对一节课的基本结构、师生交往关系、课堂总体状况等进行分析，这种分析是课堂教学的现象分析；二是学科性分析，它是案例素材提取的关键，即从一节课涉及的学科知识本身入手，结合学科教学案例内容板块的教学要素进行分析，旨在探索学科教学"为什么教、教什么、怎么教"三个核心问题，把蕴含在学科内容背后的知识本质和教学原理融合在案例

---

[1] 陈瑶：《课堂观察指导》，教育科学出版社2002年版，第2页。

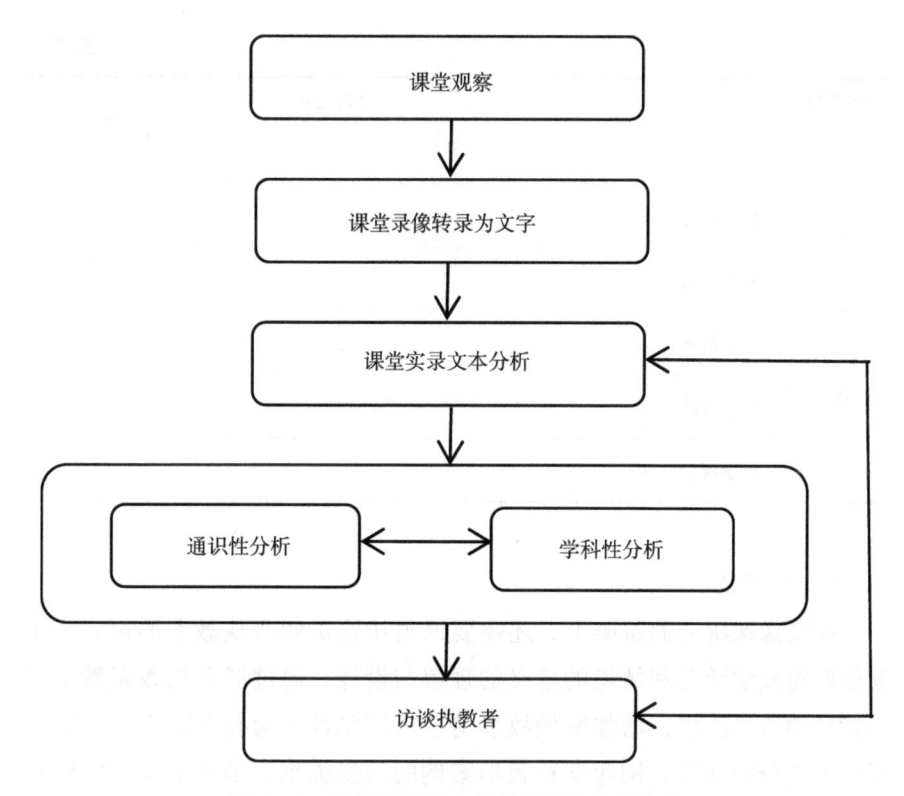

第六章 教师教育案例课程开发要素组织 / 185

```
课堂观察
  ↓
课堂录像转录为文字
  ↓
课堂实录文本分析 ←──┐
  ↓                │
┌─────────────────┐│
│通识性分析 ↔ 学科性分析│
└─────────────────┘│
  ↓                │
访谈执教者 ─────────┘
```

图 6-6　学科教学类案例素材搜集整理流程

故事中。教学对象和教学目标回答"为什么教",教学内容回答"教什么",教学情境、教学策略和教学评价回答"怎么教"(见表 6-7)。[①]

表 6-7　　　　　　　　学科教学案例课堂实录分析

一级指标	二级指标	分析记录
通识性分析	课的结构	
	师生关系	
	总体状况	

---

① 赵冬臣:《小学数学优质课堂的特征分析》,博士学位论文,东北师范大学,2012 年,第 41 页。

续表

一级指标	二级指标	分析记录
学科性分析	教学对象	
	教学目标	
	教学内容	
	教学情境	
	教学策略	
	教学评价	

（二）访谈

在录像课研究的基础上，还需要通过访谈法倾听执教者的声音，了解他们对教学活动和情境的意义的理解与设计。通过展示执教者教学行为背后的所思所想，增加案例故事情节的细腻性，为教育硕士讨论案例提供更充分的证据。构建学科教学案例的访谈提纲，是为了协助案例主人公更好地反思教学、提取隐性知识，借助学科教学案例课堂实录文本分析基本框架，重点了解案例主人公教学设计的依据、教学实施过程中遭遇的困惑和问题、未来的自我修正等问题（见表6-8）。

表6-8　　　　学科教学类案例访谈提纲

	访谈内容				问题属性
个人资料	性别	教龄	学历	任教科目	背景资料
	任教经历				
	主要成绩				
事件描述	1. 教学设计方案、PPT。				教学设计/实施
	2. 课堂教学实录。				

续表

访谈内容	问题属性
教师反思 1. 请您具体描述这节课的设计思路和理由。	设计思路
2. 教学设计时,您有什么困惑?	
3. 您如何理解这节课的内容,与其他内容的关系是什么?	教学内容
4. 学生为什么要学习这部分内容?	
5. 学生已经具备了哪些知识基础?会遇到哪些困难?	教学对象
6. 这节课您打算实现哪些目标?为什么?	教学目标
7. 您为什么创设这样的教学情境?	教学情境
8. 请您描述一下这节课中的关键事件。	关键事件
9. 您是如何处理这些事件的?	教学策略
10. 您认为这样处理得当吗?为什么?	

二 教育活动类案例素材的搜集整理

活动类教学案例素材的主要来源是访谈案例主人公。教学案例编写的过程与教育活动发生的时间是交错的,我们很难捕捉到现时正在发生的适合作为案例教学素材的活动场景,只能借助访谈的方式,通过案例主人公描述活动的发生发展过程再现活动情境,通过案例主人公对事件的反思,充实事件发生背后主人公的情感变化、观念变化、思路变化过程。

根据帕顿的观点,深度访谈的问题可以包含以下几种类型:[①]

· 经验/行为的问题

· 意见/价值的问题

· 感受的问题

· 知识的问题

· 知觉的问题

· 背景的问题

帕顿对访谈问题类型的划分有助于教学案例撰写过程中对故事的细分,为案例课程开发者提供了一个借以分析的框架,有助于案例课程开

---

① Michael Quinn Patton, *Qualitative Research & Evaluation Methods*, London: Sage Publication, 2002, pp. 351–352.

发者了解主人公对事件的感受、个人想法以及支撑其行为选择的教师实践性知识。在此基础上，我们形成了关于教育活动类教学案例的访谈提纲（见表6-9）。

表6-9　　　　　　　　教育活动类案例访谈提纲

访谈内容					问题属性
个人资料	性别	教龄	学历	任教科目	背景资料
^	任教经历				^
^	主要成绩				^
事件描述	1. 教学经历中遇到哪些让您印象深刻的事情？可否描述整个事件？				经验/行为的问题
^	2. 当时您采用何种方式来处理问题？				^
^	3. 这件事情最后的结果如何？				^
教师反思	4. 您觉得这件事情的原因可能是？				知识的问题
^	5. 您当时的困境是什么？				感受的问题
^	6. 您为何采用这样的处理方式？				知识的问题
^	7. 现在回想起来，您觉得当时的处理得当吗？				意见/价值的问题
^	8. 假如再遇到这样的事情，您觉得怎么做会更好？				意见/价值的问题

第四节　案例课程文本——加工写作

案例课程将原始资料或一手经验加以叙述成为二手经验，案例课程是对直接经验的再收集、再陈述、再经历和再反思。因此，通过实地研究搜集来的原始资料很粗糙，良莠不齐，不能直接"搬进"案例课程中，必须经过"原始素材案例化加工的过程"。案例的写作过程是生成案例课程的最后步骤，也是案例课程质量的集中体现。在此过程中一定要坚守既定的教学目的、案例主题和关键问题这条明确的轴线。

一 案例写作基本原则

（一）写实与写虚的把握

为体现案例课程的真实性，案例故事除了取材于真实的教育教学故事，还原真实的人物、确切的时间、地点，还可以在案例叙写过程中采用适当的直接引语。直接引语较多的是对人物对话的直接引用，这样可以增加案例的生动性，使读者有身临其境的感觉。同时，在表达主人公观点的时候，还需要用简洁的引语叙述，可将其观点较完整客观地展示给读者。但是，撰写案例课程并不绝对排斥"虚构"，只要合乎逻辑，允许在情节上做适当删减、合并、润色等处理。为了使人物和情节更加典型，可以将不同场合、不同时间发生的事情压缩到同一场合和时间上，甚至可以对真实的人物形象糅合到一个典型的人物角色中。

（二）客观与主观的把握

案例作者是案例故事的报道者，而非评论者，在写作过程中不能夹杂案例作者的个人主观倾向，不能在内容中表现出明显的因果关系和主观偏见，只应表现事实和情况，不应做解释和判断，否则难以引导教育硕士独立进行反思和判断。但是，不写出观点并不代表案例作者没有观点，案例材料的组织必然会受到案例作者态度和看法的影响，在不影响整体逻辑和情理的情况下，案例作者可借助事实，从案例主人公的角度适当表达评价性和结论性的语言，教育硕士可从主人公的角色去判断和体会。

（三）集中与分散的把握

案例故事的描述应该是一气呵成，体现起承转合的紧凑故事情节，呈现具有充分信息的完整故事。但是，教学案例的重要目的是引发学生对故事背后理论原理的探索与思考，如果教学案例中的所有证据性资料过于集中和直接，会使学生感到"得来全不费工夫"，而失去了独立分析判断的价值。因此，案例叙写时，应对原始材料进行适当的分散和隐蔽处理，故事蕴含的因果线索和理论线索应该成为故事背后的暗线，让学生去选择、探索、推导、分析案例文本，只有把案例故事关联到一般性的现象，才有助于培养学生对文本的分析推理能力和归纳的思维能力。

二 案例写作基本步骤

在获取的原始素材基础上,案例写作还需要经过筛选素材、拟定大纲、初稿写作、修改完善等步骤。①

(一) 筛选素材

对案例素材的筛选需要考虑以下几个问题:本案例的主题及关键问题是什么?如果我是案例主人公,案例中提供的信息是否充分?如果我是读者,还需要提供哪些必要的信息?这是在筛选和萃取案例素材过程中需要考虑的基本问题,依据这三个问题可以对转录成文字的大量访谈信息进行筛选和调整,剔除一些无关信息,明确案例课程的基本定位。

(二) 拟定大纲

构思案例写作大纲是真正开始撰写的前提,案例大纲主要根据撰写案例的教学目标,针对案例七个组成部分(标题、首页注释、摘要与关键词、背景信息、案例正文、案例思考题、案例使用说明)来确定案例写作的时间进度。因为案例写作是一个比较耗费精力的创作研究过程,写作大纲有助于规划和指导案例的完成,保证案例写作进入规范科学的轨道。

(三) 初稿写作

案例初稿的写作是将经过筛选后的案例素材按照一定的逻辑结构进行编排的过程。如何将素材合理地放入案例正文中,形成结构清晰、内容饱满的案例正文,需要遵循两个逻辑顺序:一种是按照事件发展顺序展开叙述,根据事件发生的顺序来逐次安排,交代故事发生的来龙去脉;另一种是按照材料内在性质组合后展开叙述,这需要案例作者将大量杂乱的事实按照其内在的相关性进行组织,分成一定类别的并相互联系的"内容块",在呈现这些条块分割的内容时,需要加入一定的过渡性情节,使案例故事看起来顺理成章,具有情境性。

(四) 修改完善

案例的写作除了撰写外,还需要反思、淬炼案例内容,有必要的话

---

① 付永刚、王淑娟:《管理教育中的案例教学法》,大连理工大学出版社 2014 年版,第 38—43 页。

还需要再次展开访谈，补充所需要的关键信息。一般而言，完成的案例初稿应该由关键群体对其质量进行评估。评估群体之一是案例主人公。作为案例故事的亲历者，通过他们的直观感受判断教学案例的描述是否遵从故事原型，是否表达了教师对专业活动的认识、理解和信念。评估群体之二是案例教学专家。案例教学专家凭借其专业知识和能力综合判断案例课程的质量；评估群体之三是案例课程使用者（教师和学生）。师生使用案例课程的感受和建议是修正案例课程的重要依据。

第五节　案例课程生成——过程演示

教育硕士小学教育领域案例课程开发围绕"这是关于什么（哪方面）的案例？"这一核心问题，从培养目标的解读、课程体系的分析，再到具体某个类型案例课程开发中原始素材的搜集整理到案例的写作，我们已经形成系统的认识。现选择小学教育领域教育硕士培养方案中专业选修课"教育教学管理类课程"例证案例课程生成实践过程。

一　课程分析

通过前面对小学教育领域教育硕士培养目标的分析，明确了"培养高素质专任小学教师"是培养目标的总体表达。专业选修课"教育教学管理类课程"课程类别中适合的课程有《班级管理》《课堂管理》《班主任工作》《班级与课堂管理》《小学班级管理》等。以《班级管理》为例，对其课程目标和课程内容进行分析。

《班级管理》的课程目标定位是：（1）具有现代班级管理理念；（2）具有班级管理理论素养；（3）具有较强的分析运用班级管理原理解决实际问题的能力。课程目标从班级管理理论出发，以解决班级实际问题为落脚点。

《班级管理》课程内容因不同版本的教材有所不同，研究者选择了五个版本的《班级管理》相关教材进行课程内容对比分析（见表6-10）。经过对比综合排序后，确定了如下五个方面的共性内容：（1）日常管理；（2）问题学生；（3）偶发事件；（4）班级活动；（5）家校合作。如果用教学案例呈现某一方面的内容，可能会产生内容的相互交叉，如班级活动中会涉及偶发事件的问题，学生问题管理中会涉及家校合作的问题。因此，教学案例主题的定位取决于案例作者想侧重表达哪个方面的班级管理理论。本书选择"问题学生"作为案例开发的主题（图6-7）。

表6-10　　《班级管理》不同版本教材课程内容分析

教材名称	内容板块	教材共性内容排序
《班级管理与学生指导》	·班级日常组织与管理	
	◎班级群体活动	
	◆学生问题行为	
《班主任与班级管理》	·班级日常工作管理	
	◆学生个别教育（问题学生）	
	■偶发事件的处理	（5次）日常管理
《班主任班级管理实务》	·班级日常管理	（4次）问题学生
	☑与学生家长沟通实务	（3次）偶发事件
	■班级偶发事件处理	（3次）班级活动
《班级管理学》	·班干部与学生管理	（2次）家校合作
	◎班级活动管理	
	◆班级辅导管理（问题学生）	
《班级管理》	·班级日常管理	
	◎班级活动管理	
	■班级突发事件管理	
	◆班级学生管理（问题学生）	
	☑家校合作	

二　深度访谈

选择"问题学生"这一主题进行案例课程开发，研究者需要选择一位"资深"的小学班主任教师，让他从自己经历的众多的学生中，选择一位或几位典型的具有"问题行为"的学生，讲述发生在他们身上的故事。

（一）个案学校选择

根据研究需要，我们选择了长春市F小学，该学校是一所具有实验性和示范性的全日制小学，创办于1948年。学校包括四个校区，两所幼

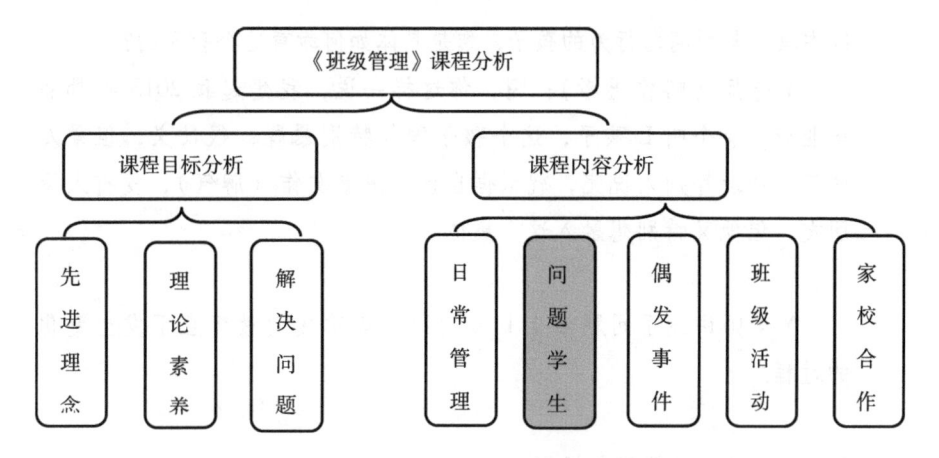

```
                    《班级管理》课程分析
                    ／        ＼
            课程目标分析        课程内容分析
           ／   ｜   ＼      ／  ｜  ｜  ｜  ＼
         先进  理论  解决   日常 问题 偶发 班级 家校
         理念  素养  问题   管理 学生 事件 活动 合作
```

图 6-7　《班级管理》课程分析思路

儿园，总占地面积 17 万平方米，学生 9761 人，教职工 857 人，教师队伍中教授 1 人，博士 12 人（含在读），硕士 334 人（含在读）；特级教师 9 人；国家、省、市级学科带头人和骨干教师 224 人；国家、省、市级科研名校长、科研型教师 53 人。F 小学形成了"坚持实验，探索规律，科学施教，全面育人"的办学特色，被誉为中国基础教育的一颗明珠，吉林省基础教育的一面旗帜。学校先后荣获全国教育系统先进集体、少先队全国红旗大队、吉林省教育系统先进集体、吉林省教育科研示范基地、吉林省教育科研先进单位、长春市人民满意学校、长春市三星级特色学校等称号，曾在吉林省百校联评中荣获第一名。

（二）个案教师选择

选择个案教师的"线人"是 F 小学的校长，根据研究者的研究目的和意图，校长帮助我们选择了一位"故事颇多、带班厉害"（校长语）的班主任 Y 老师。Y 老师任 F 小学六年级语文教师兼班主任，1994 年中师毕业，硕士研究生，从教 22 年，荣获省级优秀班主任等 20 多项荣誉称号。

第一次访谈（时长 90 分钟，地点麦当劳餐厅）

研究者：Y 老师您好！很感谢您在忙碌工作之余能接受我们的访谈，我们此次访谈的目的是想搜集关于学生"问题行为"的真实故事，以故事为原型编制教育硕士《班级管理》课程中的教学案例，案例中将会对您和学生的姓名做掩饰处理。您能否给我们讲一讲您所带过班级中具有典型问题行为的孩子,您是具体如何教育这个孩子的?

Y老师(略作思考):嗯,你这样一说,我想起我2013年那届毕业班,有个叫L孩子,这个孩子脾气特别暴躁,很仗义,但爱发脾气,还没等别人说完,就根据自己的想象发作(脾气),爱打人没朋友,但他又特别想融入这个集体。

……

Y老师讲述了问题学生L屡次犯错屡次接受教育直至发生变化的过程。

(三)访谈资料整理分析

研究者对访谈获取资料的整理与分析步骤如下:

第一步,将访谈原始录音转录为文字(见附录4);

第二步,按照事件发生时序对原始资料进行纵向情境分析,对关键事件进行编码(12个关键事件),共提炼出12个有关于L同学转变的关键事件:1. 第一次交手;2. 第一次犯错;3. 第一次包容;4. 交心找原因;5. 帮助找朋友以失败告终;6. 帮助同学值日收获认可;7. 全班总动员实施"帮L计划";8. 第二次包容——热情过后的反复;9. 用信任维持情感;10. 失误与错误的明辨;11. 活动强化发挥篮球特长;12. 孩子的变化——唤起了善良与担当。

第三步,深入分析关键事件,整合为6个关键事件:1. 第一次过招儿——谁占上风;2. 第一次犯错——宽容与交心;3. 屡屡支招儿——寻找友谊;4. 热情过后的反复——选择沉默;5. 一条围巾——维系了一份信任;6. 善良与担当——需要唤醒(见表6-11)。

表6-11　　　　L同学转变过程关键事件的提炼与整合

提取12个关键事件	整合为6个关键事件
1. 第一次交手	1. 第一次过招儿——谁占上风(起因)
2. 第一次犯错	2. 第一次犯错——宽容与交心(经过1)
3. 第一次包容	
4. 交心找原因	

续表

提取12个关键事件	整合为6个关键事件
5. 帮助找朋友以失败告终 6. 帮助同学值日收获认可 7. 全班总动员实施"帮L计划"	3. 屡屡支招儿——寻找友谊（经过2）
8. 第二次包容——热情后的反复	4. 热情过后的反复——选择沉默（转折）
9. 用信任维持情感 10. 失误与错误的明辨 11. 活动强化发挥篮球特长	5. 一条围巾——维系了一份信任（高潮）
12. L的变化——唤起了善良与担当	6. 善良与担当——需要唤醒（结果）

第四步，根据案例主题对关键事件进行横向类属分析，形成 Y 老师教育问题学生 L 的系列教育策略群（见图 6-8）。

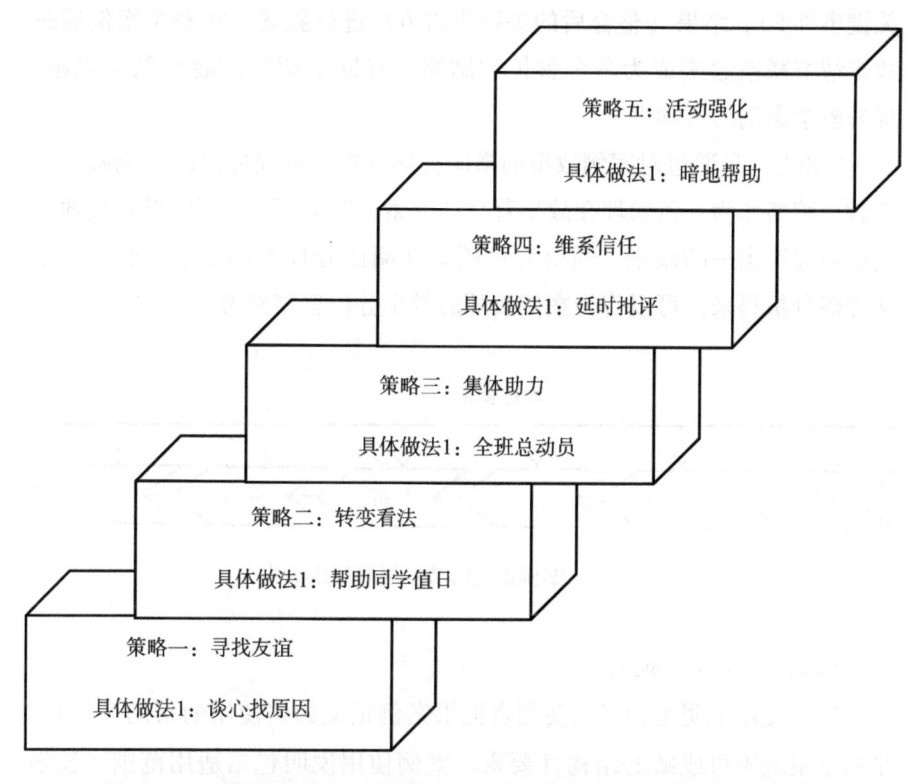

策略五：活动强化
具体做法1：暗地帮助

策略四：维系信任
具体做法1：延时批评

策略三：集体助力
具体做法1：全班总动员

策略二：转变看法
具体做法1：帮助同学值日

策略一：寻找友谊
具体做法1：谈心找原因

图 6-8　L 同学转变过程关键事件的横向类属分析（Y 老师教育策略）

三 案例写作

对访谈资料的整理分析是为案例写作做好铺垫的前提工作。一个完整的教学案例结构包括标题、首页注释、摘要与关键词、背景信息、案例正文、案例思考题、案例使用说明七个组成部分,其中案例正文和案例使用说明是组成教学案例的两个重要部分。

(一)案例正文

案例正文的写作采取了文学作品中的"情节发展的双线结构",即"明线"和"暗线"。明线就事论事,暗线喻深层含义(见图6-9)。

"明线"是通过对案例故事的纵向情境分析,将整合后的6个关键事件作为构思整个教学案例的起承转合故事情节的线索。"明线"按照故事的起因(整合后的关键事件1)、经过1(整合后的关键事件2)、经过2(整合后的关键事件2)、转折(整合后的关键事件4)、高潮(整合后的关键事件5)、结果(整合后的关键事件6)进行叙述,将整个案例通过故事情节联系起来成为一个整体的脉络,有助于调动读者的阅读兴趣,提升教学案例的可读性。

"暗线"是通过对案例故事的横向类属分析,将提炼出的L老师的五个教育策略作为一条隐埋在故事背后的线索。"暗线"是不能够直接通过阅读后提炼出来的线索,需要教育硕士在阅读分析案例故事,联系上下文提炼分析得来,可以作为案例教师的教学分析思路参考。

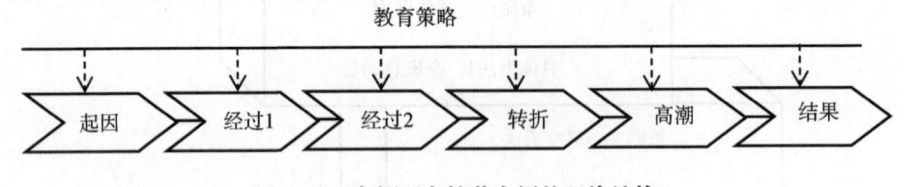

教育策略

起因 → 经过1 → 经过2 → 转折 → 高潮 → 结果

图6-9 案例正文情节发展的双线结构

(二)案例使用说明

案例使用说明是为案例使用者提供案例正文如何使用的帮助性信息,是教学案例不可或缺的结构性要素。案例使用说明包括适用范围、教学目的、相关理论、关键知识点、关键能力点、案例分析思路、教学建议、推荐阅读几个部分。

　　本案例的适用对象是小学教育、教育学、教师教育等相关专业的研究生或本科生，以及小学教师等。适用课程是《班级管理》《班主任工作》《小学班级管理》《班级与课堂管理》等课程的相关章节。教学目的是对课程目标的具体化，主要考虑从理论知识与实践能力两个层面展开叙述：（1）明确问题学生的类型与特征；（2）分析影响问题学生形成的内外部因素；（3）掌握转化问题学生的方法及策略；（4）运用问题学生相关理论知识，形成分析具体个案的能力。案例涉及的相关理论包括：科尔伯格道德发展阶段理论、期待效应理论、教育平等理论、马卡连柯集体教育理论：在集体中，为了集体，通过集体而进行教育；教育智慧理论：独特的与一定教育境界高度协调一致的教育方式和方法。关键知识点包括：问题学生、道德发展、班集体教育、教育智慧。关键能力点包括：问题学生成因分析能力、帮助问题学生转化的能力、班级管理综合能力。案例分析思路主要遵循了 Y 老师的五个教育策略。教学建议主要涉及时间安排、教学环节、人数、采取的具体方法等。推荐阅读主要围绕"问题学生"主题选择一些经典的可读性强的教材或专著。

四　关键评估

　　本书中的案例评估群体主要是案例主人公 Y 老师和教学案例专家。研究者将完成的教学案例初稿分发给两个关键群体，他们的反馈意见如下：

　　　　案例主人公 Y 老师："非常感谢您能把我教孩子的这些事情写成一个可读性很强的案例故事，我觉得写得非常真实，我觉得可信度非常高。我也看到把我讲我带一年级孩子的故事删掉了，放着好像也不太顺畅。案例结尾的时候能不能把 L 现在的状态补充一下，这样会更好。因为这孩子现在可仁义了，每逢节假日总给我发短信问候我。"

　　　　东北师范大学 L 教授对案例初稿的评价意见是："这篇案例体现了教学案例的几个特征，如真实性、情境性、典型性等。建议在开头叙述的时候如果能直接引述 Y 老师的语言，就会更吸引读者的眼球，而不仅仅是案例作者的叙述。"

南京师范大学 C 教授对案例初稿的评价意见是："具有'案例意味'。但是案例的背景信息部分有点简单，背景信息应该包括三部分：1. 政策与实践背景（可以是教学实践或教学改革中特别需要的理论和实践背景）；2. 知识与理论背景（如该案例中问题学生的本质、含义、特点等）；3. 案例来源。背景信息共 1500 字左右。基础理论应该放在背景信息或使用说明部分。"

华东师范大学的 L 教授对案例初稿的评价意见是："段落的分布不太均衡，有的一级标题下面有两三个二级标题，但有的一级标题下只有一个段落，建议将这部分内容整合。"

在综合以上评估群体的意见后，研究者进一步进行修改完善，形成了最终的教学案例完整稿。在下面一章的内容中，我们将重点分析不同类型案例课程的本质特征和开发特征。

第七章

教师教育案例课程样例评析

结合前面关于教育硕士小学教育领域案例课程开发理论与实践的阐述，为便于更加具体地理解案例课程开发原理，笔者选择了三个中国专业学位教学案例中心案例库的优秀案例进行剖析，其中两个是学科教学类案例（小学语文、小学数学），一个是教育活动类案例。主要从两个维度对案例进行分析：教学案例本质特征维度和开发特征维度。教学案例本质特征维度主要从是否符合教学案例的一般特征、是否集中反映了课程中某个特定的主题、是否解决了该课程中某个特定的教学问题三个角度进行分析；教学案例开发特征维度主要从案例素材获取、案例正文书写特点和案例使用说明书写特点三个角度进行分析。

第一节 小学语文学科教学类案例评析

本书选择的小学语文学科教学案例基本信息如下（案例全文见中国专业学位教学案例中心案例库）：[①]

【案例入库号】201804510065
【专业学位类别】教育
【专业领域/方向】小学教育/小学语文
【案例标题】小学语文民间故事阅读教学——D 老师执教《牛郎织女》

[①] 该案例选自中国专业学位教学案例中心案例库。本书所分析的教学案例均征得案例作者同意，在此对案例作者的支持表示衷心感谢！

【关键词】小学教育；阅读教学；民间故事；美满爱情

【适用课程】小学语文教学设计，小学语文课程与教学论，小学语文课程论，小学语文教学论，小学语文课程标准研究

一 教学案例本质特征分析

（一）教学案例的基本特征

通过前一章对教学案例基本特征的探讨，教学案例需要具有真实性、典型性、情境性、问题性、理论辐射性和教学指向性的特征。该教学案例的特征分析如下：

◆真实性。从《牛郎织女》教学案例来看，是对 D 老师 2012 年在东北师范大学教师教育创新东北实验区语文有效教学现场（黑龙江安达）上的一节观摩示范课，取材真实，而非作者虚构。

◆典型性。案例选材具有典型性，主要表现在三个方面：一是在执教者的选择上，D 老师是全国著名的特级教师，专家型教学名师，对教育硕士去学习"什么是一节好课"具有一定的引领示范作用；二是在内容选择上，选择了小学语文课程中最核心的学习领域"阅读教学"，选择民间故事体裁，对挖掘传统经典篇目教学内容的原生价值和教学价值具有一定的代表性；三是从执教者的教学方法和策略上来看，该案例体现了两个重要的教学研究点"主题教学"和"深度学习"，对当下学科教学研究具有非常重要的引领作用。

◆情境性。教学案例正文第二部分"民间故事《牛郎织女》的教学实施"部分，案例作者对课堂实录进行了教学环节的划分，以"写什么""怎么写""为什么这样写"为基本线索，展示了 D 老师和同学们"聊"教学的场面。教学案例中的每个环节都通过直接引述的方式展现了真实的课题情境，让读者有一种身临其境的画面感，能充分感受到教师和孩子们在一起互动的情景。其实，课堂实录也具有真实的情境感，但它是原生态的课，是教学案例的"素材"，教学案例是案例作者为特定教学对象"订制"的教学案例学习工具。

◆问题性。民间故事体裁的教学是小学语文阅读教学中的重要课型，如何让朴素的故事情节渗透文学与文化味道，这是民间故事教学的一个难点。"爱情"话题对于小学生的课堂教学来说，无疑是一种矛盾与挑

战。如何透过朴素的故事情节反映中华优秀传统文化中对爱情的美好向往？D老师的教学是一次大胆的探索与尝试，有助于引导教育硕士伴随着D老师对文本中关键人物角色与情感线索的挖掘和对中国四大民间爱情故事的"类"的提炼，感受小学语文阅读教学的"文本空间"与"思维张力"之间的平衡。

◆理论辐射性。好的教学案例要具有能概括和辐射多种理论知识的示范性，要能给学生留下思考的线索和空间。该案例的理论辐射是通过三种方式展开的，第一种方式是通过案例正文的第一部分"民间故事的阅读教学"集中展现了D老师对民间故事的理解及其民间故事阅读教学观；第二种方式是渗透于教学实施过程中关于民间故事的知识观和教学观；第三种方式是体现于D老师个人教学反思、专家点评和教学案例开发者评议中的知识观和教学观。不同人物的知识观和教学观给予教育硕士多角度、多层面的思维支点，引导教育硕士辩证地理解民间故事的本质，民间故事阅读教学的本质、特点、策略，从而树立正确的阅读教学观。

◆教学指向性。案例正文关于教学设计与实施的描述是案例教学的基本材料，是教育硕士用来了解、理解和分析问题的案例材料。案例思考题和案例使用说明是教师教学的"脚手架"，是对如何更好地引导教育硕士案例学习而提出了案例使用说明。从该案例来看，这两部分内容具有较强的指导价值，案例适用范围、教学目的、教学要点、教学建议和推荐阅读能够聚焦于"小学语文民间故事阅读教学"主题，对教师案例教学中如何利用《牛郎织女》教学案例引导学生学会教学设计和模拟教学提供了较为细致的说明和建议。

（二）教学案例的主题内容

教学案例仅符合教学案例的一般标准是远远不够的，这只能说明它"是"教学案例。但"这是关于什么（哪些方面）的教学案例？"是舒尔曼教学案例开发框架中一个至关重要的问题，它引导着教学案例开发的整体方向，关系到教学案例是否真正属于其所属的专业领域。本案例中使用频率最高的两个专业词汇就是"民间故事"和"阅读教学"。从标题来看，主标题直入主题——"小学语文民间故事阅读教学"，摘要和关键词也紧扣"民间故事"和"阅读教学"。

首先，从阅读教学本质来看，阅读教学是《义务教育语文课程标准（2022年版）》中四大学习领域"识字与写字""阅读与鉴赏""表达与交流""梳理与探究"中的重要学习领域，学生阅读能力要素中涵盖了以识字写字为基础的认读能力和以写作为实用导向的应用能力，在学生语文素养培养中具有承上启下的关键作用。通过整体感知、联想想象，感受文学语言和形象的独特魅力，获得个性化的审美体验。[1]

其次，从民间故事本质来看，民间故事是民间文学的重要组成部分，是非物质文化遗产的重要组成部分。民间故事作为一种重要的文学体裁，反映了民族的习俗、信仰，对延续中华民族历史、传承中华民族的优秀文化具有重要作用，在小学语文阅读教学中具有重要地位。在小学语文教材中，民间故事是民间文学中所占比例最大的一个种类，以人教版教材为例，民间故事共选入33篇。[2] 从语文素养的"文化自信""语言运用""思维能力""审美创造"四个关键方面来看，[3] 民间故事阅读教学要从文字、文学和文化三方面入手，以语言文字独特的表达方式为基础，引导学生理解文学体裁背后的文化价值观，实现其工具性与人文性的统一。

通过以上两方面的分析，我们看到该教学案例的主题是非常鲜明的，构思精巧，环环相扣，将D老师执教的过程整理成易于教育硕士阅读理解的教学故事，其背后渗透着引导教育硕士领悟和学习民间故事阅读教学的思路和要领。

（三）教学案例解决的教学问题

目前的小学民间故事阅读教学中，由于缺乏对民间故事本质的深入认识，经常把民间故事当作记叙文来进行教学，主抓人物语言、动作、心理等的描写，以此凸显人物的性格特征，这样造成了阅读教学忽略体裁的现实问题。该教学案例搭建了"写什么"—"怎么写"—"为什么

---

[1] 中华人民共和国教育部：《义务教育语文课程标准（2022年版）》，北京师范大学出版社2022年版，第26页。

[2] 袁田莉：《小学语文教材中的民间故事选文研究——以人教版和苏教版教材为例》，硕士学位论文，华中师范大学，2017年，第51—62页。

[3] 徐林祥、郑昀：《基于语文核心素养的"语用热"再认识》，《全球教育展望》2016年第8期。

这样写"的教学框架，层层深入地从文字、文学和文化三个层面揭开民间故事的神秘面纱，将民间故事体裁的语用价值和文化价值有机结合在一起，解决了偏离民间故事体裁的阅读教学难题。

教学案例中的 D 老师抓住了民间故事的如下本质来进行教学：第一，民间故事的存在方式。民间故事是一种依靠人与人、代与代之间口耳相传得以传播的一种文学样式，也被称作"口头文学"。D 老师通过溯源的方式，综合多种样式的文艺形式引导学生了解民间故事的渊源。第二，民间故事的体裁特征。民间故事的口述特征，使其看起来简单朴素，易于理解和传播。D 老师细致入微地抓住"悬念"和"时间"线索、梳理人物关系，引导学生体会其文学样式的特征。第三，民间故事的价值映射。民间故事的文化价值特征是需要透过现象看本质的，作为小学生的领悟能力有限，尤其对于"爱情"话题更是处于懵懂状态。D 老师通过类比的方式，引导学生通过对四大民间爱情故事的对比推理，找寻民间故事背后的文化根基，对美好爱情和美好生活的向往。

总之，教学案例素材的选取和布置安排，恰如其分地渗透了民间故事本质、民间故事阅读教学设计思路、实施策略等教学要素。

二 教学案例开发特征分析

该教学案例是一个规范的学科教学类案例，案例整体结构设计合理，内容布局合理，素材获取方法规范，案例信息丰富，情节生动。具体分析如下。

（一）教学案例素材分析

《牛郎织女》课堂教学的实际时间是 2012 年，由此看出案例作者对案例素材的获取主要采取了两种途径：课堂观察（课堂录像分析）和访谈。案例正文对教学实施环节的直接引述，真切地描述了教师和学生语言、行为、表情等，主要来自作者对课堂录像转录的课堂教学实录。此外，案例正文第一部分 D 老师对民间故事和民间故事阅读教学的理解，以及第三部分 D 老师的课后反思部分，都是 D 老师课堂教学行为背后的内容，这部分内容的呈现是对课堂实录的必要补充，能够让案例使用者更加细致地理解 D 老师的知识观和教学观，更深入地理解 D 老师教学实施过程中每个环节的设计意图，从而理解其教学逻辑。

(二) 教学案例写作分析

对于教学案例文本的写作，我们采用逐一分解其组成部分的方式进行分析。

1. 标题

题目是文章的眼睛。案例题目应该切题、含蓄、新颖、具有故事意味。该案例的题目为"小学语文民间故事阅读教学——D老师执教《牛郎织女》"。这个题目以主副标题的方式进行呈现，主标题在客观、无主观倾向的基础上，表明了案例的类型和主题：关于小学语文民间故事阅读教学的学科教学类案例，副标题是对主标题的进一步说明，表明案例主人公是D老师，教学内容是《牛郎织女》。

2. 首页注释

这里的首页注释主要是案例作者的介绍和案例编制说明。案例编制说明部分表明了案例作者对案例所做的掩饰处理，出于研究伦理，需要说明对人物姓名和单位等个人情况的掩饰。说明仅供教学使用的编写目的，防止案例主人公或其所在学校将入库的教学案例移作他用。

3. 摘要与关键词

该教学案例包括中英文摘要和中英文关键词。中文摘要共284个字，层层递进地阐述了民间故事的特征、语文教科书中民间故事的价值、《牛郎织女》的文本特征、D老师教学的实施的基本思路。中文关键词共4个，从左至右按范围从大到小表明了教学案例的所属领域、案例类型、案例主题内容。

4. 背景信息

该教学案例的背景信息包括四个段落，共711个字。该案例的背景内容以学科发展现状为背景，指出教学案例内容的必要性。从课程标准的角度阐述与案例内容息息相关的阅读教学本质、小学语文主题教学的现状与价值，进而提出《牛郎织女》是对小学语文主题教学的体现，最后是对案例来源和D老师自然状况的简介。总体来看，该案例的背景信息较充分，能够为教育硕士理解案例主题的来源和案例素材的来源提供必要信息。

5. 案例正文

该案例的正文部分包括三个部分，共12006字。字数容量合理，信息量充分,能够为教育硕士分析案例提供充足的证据。正文的三个部分"民间故事的阅读教学、民间故事《牛郎织女》的教学实施、对民间故事《牛郎织女》的教学评价"结构紧凑,符合学科教学设计与实施逻辑,基于对教材和学情的分析、展开教学实施过程、反思和评价教学实施过程。

正文第一部分:"民间故事的阅读教学。"该部分从 D 老师的角度陈述了对教材内容、民间故事和民间故事阅读教学的理解。教材内容分析从课文体裁入手,着重分析课文人物角色特征;对民间故事体裁的理解是对教材的进一步深入剖析,从文本的语言特点到民间故事作为文学体裁的悬念、线索、结构,再到民间故事背后映射的古代中国劳动人民的精神生活和文化信仰,无一不是在层层深入地剖析教材、剖析文本特征;基于教材的深入解读,如何设计凸显民间故事体裁特征的阅读教学?D 老师通过追根溯源、主题类比、版本对比为学生打开了一个更加广阔的民间故事学习天地。教学案例的该部分内容有助于教育硕士了解 D 老师教学背后的设计与思考,帮助教育硕士思考"教什么、怎么教、为什么这样教"的问题,培养教育硕士在教学设计时要学会深入研读教材,树立不能"教教材",而是要"用教材教"的教材意识。

正文第二部分:"民间故事《牛郎织女》的教学实施。"该部分主要以师生、生生的对话贯穿始终,从"1. 疑问激趣,课堂预学;2. 探讨民间故事写法,课堂共学;3. 引入四大民间故事,课堂延学"三个环节展开过程描述。案例作者基于课堂实录将教学环节分解为"预学—共学—延学",每个环节内又划分为不同的教学小片段,这是案例作者对教学实施过程的再加工,有助于教育硕士更加清楚地理解 D 教师将教学设计付诸实践的过程。每个环节的展开有简短的过渡语,并没有案例作者主观价值的渗透,留给学生更多思考的空间。对于整个教学实施过程的内容叙述,案例作者既不让读者感到内容衔接的突兀,又不限制读者的讨论空间,很好地掌握了叙述主观与客观、真实与修饰之间的分寸感。

正文第三部分:"对民间故事《牛郎织女》的教学评价。"该案例选取了三个不同的角色完成对《牛郎织女》的教学评价,执教者本人、学科教学专家和案例作者,三位不同的评价者看课的视角是不同的。D 老师从学生自主建构学习的角度,对"写什么、怎么写、为什么这么写"三个维度的学习状况进行总结与反思;学科教学专家从本节课的教学目标设定与实现、执教者教学行为反映的教育思想、学生学习的效果等方面展开评价；案例作者围绕教学思路、教学元素、教学思想、教学艺术和教学理念五个方面进行评价。多元的教学评价为教育硕士提供了更加丰富的、多维度的教学视角。尽管教学评价部分是案例正文的组成部分，但在案例教学过程中，可依据实际情况调整"教学评价"部分的呈现时机，可以在学生充分阅读和讨论正文前两部分的基础上，再呈现评价部分，否则会造成先入为主的印象，限制学生的思维空间。

6. 结语

结语是对正文的精辟总结，但不能加入案例作者的主观评论，可以作为对案例分析者的"留白"。该案例的结语分为两个自然段，共 296 个字，分别从民间故事的内在价值和民间故事阅读教学的两个方面进行总结，与本案例的主题"小学语文民间故事阅读教学"首尾呼应。

7. 案例思考题

该案例呈现了 5 道思考题，思考题的数量合理。5 个问题对应整个案例文本的逻辑内容，5 个问题的排序也体现了由浅入深的逻辑次序。第 1、2 题主要侧重从一般理论的角度理解民间故事阅读教学；第 3 题是对 D 老师执教的《牛郎织女》这堂课的综合理解与评价；第 4、5 题从案例学习者的角度出发，引导学习者结合教学案例内容进行个性化的学习和思考。

8. 案例使用说明

从教学案例完整性的角度来看，案例正文应该配有相应的案例使用说明，才是完整的教学案例。教学案例使用说明一般由案例作者撰写，因为他们掌握案例的资料最全面，并且有明确的写作意图和使用方法的构想，从案例正文到案例使用说明应该是在遵循同一条案例教学逻辑线条下一气呵成的。

该案例的案例使用说明非常规范，包括适用范围、教学目的、要点提示、教学建议和推荐阅读五个部分。适用范围包括教学案例的适用对象和适用课程，主要适用于小学教育专业和教师教育专业的学生，适用课程具有针对性，主要指向小学语文课程与教学类相关课程。教学目的聚焦主题"民间故事教学"，从本质属性、基本特点、基本策略、实施方法和价值追求层层展开，并进行解释说明，便于案例教师理解和把握。

要点提示部分包括相关理论、关键知识点、关键能力点和案例分析思路。这几个部分的内容主题聚焦，与教学目的相吻合，并从知识和能力维度做出适当拓展，案例分析思路与 D 老师的教学思路相呼应，适用于教学设计和实施两个层面。教学建议部分从时间安排、环节安排、人数、方法、活动设计建议等方面提供更加细致的、具有可操作性的内容，指出必要的理论铺垫和教学案例呈现时机，对案例分析中学生的讨论合作提出记录等基本要求，并提出案例教学的后续学习内容。推荐阅读围绕案例主题给学生提供了经典阅读著作和教材。

总之，"小学语文民间故事阅读教学——D 老师执教《牛郎织女》"这篇小学语文学科教学类案例体现了教学案例的基本特征和学科教学案例的典型特征，案例内容主题聚焦，教学指向明确，是教育硕士小学教育领域语文学科教学类案例开发的范例。

第二节　小学数学学科教学类案例课程评析

本书选择的小学数学学科教学案例基本信息如下（案例全文见中国专业学位教学案例中心案例库）：

【案例入库号】201804510067

【专业学位类别】教育

【专业领域/方向】小学教育/小学数学

【案例标题】余下的"1"怎么办？——小数除法教学设计与实施

【关键词】小学数学；小数除法；教学设计；运算能力

【适用课程】小学数学教学论，小学数学课程标准研究，小学数学课程与教学论，小学数学教学设计

一　教学案例本质特征分析

（一）教学案例的基本特征

◆真实性。《小数除法》教学案例选自 2016 年 9 月 W 老师在长春市为东北师范大学小学数学教师工作坊示范性培训班执教的《小数除法》。时间、地点、人物信息确凿，案例取材真实可信。

◆典型性。案例选材具有典型性，主要表现在三个方面：一是在执

教者的选择上，W老师是全国著名特级教师，在国内乃至国际小学数学教育领域都有一定的影响力；二是在内容选择上，该案例选取了小学数学"数的运算"中的代表性内容"小数除法"，小数除法既承接了整数除法以及小数加减乘运算的知识，又奠定了后续学习分数内容的知识基础，该部分内容在小学数学学科核心知识中具有典型性；三是W老师对教学内容本质的理解、对学生前概念的研究、创设的问题情境和采取的教学策略，在引导学生探索小数除法中的关键问题，培养学生的运算能力方面突破了常规教学中的问题，具有探索性和引领性。

◆情境性。作为小学数学学科教学类案例，该案例是对W老师《小数除法》教学课堂实录的整理和案例化加工，案例正文多次直接引述W老师的语言，如"师：(对黑板上还在记录的学生说)小伙子，你，你还没记完关系呢，我们都解决完了，快回去办呐！""师：来，就这样，你们写你们的啊"。让读者有一种身临真实课堂教学中的感觉。同时，在正文第三部分"小数除法的教学设计与实施"中，案例作者对整个教学实录进行了教学环节的分割，让整个教学过程有了故事节点，变成一个具有故事意味的教学案例。

◆问题性。该案例选择"小数除法"这一核心内容，除了该内容在知识体系上具有承上启下的重要作用，更主要的是因为计算中的除法难教，除法中又有小数除法、分数除法和整数除法，其中小数除法更是难上加难。还有，学生理解小数除法的算理，特别是正确处理运算中的小数点是小数除法教学的重点和难点。从知识体系本身和学生学习特点来看，该内容的选择蕴含了小学数学教的难题和学的难题。

◆理论辐射性。该教学案例蕴含了对小学数学教师学科教学知识（PCK）的理解。舒尔曼认为，学科教学知识超越了学科知识本身，关注学科知识的教学维度，体现了与可教性最密切的相关的内容知识，是内容知识的一种特殊形式。他强调学科教学知识中的教学策略和学生学习学科知识的困难。[①]该案例正文中的组成部分分别是W老师对于小数除法学科知识的理解、对学生学习小数除法的前概念与学习困难分析，在

[①] 解书：《小学数学教师学科教学知识的结构及特征分析》，博士学位论文，东北师范大学，2013年，第34—45页。

此基础上形成了小数除法的教学设计与实施，通过对案例内容的学习和分析帮助教育硕士逐渐形成小学数学学科教学知识，建构合理的知识素养结构。

◆教学指向性。案例内容蕴含的小学数学学科教学知识，是针对小学数学教师教育而言的。从案例思考题和案例使用说明的具体内容来看，针对性非常强，主要指向小学数学教材分析与教学设计等相关课程的案例教学，此处不再赘述，将在后面的教学案例使用说明中具体分析。

（二）教学案例的主题内容

该教学案例的主题是"小数除法教学设计与实施"，涉及对小学数学"小数除法"学科知识和对学生学习小数除法认知特点的理解。

案例正文第一部分涉及对"小数除法"内容本质的理解。W老师将小数除法的内容归纳为"分"和"小数点的定位"这两个主要方面。基于对这两个关键内容的理解，W老师进一步调整教材，依照小数除法的整体单元内容进行教学设计，将前后知识串联起来，整合了学科知识、教材编排和学生学习三者之间的关系。

案例正文第二部分涉及对学生学习"小数除法"认知特点的理解。W老师强调"理解学生"，这对于很多职前教师而言是一块需要填补的空白，更好地理解学生，设计符合学生认知水平的教学，才是真正以学生为主体的教学。通过对三年级和四年级教材编排内容的分析，W老师明确有余数的整数除法是学生学习小数除法必备的前提条件，但是学生无法对整数除法的余数进行进一步处理，这是学生学习小数除法的认知冲突。对学生学习前概念和学习认知冲突的判断，是W老师分析学情时关注的两个要点。

（三）教学案例解决的教学问题

该教学案例是针对小数除法教学中存在的现实问题而编写的，旨在帮助教育硕士解决小数除法教学中遇到的教学设计与实施问题，具体包括对小数除法内容本质如何理解，如何理解学生学习小数除法的困难，如何基于教材和学情分析设计小数除法教学。

对教材内容和学情的分析在案例主题中已经进行了详细分析。从教学设计与实施层面来看，案例正文第三部分呈现了W老师如何设计教学情境、如何引导学生暴露问题在深度探索中归纳和理解算理，进而剥离情境探索小数除法的数学本质。W老师把对教材和学情的静态理解，转变为动态的教学环节和教学策略。环环相扣的教学实施过程帮助学生自主建构知识和方法，也为教育硕士建构小学数学学科知识和学科教学知识提供了学习的途径。

二　教学案例开发特征分析

该教学案例属于一个规范的学科教学类案例，案例主题有助于解决教育硕士在实际学习中遇到的困难，内容丰富、布局合理。具体分析如下。

（一）教学案例素材分析

《小数除法》课堂教学的实际时间是2016年，案例作者主要通过课堂教学录像分析法和访谈法获取案例素材。正文第一部分和第二部分主要是对教师教学设计与实施意图的解读，这部分内容是无法从课堂实录中获取的，需要通过访谈的方式了解W老师教学实施背后的思考。正文第三部分教学设计与实施过程，是在对课堂实录整理分析的基础上形成的，具有现场感，有助于教育硕士更加深入地理解小数除法这节课。

（二）教学案例写作分析

对于教学案例文本的写作，我们采用逐一分解其组成部分的方式进行分析。

1. 标题

该案例的题目为"余下的'1'怎么办？——小数除法教学设计与实施"。根据案例作者反馈，他们花了很多工夫拟定主标题，原来的副标题就是主标题，但是随着对案例教学理解的加深，他们思考何为教学案例的标题？何为学术论文的标题？应该是有一定区分的。教学案例应该引起读者阅读故事的兴趣，在表达清楚主题的前提下，标题应该更具"故事"意味。通过对W老师这节课的分析提炼，发现W老师对教学情境的创设引发学生认知冲突就是从分解余数1开始的，于是产生了现在的主标题"余下的'1'怎么办？"，让读者产生一种阅读悬念和好奇心。

2. 注释

该案例的注释包括首页注释中案例作者简介和对当事人情况的说明和掩饰，除此之外，还包括对教学案例正文中相关内容的引用文献标注。

3. 摘要与关键词

中文摘要共 204 个字，层层递进地阐述了运算能力对培养学生数学素养的重要性、小数除法在教学中的重要性、W 老师教学设计与实施过程要点，以及本案例的价值。中文关键词共 4 个，表明了教学案例的所属领域、案例类型和案例主题。

4. 背景信息

该教学案例的背景信息包括四个段落，共 1826 个字。该教学案例的背景强调了小学数学教师学科知识和学科教学知识的重要价值。从课程标准角度提出对学生运算能力的要求，教师知识素养结构层面提出学科知识和学科教学知识的内涵和对小学数学教师的要求，对案例主题进行了深入解读，最后介绍了 W 老师的基本信息。该教学案例的背景信息非常充分，尤其是对于教育硕士理解该教学案例的理论铺垫和案例主题提供了非常细致的信息。

5. 案例正文

该案例的正文部分包括三个部分，共 10555 个字。字数容量充分，逻辑清晰，与教师教学设计和实施的思路是相吻合的。正文的三个部分"如何理解小数除法、如何把握学生学习小数除法的特征、小数除法的教学设计与实施"从教材分析、学情分析到教学设计与实施，有序体现了 W 老师对一堂完整的课的思考与实践。

正文第一部分："如何理解小数除法。"该部分主要源于 W 老师对教学实践中小数除法教学困难的反思，找到困难的症结在于教师没有把握教学内容本质。从教学内容本质的角度，对小数除法进行剖析，发现小数除法的内容可以归纳为"分"和"小数点的定位"这两个主要方面。W 老师从数学学科知识的角度对"分"和"小数点定位"进行解读，并将这种理解带入对教材的分析整合中，体现了教师教材调适能力背后的学科知识理解深度。这样层层解读教材内容的过程，为教育硕士研读教材提供了基本思路。

正文第二部分："如何把握学生学习小数除法的特征。""理解学生"是 W 老师教学的出发点。基于丰富的教学经验，W 老师认为学生的前概与新知发生认知冲突是教学的真正契机，也是触发真正学习产生的动力。系统梳理教材中有关小数除法的前后知识链，明确学生的起点在哪里，也明确学习的方向在哪里，具体结合学生学习小数除法的迷思与困难，引发学生的认知冲突，让学习自然发生。这部分充分体现了 W 老师的学生观和知识观的有机融合，针对学生的学习需求进一步梳理知识、设计教学，为教育硕士提供了学情分析的基本方式。

正文第三部分："小数除法的教学设计与实施。"该部分是整个案例的主体，通过呈现课堂教学实况，让教育硕士感受 W 老师是如何把自己的理解践行于真实的教学过程的。该部主要通过"创设问题情境、暴露学生思维、归纳小数除法算理、借助竖式深入理解算理、剥离具体情境突出运算本质"环节一步步深入教学内容，一步步贴近教学本质。从"元角分"熟悉的事物出发，设计"AA 制平摊饭费"的问题情境，以"平分 1 元钱"为导引性问题，让学生自主探索，寻找多元解决方案，并从中提取最符合学科内容本质的优化方案，渗透运算的合理性与简洁性，并且剥离情境，凸显小数除法的数学本质。作为案例主体内容，该部分为教育硕士呈现了一个思想转化为实践的动态过程。

6. 结语

该教学案例的结语共 388 个字。总结了案例正文的基本内容，并且从 W 老师的教学思考强调了小数除法教学的关键要素，充分肯定了 W 老师这节课的教学价值。同时，为进一步研究小数除法提升大部分学生的学习水平提出了余思，这也是案例结语的一种非常好的方式，为读者留下更多思考的空间。

7. 案例思考题

该案例呈现了 5 道层层深入的思考题。第 1、2 题侧重从教材和自我理解出发，引导学生思考小数除法的内容本质；第 3、4 题结合案例内容，侧重对 W 老师创设问题情境和引发学生认知冲突教学策略的探讨；第 5 题跳出小数除法，从"数的运算"的角度看待本节课所带来的教学启示。

8. 案例使用说明

该案例的案例使用说明同样非常规范，包括适用范围、教学目的、要点提示、教学建议和推荐阅读五个部分。适用范围包括教学案例的适用对象和适用课程，主要适用于小学教育专业和教师教育专业的研究生或本科生学生，适用课程主要指向小学数学课程与教学类相关课程。教学目的从"数的运算"和数学教学层面探讨本质内容理解、学情分析和教学情境创设策略的学习。要点提示部分包括相关理论、关键知识点、关键能力点和案例分析思路。这几个部分的内容在小数除法的基础上，拓展教育硕士对数学学习心理、教学设计、情境创设等相关内容的学习。案例分析思路全面具体，提供了六个分析角度，对于教师把握学生案例分析的不同观点具有一定的支撑作用。教学建议也比较细致、具有可操作性，基本遵循了理论铺垫—初步设计—案例学习—交流讨论—形成观点—理论提升的模式。推荐阅读围绕案例主题给学生提供了小学数学课程与教学、学习心理等方面的经典著作和教材。

总之，"余下的'1'怎么办？——小数除法教学设计与实施"这篇小学数学学科教学类案例体现了教学案例的基本特征和学科教学案例的典型特征，为教育硕士提供了分析教材和学情、教学实施策略等方面的可借鉴的思路和方法，是教育硕士小学教育领域数学学科教学类案例开发的范例。

第三节 教育活动类案例课程评析

本书选择的小学教育活动类案例基本信息如下（案例全文见中国专业学位教学案例中心案例库）：

【案例入库号】201704510060
【专业学位类别】教育
【专业领域/方向】小学教育/小学班级管理
【案例标题】从班级"霸王"到老师"帮手"——L同学的转变之路
【关键词】班级管理；问题学生；集体教育；教育智慧
【适用课程】班级管理学，班主任工作，班级管理与经营

一 教学案例本质特征分析

（一）教学案例的基本特征

◆真实性。《L同学的转变》教学案例选自长春市F小学六年级语文教师兼班主任Y老师提供的班级管理素材。案例人物描述细腻，文中有大量人物外在行为和内心感受的细节信息，该案例取材真实可信。

◆典型性。案例选材具有典型性，主要表现在两个方面：一是案例主人公 L 同学个案具有典型性。L 同学的行为表现具有"外向表现型问题学生"的特征，不遵守纪律，与同学交往时行为过度，具有一定的暴力倾向，对 L 的教育超越了常规的教育管理方式方法，具有一定的实践难度，对教育硕士学习具有挑战性和研究性。二是 Y 老师对 L 同学的教育管理策略具有典型性。Y 老师是在与 L 同学"交锋"的过程中形成的一系列教育策略，教育故事不具有偶然性，集结着 Y 老师管理班级的教育智慧，系列化的事件与策略能够为教育硕士提供充分的思考信息和讨论空间。

◆情境性。作为教育活动类教学案例，该案例描述了 Y 老师教育 L 同学之间发生的典型事件，事件中渗透了师生之间是如何在矛盾、冲突、困惑、理解中一步步走向理想教育状态的过程，事件发生发展过程具有起承转合的完整情节。案例文本中采用直接引述和第三人称间接转述两种手法，既让读者有身临其境之感，又可以把案例主人公的观点客观表述出来。

◆问题性。对教学案例主题的确定本身就是基于一定的教育实践难题产生的，该案例基于校园欺凌的社会现实问题，针对班级管理中的问题学生的教育展开叙述。对问题学生的教育反映了教师面对具体复杂的教育情境，是调动教师个体对教育的理解、对学生的理解、对班级的理解、对教育管理的理解，综合体现教师实践智慧的过程，该过程本身就蕴含着班级管理中的技术与艺术问题。

◆理论辐射性。该教学案例的主题是对问题学生的教育管理。案例故事蕴含了问题学生教育过程中对问题学生的认知、对问题学生影响因素的分析、对问题学生教学策略的运用，等等，这些问题是《班级管理》《班主任工作》等课程中重要的学习内容，也将是教育硕士面临复杂教育情境的"必修课"。

◆教学指向性。该教学案例从案例背景和案例使用说明都具有明确的指向，表明案例故事的理论指向，也表明案例故事的使用对象和适用课程，并提供了详细的教学使用细节说明。

（二）教学案例的主题内容

该教学案例的主题是"问题学生教育"，该主题涵盖了对班级管理中教师对问题学生的理解与对问题学生的教育两个层面的内容。案例正文中对两个基本问题的回答是交织融合在案例故事中的，需要教育硕士通过案例分析提炼与整理，形成对问题学生的理性认知，并学会采取适合的教育策略帮助问题学生教育和转化。

Y 老师对 L 同学的教育过程中，Y 老师对 L 同学的问题行为并不是在简单定义后直接采取惩罚措施，而是通过细致观察 L 同学的日常行为，通过与 L 同学交谈寻找影响 L 同学的家庭因素和自身因素，进而采取有针对性的帮助策略，让学校教育过程成为一种"润物细无声"的潜移默化过程，当然这个过程中 L 老师对一个孩子的期待与等待都是教育智慧的表达。

（三）教学案例解决的教学问题

该教学案例是基于中国社会转型期，学生在受外界多元因素影响的背景下，班级中问题学生越来越多的现实问题而开发的。问题学生教育是小学班主任工作中的重要组成部分，但是问题学生的教育不用一般常规意义的方法，而需要教师遵循科学的教育知识、调动丰富的教育教学经验、细致入微地寻找和尝试教育的"突破口"，这一过程凝结着教师的综合素养和实践智慧。对于教育硕士而言，问题学生的教育是充满复杂性的理论与实践综合考验过程，需要教育硕士在教学案例分析中充分调动所学理论知识，结合具体事件发生情境思考和设计适合的教育策略，在模拟经验中，逐步形成实践性知识。

二 教学案例开发特征分析

该教学案例属于一个规范的教育活动类教学案例，案例主题有助于帮助教育硕士形成对问题学生教育管理的科学意识、规范方法和实践智慧。具体分析如下。

（一）教学案例素材分析

《L 同学的转变》取材于长春市 F 小学 Y 老师在班级管理中的真实事件，案例作者主要通过访谈法获取第一手案例素材。案例正文对 Y 老师与 L 同学交往过程中事件细节的描述和人物心理活动的描述都源自对 Y 老师的访谈内容的整理。当然，案例的形成过程有案例作者根据教学需要所划分的情节节点，在前一章我们已经详述，这里不再赘述。

(二) 教学案例写作分析

对于教学案例文本的写作,我们采用逐一分解其组成部分的方式进行分析。

1. 标题

通过对访谈内容的整理与分析,该案例的题目确定为"从班级'霸王'到老师'帮手'——L同学的转变之路"。这个题目的内涵在于,主标题突出"霸王"和"帮手"的对比色彩,副标题用以解释这样的变化指谁的什么故事,指出案例故事中的问题学生主人公"L同学"。标题具有悬念性和故事性,能够引发读者的阅读兴趣。

2. 注释

该案例的首页注释主要包括对案例作者的简介和对当事人情况的说明和掩饰。

3. 摘要与关键词

中文摘要共192个字,摘要从两个层面展开对案例主要内容的说明。首先说明班级管理和问题学生教育的重要性,其次结合案例故事具体说明Y老师是如何"改造"L同学的具体过程。4个关键词从左至右按照从小到大的顺序表明了该教学案例涉及的关键问题。

4. 背景信息

该教学案例的背景信息包括三个段落,共1264个字。该教学案例的背景信息包括三个方面内容:一是政策与现实背景;二是关于问题学生教育的理论背景;三是对案例主人公的情况介绍。政策背景中突出"立德树人"的重要意义,以当下中国社会转型期学生、家庭、学校三方如何实现教育合力的现实问题为实践背景;理论背景中对问题学生类型和行为表现进行分析,并对问题学生教育中的教师教育智慧进行简单阐述;案例主人公部分介绍了Y老师与L同学自然情况,并且通过"在Y老师和L交手的过程中将会发生什么?Y老师将如何面对让大家束手无策的L?结果又会如何?"设置"悬念"的方式引出案例正文。

5. 案例正文

该案例的正文部分包括三个部分,共4855个字。字数信息容量一般,内容逻辑清晰。正文的三个部分"第一次过招儿——谁占上风、屡屡支招儿——寻找友谊、一条围巾——维系一份信任"按照故事发展的逻辑顺序体现了 Y 老师对 L 同学的教育过程。

正文第一部分："第一次过招儿——谁占上风。"案例开始第一段通过一段直接描述再现了 Y 老师刚接手班级时 L 同学对老师发出的"挑战"。作为心里早有准备的 Y 老师细致观察了 L 同学和其他同学的相处方式，在面对事件冲突的时候 Y 老师的"按兵不动"和 L 同学的"忐忑不安"给这对师生提供了第一次深入谈心的机会，让 Y 老师了解到 L 同学内心的真实想法和 L 的家庭背景。这一部分呈现了 Y 老师和 L 同学"斗智斗勇"的"交锋"过程，为教育硕士了解故事的开端和发展提供了细节信息，有助于案例分析中的人物定位。

正文第二部分："屡屡支招儿——寻找友谊。"当 L 同学对 Y 老师寄予一线希望的时候，Y 老师通过引导 L 同学转变自己、找个别同学帮助支持、全班同学信任鼓励等方式一步步营造 L 同学必须改变的心理暗示和外部氛围。这个过程充满了曲折，问题学生的教育和转变不是一日功夫，需要老师充满智慧，更需要充满耐心，学会等待。该部分是一种起承转合的过渡内容，引导教育硕士意识到问题学生的教育是技术与艺术的结合。

正文第三部分："一条围巾——维系一份信任。"这一部分是 Y 老师教育策略的"加强版"。在有一丝转机的情形下，反复犯错也是常有的事情。Y 老师以对 L 自身的教育为主，同时调动 L 家庭方面教育因素。在这个漫长的过程中，每当 L 犯错，Y 老师从来没有当面质问，总是时时处处保护 L 的自尊心，因为她从 L 的行为中看到他的变化和进步。该部分更多呈现了 L 同学的变化，有助于教育硕士思考如何对孩子的变化采取进一步的教育策略，促进其发生真正变化和转化。

6. 结语

该教学案例的结语共 314 个字。该部分呈现了 L 同学的发展现状，事实证明 L 同学的确在教育中得到成长与变化。结语部分最重要的是通过 Y 老师的客观陈述，展现了 Y 老师的教育理念，"信任与爱、尊重差异、理解孩子"这些是 Y 老师教育理念的最好诠释，也为理解与反思 Y 老师的教育行为提供了思考点。

7. 案例思考题

该案例呈现了 4 道层层深入的思考题。结合教学案例，第 1、2、3 题涉及问题学生的类型特征、教育策略、教育理念等问题，需要教育硕士学会从故事中提炼相关知识点；第 4 题是实践性问题，需要教育硕士结合理论与实践形成个性化的思考。

8. 案例使用说明

该案例的案例使用说明同样非常规范，包括适用范围、教学目的、要点提示、教学建议和推荐阅读五个部分。适用范围包括教学案例的适用对象和适用课程，主要适用于小学教育专业和教师教育专业的研究生或本科生，适用课程主要指向班级管理和班主任工作等课程。教学目的与案例思考题相对应，需要教育硕士形成问题学生教育的理论与实践能力。要点提示部分包括相关理论、关键知识点、关键能力点和案例分析思路。问题学生的教育需要以更加上位的学生发展心理理论、班级管理理论等作为支撑，该案例的分析思路清晰具体，提供了 Y 老师"改造"L 同学的策略群，为案例使用者提供了清楚的案例分析点。教学建议也比较细致、具有可操作性，遵循了"案例自主学习—课堂交流讨论—形成理论观点"的模式。推荐阅读围绕案例主题给学生提供了教育智慧和班级管理等方面的经典著作和教材。

总之，"从班级'霸王'到老师'帮手'——L 同学的转变之路"这篇小学教育活动类教学案例体现了教学案例的基本特征和学科教学案例的典型特征，为教育硕士提供了问题学生教育与转化的理念、知识、策略方面的内容，是教育硕士小学教育领域教育活动类教学案例开发的范例。

第 八 章

结论、建议与反思

本书关注教师教育案例课程开发问题，具体围绕四个子问题展开研究：为什么开发、依据什么开发、如何开发、开发得如何？本章将进一步概括四个问题的研究结果，得出研究结论。基于研究结论，对案例课程开发理论与实践研究提出几点建议，希望能有一定的借鉴意义。最后一部分是对本书进一步的反思与展望。

第一节 研究结论

教师教育案例课程开发是一个理论与实践并重的研究，需要经历开发需求分析、基本理论引领、开发实践探索和开发效果检验四个基本的过程，本书将对四个方面的研究加以总结，主要得出如下研究结论。

一 教师教育案例课程开发需求：源自案例教学

案例教学是以学生为中心，以教学案例为载体，遵循教学目标的要求，通过呈现案例情境，引导学生发现问题、分析问题、解决问题，从而掌握理论、形成观点、提高教育教学实践能力的一种教学方式。案例课程开发与案例教学具有内在互动关系：案例教学引发案例课程开发的需求，高质量的案例为案例教学提供课程资源。本书的教育硕士小学教育领域案例课程开发以教育硕士案例教学实施现状为逻辑起点。本书通过问卷调查法对中国教育硕士教学案例实施状况进行数据采集，主要围绕四个方面进行调查：案例教学理解、教学案例理解、教学案例开发和案例教学实施。

调查结果表明：教学案例开发状况在四个方面表现最不理想，教师难以找到适合教学使用的教学案例是制约教育硕士案例教学实施的首要难题。虽然教师对案例教学功能价值的认可度较高，在教学过程中也愿意并亲自尝试采用案例教学。但是只有理想的期待和盲目的尝试是不够的，因为教师们难以辨识教学案例和例子之间的本质区别，使用的教学案例大多直接来自网络，难以保证教学案例的品质。

影响教学案例开发的因素是复杂的。从主观因素来看，教师认为开发教学案例是一个非常耗时的需要做实地研究的过程，高校教师迫于教学和科研压力，难以投入足够的精力去开发教学案例，而且开发教学案例和实施案例教学的能力还比较欠缺。教师的职称和是否承担硕士生导师或博士生导师对教师实施案例教学的效果影响较大。从客观因素来看，学校的重视程度不够，缺乏相关的支持政策和措施，没有把开发教学案例纳入常规制度体系。教师参与案例教学培训的机会较少，学校现有的教学条件也难以满足案例教学使用要求。教师参与教学案例开发的机会较少，缺乏可参考的教学案例开发流程和方法，教师对教学案例开发缺乏系统了解。而且，缺乏开发教学案例的合作团队，难以寻找到适合的教学案例素材也是制约教学案例开发的因素之一。

二 教师教育案例课程开发理论：三层逻辑理路

教师教育案例课程开发是在积极引入和借鉴其他学科领域案例课程开发成功经验基础上的一种探索与研究，需要形成适宜于教师教育的案例课程开发理论基础与实践路径，应该反映教师培养的目标、特点、思想与方法。

案例课程开发是一套理论指导下的技术集合体，本书立足教育硕士小学教育领域，从本体论、知识论和方法论三个层面构建了案例课程开发的逻辑理路，明确了案例课程开发的理论属性（见图 8-1）。本体论界定了案例课程开发的内在本质。教育硕士小学教育领域案例课程开发的目的是为小学教师职前培养提供案例教学材料，教师教育理论取向框定了案例课程开发的基本方向，小学教育专业特性和实践诉求定义了案例课程开发的内容本质，案例教学是案例课程开发的终极指向。知识论界定了案例课程开发的知识属性。案例课程是教育硕士所学知识的重要载体，案例课程开发过程是对教育硕士所学知识的选择、分配、组织过程，这一过程集合了教育硕士课程中的原理性命题知识、教学案例素材中小学教师的策略知识和教学案例中蕴含的连接理论与实践的案例知识，进而通过案例教学实现公共知识向学生个体知识的转化。方法论界定了案例课程开发的技术属性。案例课程开发是为案例教学提供适应的课程资源，应该遵从课程开发基本模式，形成以培养目标和课程目标为基本导向，以研究者（教师教育者）与专家共同审议为运作方式，以舒尔曼教学案例开发理论为指导框架的技术路线。本体论、知识论和方法论构成了案例课程开发的三个理论支点，它们以契合的方式相互依存、相互影响，共同指导着教育硕士小学教育领域案例课程开发实践过程。

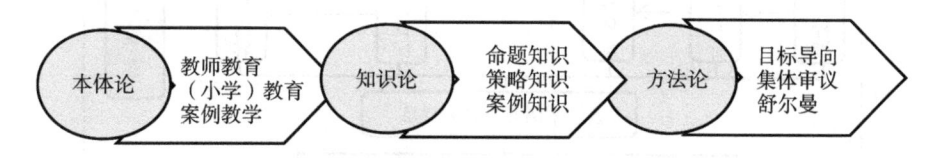

图 8-1　教师教育案例课程开发三层逻辑理路

三　教师教育案例课程开发实践：四模块循环模型

教师教育案例课程开发实践过程是在理论指导下的技术实现过程，旨在解决"怎么开发"的实操性问题。本书依据舒尔曼关于教学案例理解和教学案例开发的理论框架，对该框架进行适应性改造，构建了适用于教育硕士小学教育领域的案例课程开发实践模型（见图 8-2）。该模型包括四个模块"明确标准、提炼要素、获取素材、撰写案例"，涵盖了案例课程开发基本过程。"明确标准"模块是案例课程开发的第一个阶段，要明确案例课程的基本特征，以此作为贯穿整个案例课程开发的基本标准。"提炼要素"模块是案例课程开发的第二个阶段，也是最核心的一个阶段。在这一阶段要对《小学教师专业标准》《全日制教育硕士（小学教育专业领域）培养方案》进行分析，明确小学教师专业素养的核心要素和教育硕士的培养目标及开设的课程模块，进一步进行某门具体课程目标与内容的剖析。在此基础上，提炼出教育硕士小学教育领域案例课程开发的基本要素：高校教师和一线小学教师组成的教学案例开发共同体、

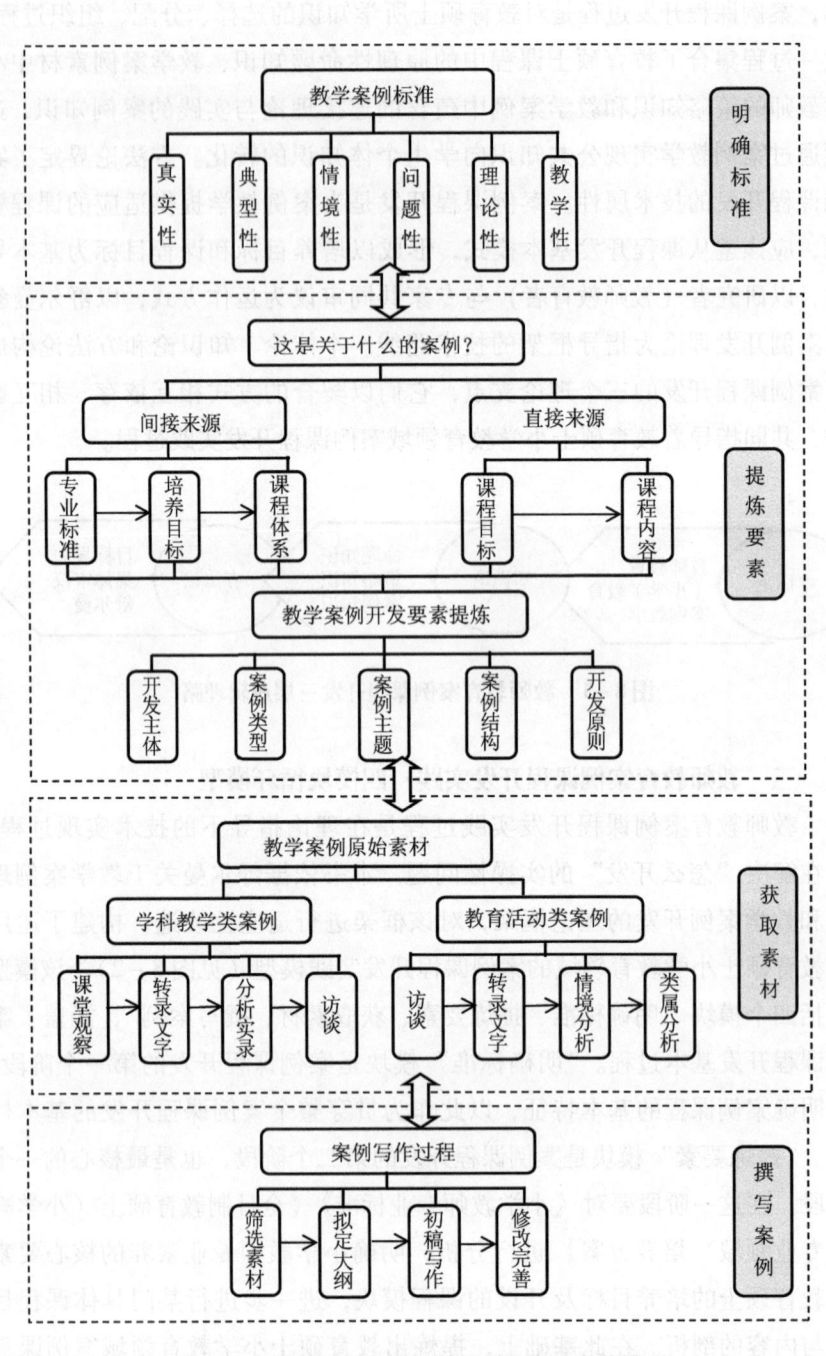

图 8-2 教师教育案例课程开发四模块循环模型

学科教学类和教育活动类教学案例类型、由学科课程核心内容与教学要素形成的案例主题二维表、小学教育领域教学案例基本结构和开发的基本原则。"获取素材"模块是案例课程开发的第三个阶段，在遵循上述开发要素的前提下，针对不同的案例类型选择适合的研究方法，获取原始素材。学科教学类案例主要通过课堂观察和访谈的方式进行资料互补，教育活动类案例主要通过访谈获取具有历时性的案例事件。"撰写案例"模块是案例课程开发的第四个阶段，该阶段通过筛选原始素材，进一步确定案例书写大纲，形成案例初稿并不断修改完善的过程。

该模型中的四个模块勾勒了案例课程开发的基本过程，模块之间具有顺序性。四个模块之间是相互衔接、相互影响、不断循环的过程，因为案例课程开发是一个根据撰写需要不断回溯和重复前面工作的过程，通过不断补充和修正，逐渐形成规范的、适用于特定课程的案例。

四 教师教育案例课程开发效果：三方关键评估

依据上述理论和实践模型开发出的案例课程，是否适合于特定课程的案例教学呢？还需要经过评估检验才能确保案例课程的质量。完成的案例课程初稿应该由关键群体对其质量进行评估。一般而言，案例课程质量的评估群体由三方组成，评估群体之一是案例课程中的故事主角。由于对"倾听教师自己的声音"的重要性的认识逐渐加深，一线教师更倾向于阅读和反思有关自身的案例课程，作为案例故事的亲历者，通过他们的直观感受判断案例课程的描述是否遵从故事原型，是否表达了教师对专业活动的认识、理解和信念。评估群体之二是案例教学专家。案例教学专家具有案例课程开发和案例教学的充分知识与评估经验，能够从案例课程和案例教学两个层面，综合判断案例课程的质量。评估群体之三是案例教学执教者和案例使用学生。师生是评估案例课程质量的最重要群体，他们对案例课程质量具有最真切最直接的感受。

本书以《班级管理》中的"问题学生教育"为主题，示例教育活动类案例开发的基本过程，并且通过案例主人公和案例开发专家两个关键群体对该案例进行基本评估，教育硕士师生的评估将在今后《班级管理》相关课程的案例教学课堂试用中开展。同时，本书从案例课程开发研究的视角，对已经进入中国专业学位教学案例中心案例库的三个不同类型的优秀案例课程进行分析，构建了两维度案例课程评析模型：教学案例本质特征维度和教学案例开发特征维度。教学案例本质特征维度主要从教学案例是否符合教学案例的一般特征、是否集中反映了课程中某个特定的主题、是否解决了该课程中某个特定的教学问题三个角度进行分析；教学案例开发特征维度主要从教学案例素材获取、案例正文书写特点和教学案例使用说明书写特点三个角度进行分析。两个维度模型为评价和撰写案例课程提供了基本参考思路（见图8-3）。

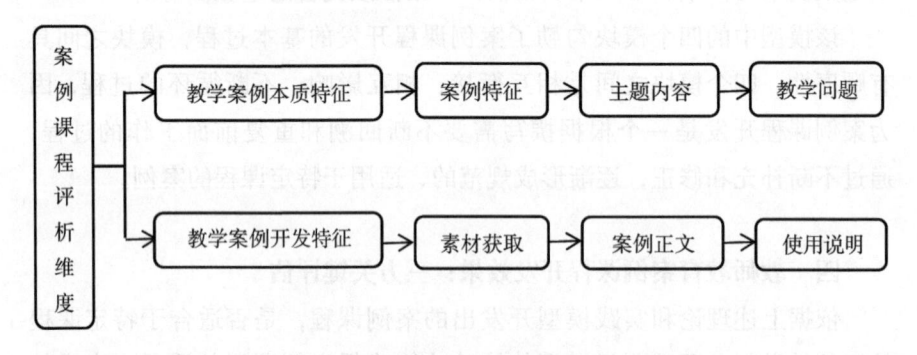

图8-3 案例课程评析两维度模型

总之，对教师教学案例课程开发的研究，本书在遵循"共性"的基础上探索"变式"。"共性"是指案例课程开发的研究有很深厚的学科积淀，在百年的发展中形成了公认的理论和模式，为本书提供了最直接的研究基础。"变式"是指案例课程开发有深刻的学科印记，适合法学的，不一定适合医学，适合医学的，不一定适合管理学，适合管理学的，不一定适合教育学，虽然这些学科都需要培养职前工作人员的"类职业思维"（如"像教师一样思维"）。但学科差异很大，需要立足学科本质，开展适合于教师培养的案例课程开发理论与实践探索，上述四个方面是带有"教师教育"印记的基本结论。

第二节 研究建议

案例教学在教师教育领域仅仅走过了三十多年的历史，中国也是在近几年教育硕士专业学位研究生培养中才逐渐意识到案例教学的重要价值。教师教育案例课程开发需要进一步关注如下问题。

一 从教学变革的视角深化对案例教学的认识

案例教学的逻辑链条上包含着案例课程开发和使用,对案例教学的认识关系到如何使用所开发的案例课程及其使用效果的问题。对案例教学的认识,不能仅停留在对其概念界定的层面,定义只是区分案例教学与其他教学方式的一种最直接、最基本的方式。从课程实施角度来看,案例教学是将教学案例付诸实践的过程,是一套内在理念与外在操作有机结合的动态过程。长期以来,由于人们多从方法层面理解和定位案例教学,忽略了案例教学背后所隐含的教学思想转变的内在要求,从而削弱乃至阻碍了案例教学的正常开展与功能发挥。实际上,"案例教学并不仅仅只是一种简单的教学方法和教学技巧,而是一场涉及从知识观、教学观、师生观到具体的课堂组织形式、教学手段的广泛变革。"[1]

> 正如南京师范大学 Z 教授认为:"案例教学的工作确实有很多困难,但我们觉得这个事情值得我们去做。如果按论文发表的目的去做案例,价值不大。作为研究者,这是对目前中国高校课堂教学现实的理解和考虑。从教 30 年来,大学的课堂教学基本没有改变过,这次案例开发是触动中国高校专业领域课堂教学变革的机会,案例开发的事情做好了,对中国新型课堂教学模式的建构是非常有意义的。有了这样的理解,遇到困难我们都可以面对,会更有干劲。"[2]

案例教学本质上是一场广泛而深刻的教育教学变革,处理好道德的目标和变革的动力是有成效教育变革的核心。[3] 中国教育硕士专业学位推行案例教学,意味着案例教学是中国高等教育课堂教学变革的"助推器"和"催化剂",意味着我们要站在教学变革、教学文化建设的高度去理解

---

[1] 张新平:《论案例教学及其在教育管理学课程中的运用》,《课程·教材·教法》2002 年第 10 期。

[2] 该观点源自 Z 教授在案例教学开发会议的讲话内容,其观点经笔者整理后呈现如上。

[3] [加] 迈克尔·富兰:《变革的力量——透视教育改革》,中央教育科学研究所等译,教育科学出版社 2004 年版,第 14 页。

和践行案例教学，也意味着教师教育者要重新反思个人的知识观、学生观和教学观，真正调动起教师这一改革核心力量的内在动力。

二　从教学研究的视角肯定案例课程开发的学术价值

教学案例是教学理论的故乡。一个典型的案例有时能反映人类认识实践上的真理，从众多的案例中，可以寻找到理论假设的支持性或反驳性论据，并避免纯粹从理论的研究过程中的偏差。[①] 案例课程要具有能概括和辐射多种教育理论知识的示范性，这就需要以严肃的学术研究作为保证。教学领域是一个非常复杂的、充满不确定性的"劣构领域"，案例课程开发并非简单地对现实的记录，它是以焦点或问题为导向的建构物，是从实地考察的记录走向理解和研究性知识的中介。[②] 显然，案例课程开发不单是对教育教学过程和细节的叙事和描述，更是基于对情境知识的讨论和对教学经验的反思，进一步探究教学情境中的具体经验在更大教学范围内的普遍性意义与价值。案例课程开发要防止知识的碎片化，要明确案例中隐含的知识点和知识的逻辑关系，将知识渗透于案例要素中，形成对知识的重组和再建构，案例教学就是要通过学生的亲身体验获得系统完整的理论知识的学习。

三　从专业发展的视角探索案例课程开发主体的多元化

教师教育案例课程开发不应仅仅局限于教师教育者与中小学教师的合作，还应该鼓励职前教师加入案例课程开发团队，组成教师教育者、职前教师、中小学教师为共同体的开发团队（见图 8-4）。

职前教师将所学的理论与教育教学实践工作的即时性和生动性建立联系时常常会遇到很多阻力，他们觉得这些理论和概念过于抽象，无法帮助他们解决实践中面临的具体问题。作为教师教育者，可以尝试使用"脚手架作业"，帮助职前教师更好地理解课程中的理论和概念，进而从事更复杂的思考和实践活动。这个"脚手架作业"就是引导职前教师阅

[①] 顾泠沅：《教学任务与案例分析》，《上海教育科研》2001 年第 3 期。
[②] ［美］舒尔曼：《实践智慧：论教学、学习与学会教学》，王艳玲等译，华东师范大学出版社 2014 年版，第 342 页。

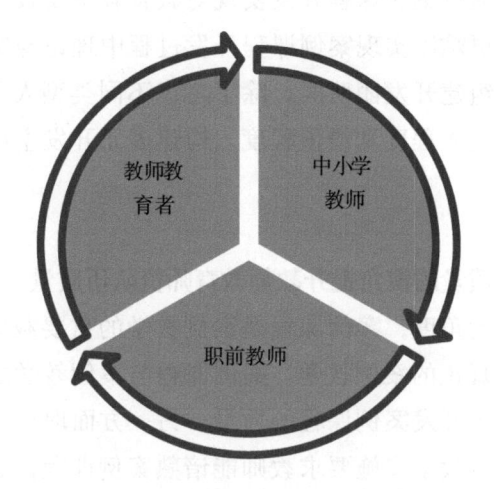

图 8-4 案例课程开发多元主体

读和写作教学案例，允许职前教师以采编教学案例代替一场考试、一份报告或一个项目，为职前教师提供围绕实践问题分析和解决问题的机会，将多种观点与理论建立联系，帮助职前教师学会用超越简单假设的方式思考学生，学会欣赏学生学习的情境性和学生个体差异，将学生学习和生活经验建立联系。[1]

教师教育者与中小学教师的合作过程中，中小学教师是"讲故事的人"，教师教育者是"听故事的人"，但二者不仅仅是单向度的讲述与倾听的关系，中小学教师详细地复原故事情节，教师教育者通过文字描述形成故事的完整图景，二者共同负责检核文字故事的真实性、情境性和细腻性，以此形成典型化后的"类实践"教学案例。但是，从目前教师教育者与中小学教师的协作开发过程来看，深受"理论指导实践"的固有观念的影响，中小学教师在案例课程开发中的角色是被动的，他们忽略了"实践反哺理论"的重要价值，只完成表面化的一般性的技术支持——提供案例素材，并没有实质性参与案例课程开发过程，难以通过案例课程合作开发实现大学教师与中小学教师的平等深度对话，也难以

---

[1] Karen Hammerness, Linda Darling-Hammond, Lee Shulman: "Toward Expert Thinking: How Case-Writing Contributes to the Development of Theory-Based Professional Knowledge in Student-Teachers", *the Annual Meeting of the American Educational Research Association*, 2001, p. 5.

促进中小学教师通过案例课程开发实现对教育教学实践广泛而深刻的高层次思维活动，更难以实现案例课程开发过程中理论与实践相互滋养浸润的理想效果。组建开发团队时，除了考虑不同类型人员的参与，更要关注开发人员的投入程度和增值程度，构建多元开发主体深度合作的团队建设机制。

四 从培养质量的视角提升教师教育师资队伍质量

从案例教学的角度，案例课程是案例教学的重要载体，但未必运用了案例课程就是真正的案例教学。案例课程与案例教学之间的相互适应性，一方面取决于开发案例课程的质量，另一方面取决于教师运用案例课程的水平。案例教学实施要求教师能谙熟案例课程内容，具有深厚的理论功底、较强的逻辑分析能力和课堂驾驭能力，以确保案例课程功能最大化。

> 南京师范大学 Z 教授认为："如何让开发的案例能够真正使用起来是一个很关键的问题，否则前期的投入都是低效的。从案例开发的角度来看，案例只有用了，才知道好不好用。通过试用我们开发的案例，推动高校课堂教学改革需要引起我们的关注。我们虽身为高校教师，但可能没有深入理性思考大学课堂应该是怎样的，而是把大量精力只是放在自己的专业研究，即便是课堂教学研究，也更多是对中小学课堂教学的研究。"

> 南京师范大学 C 教授认为："目前的案例库有学科差异，其他学科多，英语学科少；而且有地区差异，边远地区院校开发的案例很少。案例开发后应用程度不高，对教师来说，也许最省事的办法就是教师讲学生听或者学生讲教师听，最难做的方法就是拿一个案例进行讨论，形成头脑风暴最后达成共识，这是最难的。"

从专业学位研究生培养的角度，以案例课程开发和案例教学为契机，全面提升教师专业素养、提高专业学位研究生培养质量是案例教学的终极目标。其中，师资队伍建设是重中之重。为促进教育硕士专业学位研究生案例库建设，进一步推动案例教学，鼓励教育硕士培养院校教师基于中国情境和教育发展背景，积极开发高质量教学案例，2013年4月，全国教育专业学位研究生教育指导委员会（以下简称"教指委"）与教育部学位与研究生教育发展中心（以下简称"学位中心"）合作建设"教育专业学位教学案例库"。初始，学位中心案例库教育类案例入库数量为200多个，教指委在全国范围内有序开展"送培训上门"服务，并举办了两届全国教育专业学位教学案例征集评选活动，2015年6月教指委联合沈阳师范大学举办第一届案例教学现场观摩研讨会，2017年10月教指委联合东北师范大学举办全国教育硕士专业学位小学教育教学案例开发与案例教学观摩会，2018年11月教指委联合西南大学举办首届全国教育专业学位案例教学大赛暨第二届案例教学现场观摩研讨会。[①]

教育专业学位研究生培养院校要通过培训学习、项目研究、教学竞赛等多种形式鼓励教师积极开展案例教学，吸引更多的教师参与案例教学，让案例教学进入大学课堂，以此推动高校课堂的深度变革，构建高校新型的师生关系，真正提高专业学位研究生培养质量。

第三节　反思与展望

基于研究结论和建议，研究者将进一步思考本书的局限和未来研究的可能性。

一　研究的局限性

第一，囿于学科界限，有待加强案例课程开发的深度研究。

案例教学研究起源于西方法学教育，医学和教育领域也有过不同程度的应用，但以哈佛大学工商管理领域案例教学的发展作为成熟的标志。研究者对于法学、医学和管理学教学案例和教学案例开发研究成果资料的获取和解读都存在"学科壁垒"，必然会为本书带来一定的影响。

第二，囿于研究主题，有待完善案例课程的实践检验问题。

本书侧重于解决案例课程开发问题，将研究精力更多投入在开发问题上。事实上，案例课程开发的目标指向是案例教学，而且案例教学也

[①] 信息来源于中国教育专业学位研究生教育网，http://edm.eduwest.com/index.jsp。

是真正检验教学案例开发质量的重要标准。笔者仅对开发的案例课程进行文字层面的分析，而没有涉及对案例课程的实践运用，有待在实践中进一步检验案例课程的品质。

二 研究展望

案例课程开发的研究仅仅是案例教学链条的一个起始点，随着研究的不断深入，我们可能需要更加关注如下问题。

（一）本书的后续研究方向

在反思本书局限性的同时，也开拓了研究者今后需要进一步研究的方向。面对学科领域的壁垒，要加强案例教学和案例课程开发在不同学科领域之间的比较研究，提炼出学科之间案例教学的共性和差异，这是今后需要不断深入的一个研究方向，也是研究的挑战。同时，研究者作为案例课程开发者和案例教学实施者的双重身份，尝试将案例课程开发研究与案例教学研究对接、形成对教师教育案例教学的系统研究。

（二）案例库的更新问题

紧跟时代发展不仅是案例教学的机会，也是其面临的挑战。开发的案例课程其生命力会受到时代发展的制约，虽然案例内容中蕴含的原理会永远适用，但是其反映原理的故事内容会随着教育教学改革的不断推进而落后，其现实意义就会削弱。所以，案例库建设不单单是充实案例数量的问题，还包括如何不断更新案例内容，保证案例课程与时俱进的问题。

（三）案例教学与其他教学方式的相互配合问题

案例教学不是包治百病的灵丹妙药，当我们把视角集中在案例教学时，还需要清醒地意识到案例教学自身的局限与不足。因为案例教学的推行受到教学习惯的制约，大多数教师更倾向于按照自己被教育和感到舒适的方式进行教学，案例教学需要教师花费更多的精力和时间去接近主题，需要教师具备更多的耐心和灵活性去面对学生，这些都成为教师使用案例教学的阻碍。因此，如何发挥案例教学的优势，如何处理案例教学与其他教学方式之间的相互关系，还需要进一步走入课程、走入课堂、走入学生，细化与深化对案例教学的研究。

附　　录

附录1　教育硕士案例教学现状调查问卷

尊敬的老师：

您好！非常感谢您参与本次问卷调查。本调查旨在了解目前中国教育硕士培养中案例教学的真实状况，进而分析案例教学存在的问题及需求。本问卷采取匿名形式，所选答案没有对错之分，调查结果仅作研究之用，不涉及对您个人方面的评价。我们需要您的参与和支持，您如实认真地填写将是对我们研究的最好助力！真诚感谢您的支持！

一　您的基本信息

1. 您的性别 *

A. 男　　　　　　　　　B. 女

2. 您的教龄 *

A. 2 年以下　　　　　　B. 2—5 年

C. 6—10 年　　　　　　D. 11—20 年

E. 20 年以上

3. 您的最高学历 *

A. 本科以下　　　　　　B. 本科

C. 硕士　　　　　　　　D. 博士

4. 您的职称 *

A. 助教　　　　　　　　B. 讲师

C. 副教授　　　　　　　D. 教授

5. 您是否担任硕士生导师 *
A. 是　　　　　　　　　　B. 否
6. 您是否担任博士生导师 *
A. 是　　　　　　　　　　B. 否
7. 您所在高校的类型 *
A. 教育部直属综合性大学　　B. 教育部直属师范大学
C. 省属综合性大学　　　　　D. 省属师范院校
E. 其他

二　案例教学实施状况（请根据您的实际情况选择最适合的选项）

1. 案例教学就是在教学中引用具体的例子 *
非常同意　　　　　　　同意
不确定　　　　　　　　不同意
非常不同意

2. 案例教学是传递理论知识的一种方式 *
非常同意　　　　　　　同意
不确定　　　　　　　　不同意
非常不同意

3. 案例教学能培养学生解决实际问题的能力 *
非常同意　　　　　　　同意
不确定　　　　　　　　不同意
非常不同意

4. 案例教学能提升学生教学反思的能力 *
非常同意　　　　　　　同意
不确定　　　　　　　　不同意
非常不同意

5. 案例教学中的案例描述的是真实发生的故事 *
非常同意　　　　　　　同意
不确定　　　　　　　　不同意
非常不同意

6. 案例教学中使用的案例具有完整的故事情节 *

非常同意　　　　　　　　同意

不确定　　　　　　　　　不同意

非常不同意

7. 案例教学中使用的案例蕴含一定的理论 *

非常同意　　　　　　　　同意

不确定　　　　　　　　　不同意

非常不同意

8. 案例教学中使用的案例有特定的写作体例 *

非常同意　　　　　　　　不确定

不同意　　　　　　　　　非常不同意

9. 搜集教学案例素材需要进行实地研究 *

非常同意　　　　　　　　同意

不确定　　　　　　　　　不同意

非常不同意

10. 您在教学中使用案例教学的情况 *

A. 经常　　　　　　　　B. 偶尔

C. 从不

11. 您对案例教学的熟悉程度 *

A. 非常熟悉　　　　　　B. 熟悉

C. 一般　　　　　　　　D. 不太熟悉

E. 不熟悉

12. 您所在的学校帮助教师使用案例教学的情况 *

A. 帮助非常大　　　　　B. 帮助较大

C. 一般　　　　　　　　D. 帮助不大

E. 没有帮助

13. 您参加案例教学培训的情况 *

A. 经常　　　　　　　　B. 偶尔

C. 从不

14. 您学校的教学环境满足案例教学使用要求的情况 *

A. 非常满足　　　　　　B. 满足

C. 一般 　　　　　　　　D. 不太满足

E. 不满足

15. 您参与教学案例开发的情况 *

A. 经常 　　　　　　　　B. 偶尔

C. 从不

16. 您对教学案例开发工作的熟悉程度 *

A. 非常熟悉 　　　　　　B. 熟悉

C. 一般 　　　　　　　　D. 不太熟悉

E. 不熟悉

17. 您使用的教学案例主要来源是（此题可多选） *

A. 自己独立开发 　　　　B. 与中小学教师合作开发

C. 网络 　　　　　　　　D. 图书

E. 其他来源 　　　　　　F. 从不使用

温馨提示：

使用过案例教学的老师请继续填答下面所有题目。

未使用过案例教学的老师不用答 18—24 题，直接转至第三部分开放题继续填答。

18. 我能很容易找到适合案例教学使用的案例 *

非常同意 　　　　　　　同意

不确定 　　　　　　　　不同意

非常不同意

19. 我能为学生提供充分的案例阅读材料 *

非常同意 　　　　　　　同意

不确定 　　　　　　　　不同意

非常不同意

20. 我能很好地引导学生讨论教学案例 *

非常同意 　　　　　　　同意

不确定 　　　　　　　　不同意

非常不同意

21. 我的评价对学生讨论教学案例很有帮助 *

非常同意 　　　　　　　同意

不确定　　　　　　　　　不同意
非常不同意

22. 我的学生能够适应案例教学的方式 *
非常同意　　　　　　　　同意
不确定　　　　　　　　　不同意
非常不同意

23. 我的学生在案例教学中收获很大 *
非常同意　　　　　　　　同意
不确定　　　　　　　　　不同意
非常不同意

24. 我会继续在教学中使用案例教学 *
非常同意　　　　　　　　同意
不确定　　　　　　　　　不同意
非常不同意

三　开放题

1. 您认为目前制约案例教学实施的因素有哪些？
_____
_____

2. 您认为目前教学案例开发存在哪些困难？请具体说明。
_____
_____

答题到此结束，非常感谢您的参与，祝您工作愉快！

附录2　教育管理类教学案例基本结构

教学案例由案例标题（中英文）、首页注释、摘要/关键词（中英文）、背景信息、案例正文、案例思考题、案例使用说明、附件等部分构成。

（一）案例标题：宜用描述性语言，避免价值主导话语与论文化表述，要准确，注意匿名处理等；标题需要翻译成英文。

（二）首页注释：进行作者简介与编制说明。"作者简介"标明作者姓名、工作单位、研究领域；"编制说明"交代案例性质及技术性处理问题。

（三）摘要与关键词：摘要应精练，能概括出案例的主要内容，不做评价性分析或倡导性建议，300字左右；关键词3—5个。摘要与关键词需要翻译成英文。

（四）背景信息：主要用于说明案例主题的政策、实践、理论和研究的背景以及案例对象的相关情况。1500字左右。

（五）案例正文：篇幅在8000—15000字。要注意原创性、叙事性、真实性与可读性等要求。

（六）案例思考题：要紧密结合案例内容，与教学目标结合起来，能引起讨论、启发思考。一般以4—6道为宜。

（七）案例使用说明：

1. 适用范围：含适用对象与适用课程。

2. 教学目的：含不同层次的学生学习目标。

3. 关键要点：含相关理论、关键知识点、关键能力点、案例分析思路。

4. 教学建议：含时间安排、环节安排、人数要求、教学方法、活动建议等。

5. 推荐阅读：推荐给教师和学员拓展阅读的文献。

（八）附件：对理解与讨论案例有帮助，又不适合放在正文部分的资料。根据需要提供，不要求每一个案例都提供附件。

附录3　学科教学类教学案例基本结构

学科教学类案例文本应由案例标题、首页注释、摘要/关键词、背景信息、案例正文、案例思考题、案例使用说明、附件等部分构成。

各部分基本要求如下。

（一）案例标题

选题具有一定的典型性和代表性，能够突出地反映中小学各学科课程与教学之中所需要的关键理论、策略与技能。

宜用描述性语言，避免价值主导或宣称性话语。同时附上英文。

（二）首页注释

标注案例作者基本信息、项目来源、案例真实性及其教学功能。

（三）摘要与关键词

摘要应精练，能概括出案例的主要内容，不做评价性分析或提出倡导性建议要求。一般在200—300字。

选择"关键词"时应从案例内容、蕴含主题等方面加以取舍，一般3—5个。

摘要及关键词附上英文。

（四）背景信息

简要陈述所选案例的基本信息，该案例在本学科课程与教学中的理论价值及其对培养学习者教学实践能力的意义。可包括如下内容：

1. 案例来源：从教者基本信息（应作技术处理）、案例出处等。

2. 授课背景：案例背后所蕴含的理论、政策与实践脉络。

（五）案例正文

主要呈现一堂课、一个单元或一个主题完整的中小学学科课程的教材、教学设计和教学实施等过程。应该包括教学设计、教学实施和教学评价等基本环节，从而使学习者能够形成关于中小学某一学科课程课堂教学的基本认知和整体感受。

1. 教学设计：执教者编写的教案等材料，包括教材分析、学情分析、教学思路等内容。

2. 教学过程：主要呈现课堂教学各环节的基本情况，应抓住课堂教学的关节点加以陈述，力避面面俱到或有闻必录。

3. 教学评价：可包括执教者课后的教学反思，专家对课堂教学的点评，以及案例开发者对案例的评议等内容。

教学设计、实施过程、评价等内容可以分阶段交融进行。

（六）案例思考题

主要为学习者提供思考问题，引导其理解和分析课例中蕴含的学科知识理解、教学原理、方法与技能等，并能运用案例中所反映出来的策略与方法解决类似的教学问题。可从如下几个方面设计问题：

1. 教材解析：如何解读教材？
2. 教学设计：如何设计教学？
3. 教学实施：如何开展教学？

（七）案例使用说明

用于帮助教师更方便地使用案例开展案例教学。可以分条的方式呈现，要相对精练，不宜表述过多。其内容主要包括：

1. 适用范围：包括适用课程和学习对象。
2. 教学目的：包含教学目标及其涉及的教学理论、策略和技能。
3. 关键要点：包含案例中的关键信息、关键知识点、关键能力点与案例分析的思路。
4. 教学建议：包含案例教学过程中时间与环节的安排、教学方法与工具的选用、组织引导、活动设计等建议。
5. 推荐阅读：推荐给教师和学习者课前阅读或拓展阅读的文献。

（八）附件

对理解与讨论案例有帮助，又不适合放在正文部分的资料。根据需要提供，不要求每一个案例都提供附件。

附录4 《班级管理》教学案例访谈原始素材

<u>2013 年那届毕业班，有个叫李 XX 的孩子，这个孩子脾气特别暴躁，很仗义，但爱发脾气，还没等别人说完，就根据自己的想象发作，但他又特别想融入这个集体。</u>我接班的第一天，刚说完老师好，这个孩子站起来说以前见过我，我说太好了，你在哪里见过，他说在校园里见我带孩子跑步。以前班主任交流说这个孩子课堂上没有静的时候，扰乱课堂秩序，我是有一点了解的。我原打算找他单独聊一聊，可是没想到<u>第一节课就给我一个下马威</u>，我以前了解到他喜欢打篮球，我马上告诉他，我说你这么关注老师，我说马上学校体育节，你负责组建咱们的篮球队。他觉得我对他没有敌意，可能拉近了距离。可是刚上几节课就有人来告状，他把别人推倒了，那个孩子来告状说他无缘无故打人。我想，如果同时把他俩找来，可能情绪会很激烈。我看到没有受伤，就想一周内帮助解决这个事情。我找到班长，我觉得<u>兵教兵，兵带兵，兵强兵是很有效的</u>。我让班长问问李 XX 今天的情况，李 XX 第一句话就是于老师知道吗？班长说知道。李 XX 的第一件事就是推翻了班级的桌子，他找到被推的孩子说我也没咋的你，你告黑状，他俩又争执起来。

<u>我想找到个好办法，既能化解孩子的矛盾，又能让学生接受我的教育</u>。我静悄悄地走到班级，整节语文课我没有批评他，我观察他，他期待我在课堂能把这件事说出来。他以前都是直接在课堂受到批评的，经常得到同学的指责，其实这样的孩子自尊心都特别强，他的表现是想引起别人的注意力。下课后，我安抚了被推的孩子，我说我帮助你解决你的委屈，你没还手，说明你思想意识比他高，你放心老师不会让你受委屈，最终咱们得帮他改正，让更多的同学接受他。被推的孩子非常仁义，我也不能让他受委屈。两节课过去了，李 XX 一声不响地坐在座位上，学生说没有什么动静。我给学生打饭的时候，他个子高很胖，我问两勺你够不够，李 XX 的眼神里很惊异、疑惑、不可思议。我觉得他一上午都是在忐忑不安中度过的，他以为我会声严厉色地批评他，可是我没有。下午体育课课后，他主动找到我，问我能不能跟我说说话。他平时嗓门特别大，我了解到他的家庭，他爸爸晚年要的孩子，充满了溺爱。我还没

说话，他就哭了。他说：于老师，我从来没在别人面前哭过，你不找我是对我最大的帮助。于老师我从幼儿园到现在，犯错后总是挨批。我说：你能来找我是最好的，你敞开心扉说说你为什么会有这种行为？他说：我爸爸是个警察，他平时总是揍我，我爸爸也揍我妈妈，我觉得打人能打服他，但我也很苦恼。我问：你苦恼什么呢？他说：我虽然把他们打服了，但是他们也不跟我好。我说：李XX，你想打服他们的目的到底是什么？他说：我就是想和他们玩。我说，那你打了这么多的人，谁跟你最好啊？他说：他们都躲我，他们越躲我，我就越打他们。即使他们不跟我玩，告了老师，我打他们都觉得很快乐。我说：你觉得于老师能帮你什么呢？他泣不成声，他问我能帮他吗？我说能帮啊，除了爸爸妈妈，老师就是和你相处时间最长的人了。他说：于老师，我第一眼看你的时候特别想气你，想让你注意我。我们以前换了两个老师，还没上几节课，老师就警告我消停点。我想我在老师心目中也是不受欢迎的孩子。我说：我听懂了，你的目的就是想让老师和同学喜欢你，多交几个朋友，跟你一起玩。<u>那从第一件事老师先帮你，你把这件事情处理好了，你就会得到一个朋友</u>。被撞的同学就会成为你的朋友，老师帮你。你可以找到被推的孩子说，我不是故意撞你的，就是想和你交朋友。你能不能原谅我？如果他说行，我原谅你了。你问咱俩能不能交朋友？如果他说不行，你就说我以后肯定不打人了。他按照我的方法做了，放学前哭着来找我，告诉我说失败了，你教我的方法不好用。我其实心里想到了。因为那个孩子又瘦又小，他又高又大。那个孩子说：我原谅你了，但我不想和你做朋友，只要你别惹我就行了。我又教他：他为啥不愿意和你交朋友，就是怕你。明天早晨你看他是不是值日生，他家远，你家近，<u>你明天早来替他做个值日</u>。你不仅能获得奖励卡片，还能获得一个朋友。

第二天早晨我特意来早，我推开教室，我特别感动，李XX拿着笤帚，都没来得及放书包，来了就开始做值日。他平日总是得到批评，受到了太多的指责、冷淡和冷落，孩子受到批评一定是恐惧的，他的害怕和恐惧已经造成心理的疾病了。我偷偷拍下了他值日的照片。早自习的时候，我故意问：谁来得这么早，打扫得这么干净？他都没吱声。问了很多孩子都说不是。我叫起来今天的值日生，孩子们说来的时候已经打扫干净了。我说：大家猜一猜，大雪天谁来这么早替大家值日。被推的孩子站起来说：我是倒垃圾的，咱班同学说是李 XX 帮我倒的。我说：那你现在想不想跟李 XX 说点什么？李 XX 还没有抬头，他经常性不受同学关注，在同学心目中只是用暴力解决问题。被推的孩子小声说：李 XX 谢谢你。是不是因为昨天你把我推倒了，你觉得心里过意不去了，用值日补偿我吗？李 XX 说：你以后别怕我，我以后肯定不打你了。被推的孩子说：你以前也这么说，不还是打人吗？我说：咱们给他一次机会吧，大雪天六点多不吃早饭就来值日了。这个孩子有个优点，就是特别整洁，书桌里从来都是干干净净的。我说：你能把值日工具摆放得这么整齐，你也不用向同学保证，给你一次机会，我们都相信你，我们大家一起帮助你改正缺点。我始终强调他是班级的一员，谁也不能放弃他，有啥缺点错误，不能告状，得找到解决问题的办法。咱们给帮助李 XX 的行动起个代号，以前最烦李 XX 的孩子也在积极想办法，大家想出的有"帮林计划""互助行动""帮林行动"……李 XX 的表情既羞涩，又紧张，甚至变得软弱的感觉。我觉得教育时机成熟了。我说：一般一个习惯的形成时间最少 20 天，这期间他要是再犯错咱们怎么办？大家说我们不告状，直接告诉他怎么做。

<u>热情过后，他由于经常性冲动，很难一下改正</u>。有一次上课，有个学生起立时把凳子弄出声了，李 XX 马上给了一杵子。其实是帮老师维持秩序，长期的毛病堆积在一起，根本管不住自己。以前他不理不睬，下课后，他主动哄这个小孩，把自己早上得到的卡片给了这个孩子，让他别告诉老师。他第一次感觉到不想让老师知道他的表现。第一节下课后，他到我们办公室来瞅我。其实已经有同学通风报信了，三四个小时不到又犯错了，我当时就火了，我忍不住要批评他，我刚要出办公室，我发现他嗖一下从我办公室跑了。我觉得他是来找我了，我就没再去找他。后来几次我都不直接批评他，有告状的同学也都得到了他的道歉，同学反映他有变化。

怎么才能让他真正意识到自己的问题呢？我觉得"亲其师，信其道"很重要。有一次放学，他下来晚了，我问怎么晚了？他说围脖可能上体育课丢了。我就拉住他的手，把我的围脖绕到他的脖子上，他看着围脖愣了半天。我说明天你带来就行。第二天早晨，他拿着两个包子一个烧饼，还有我的围脖，说给我围脖，转身就要走。我一把抱住他，我说：

孩子，这是什么？他说这是我爸买的早餐，我给您留的。我拥抱他说：你看你变化多大，我可喜欢你了。他羞涩地跑了。后半学期，他作文里写到最难忘的是于老师的拥抱，让我觉得那么亲切和温暖。我觉得这个孩子是很有心的。

有一天，他和另一个孩子在推搡中，那个孩子的头撞了一个大包，但李XX不是故意的。这时李XX哭了，问有事没呀，会不会受伤呀？我领着去了校医室，说没事冰敷一下就行。我问怎么回事？这孩子哇地就哭了。他说是两个一起抢一个卡片，结果不小心一下撞到了墙角。我问被撞的孩子是不是，那个孩子说是，也是怪自己劲儿太大了。

以前老师和家长都特别头疼，想着怎么从内因入手改变这个孩子的恶习。我也是从家长入手，和他爸爸交流了很多次。大约有16次处理这个孩子的问题，我没有一次放在桌面上，当面质问他，都是背着同学，如果有需要让别的孩子来说明和作证。这学期过后，他变化非常大。现在他和第一个被撞的孩子成了同桌，他说再也没被打过，但打过别人。我说再打别人你怎么办？这个孩子说我帮助他。我教了这个孩子一些话。我觉得小伙伴之间的语言交流更能深入他的想法，是平等的，而不是大人的高高在上的语气，我利用兵教兵的方法，同学和同桌帮助他。

<u>四年级下，那场篮球赛组织成了</u>。刚开始没人报名，大家因为李XX爱打人都不报名，我暗中鼓励一个学生先报名，就算是帮助李XX，也得从集体角度出发，为了五年级打联赛。这时，李XX特别高兴，告诉我有人报名了，我告诉他得珍惜这个报名的孩子，得留住他，用什么办法，就是你不能打人不能骂人。我暗中帮助他，给他支招。我不是想得到什么荣誉，而是想帮助他树立在群体中的地位和自信。这确实带来了良性的循环。以前都是因为他没有交往的方法，没有自控能力，家长疏于管理，才不懂得和同学交往。

<u>五年级时，我在走廊被别的孩子撞成了熊猫眼，休息一个礼拜。有一天晚上，他和他爸爸妈妈来我家小区门口看我</u>。他爸爸说孩子就想来看我。我们见面的第一个动作，孩子一下扑到我身上，用手摸我的脸问：于老师，你疼不疼了？我觉得当老师这辈子最大的欣慰就是看到对孩子教育的成功。我说你昨天数学考试成绩不错，进步很大，老师关注着你呢。孩子说老师你在家还关心我。我用感情和真情对他，他都懂。我给

他一个任务：每堂课你都得让学生们听老师的话，就像于老师在一样。我让其他班干部给我反馈，结果所有能干的活儿，他都帮同学干。我总给他支招，比如谁的笔袋丢了，我说你快帮他找找；谁今天生病了，我说你快给他打个电话问候一下……我就教他怎么才能交到朋友。他为什么听我的话，就是第一次我没当着同学的面揭露他。我们班分 12 个小组，他把这 12 个同学叫到一起，让每个人管 3 个，他说于老师都病了，咱们不能让于老师操心了。他首先在课上不捣乱了，我们班老师反映说比我在时还要好。我回来问为什么表现这么好，学生就说是李 XX 让这么做的。

现在孩子都上附中了，我觉得应该给孩子机会，倾诉的平台，信任他，给他母爱。这个孩子的教育我没有急于进行，而是慢慢来的。比如围脖啊、篮球队啊等等，他能感受到我是特意对他好。孩子的原因找到了，按照步骤一步一步来教育，用爱和智慧教育他。我觉得孩子的自尊心特别强，内心也渴望，特别挣扎。

一年级时，我们班有个小孩动作不协调，我找到他说：你慢慢地和其他小孩都一样了。孩子说：我幼儿园时就和别人不一样，我手放在腿上就会发抖。我说：了解你的人都知道，别有压力。我背后跟同学说：咱们班的同学确实喜欢舞蹈，可是她太喜欢了，太投入了，有点控制不住自己了，动作就收不回来了，但是她长大后就跟我们一样了，这个动作的时间可能是很长时间，我们不能嘲笑她。我引导每个学生说自己被别人嘲笑、误解的感受。我说：从现在开始，咱们不要模仿，不要嘲笑，谁做到这一点，这个月我悄悄发给你卡片，我做一个手势，你就知道这个卡片是因为这个孩子发给你的。坚持了一个学期，再忙我也不忘给学生发卡片。其实，有时候她的动作确实很奇怪，那是神经的不平衡，但是慢慢地，每次她发言时，我都用手握着她的手，鼓励她表达。应该鼓励她发言，否则会从舞蹈症变成孤独症。这孩子智力、情感都正常，时间长了，慢慢失去对这个孩子的注意力了。到了四五年级，她的问题已经好了，我一直跟踪关注她。后来，她考了河北的一个很好的大学，不管哪个老师接班，都特别关注她。一年级时，为了给这个孩子创造条件，给这个孩子开画展，利用课间和黑板，让她给学生签名。到现在我们和她的家长一直保持联系。这个孩子从小学一路走来，从来没有因为嘲笑而自卑。我喜欢孩子，愿意和他们一起分享我的快乐和伤悲，我以前和大孩子在一起的时候，有一次我的车被钥匙划了，我就和孩子们聊起来了。孩子们说肯定是坏人。在不经意的聊天中，引导孩子对社会公德有一个初步的认识。

还有一个可爱的小男孩，不爱跟同学交流。我二年级接班，他智商特高，过目不忘，记忆力很好。他开始特别自闭，只能上语文课，不敢发言，站在前面一个字都说不出来。有一天在食堂，我拿了一个炸鸡块，我留给这个孩子了。我说：你要是提问能发言，老师奖励你；你要是每天和同学一起玩，老师还奖励你。以前他总躲在角落里，活在自己的世界里。久而久之，同学们都边缘化了这个孩子。后来，我就发动同学们，每天派一个同学陪伴他，36个孩子，每人从早到晚陪一天，帮助这个男孩记作业、陪他聊天等，既增加了他的成就感，又陪伴了这个孩子。没事的时候我就把他抱到我的腿上，跟他聊天。第一次见面不进教室，躲在妈妈身后，我轻轻走过去，抱住他，这个拥抱化解了孩子的畏惧。有一天放学时，这个孩子从后面胆怯地对我说：妈妈再见。我说：儿子再见。现在这个孩子已经三年级了，现在能正常课堂发表。他的表现是一个孩子最真实的表现，有最单纯的想法。每次放学时，先是妈妈再见，再击一下掌，摸摸我的脸，拽拽我的衣角。现在主动找孩子疯闹，接受老师、同学和学校的教育了。

十几年前，还有个小男孩，拿个橘子放在我手里，跑了不到五分钟又回来，说老师，橘子有籽，吃的时候别卡着。其实我们总说老师给了孩子很多，其实是孩子给了我们很多很多。有时候我们老师发脾气，孩子瞬间就忘了，该跟你说话就说话，该拥抱你就拥抱你，孩子的胸怀是宽阔的。这么多年，孩子为我做的都是真诚的，发自内心的。

参考文献

一 中文文献

（一）著作

［美］拉尔夫·泰勒：《课程与教学的基本原理》，施良方译，人民教育出版社1994年版。

［加］路易丝·A.林德斯、［加］詹姆斯·A.厄斯金、［加］迈克尔·R.林德斯：《毅伟商学院案例学习（第4版）》，赵向阳等译，北京师范大学出版社2011年版。

［美］罗伯特·K.殷：《案例研究：设计与方法》，周海涛主译，重庆大学出版社2010年版。

［美］罗伯特·K.殷：《案例研究方法的应用》，周海涛、夏欢欢译，重庆大学出版社2014年版。

［加］迈克尔·R.林德斯、［加］路易丝·A.林德斯、［加］詹姆斯·A.厄斯金：《毅伟商学院案例写作（第4版）》，赵向阳等译，北京师范大学出版社2011年版。

［法］让-弗朗索瓦·利奥塔尔：《后现代状态：关于知识的报告》，车槿山译，南京大学出版社2011年版。

［美］舒尔曼：《实践智慧：论教学、学习与学会教学》，王艳玲等译，华东师范大学出版社2014年版。

［美］唐纳德·A.舍恩：《反映的实践者——专业工作者如何在行动中思考》，夏林清译，教育科学出版社2007年版。

［美］威廉·埃利特：《案例学习指南——阅读、分析、讨论案例和撰写案例报告》，刘刚、钱成译，中国人民大学出版社2009年版。

［美］韦斯特伯里、［美］威尔科夫主编：《科学、课程与通识教育——施瓦布选集》，郭元祥、乔翠兰主译，中国轻工业出版社2008年版。

［美］小劳伦斯·E. 列恩：《公共管理案例教学指南》，郏少健等译，中国人民大学出版社2001年版。

［美］约翰·D. 布兰思福特等编著：《人是如何学习的：大脑、心理、经验及学校》（扩展版），程可拉等译，华东师范大学出版社2013年版。

［美］约翰·杜威：《我们如何思维》，伍中友译，新华出版社2015年版。

［加］詹姆斯·A. 厄斯金、［加］迈克尔·R. 林德斯、［加］路易丝·A. 林德斯著：《毅伟商学院案例教学（第4版）》，赵向阳等译，北京师范大学出版社2011年版。

［美］朱迪思·H. 舒尔曼主编：《教师教育中的案例教学法》，郅庭瑾主译，华东师范大学出版社2007年版。

［日］佐藤学：《静悄悄的革命——课堂改变，学校就会改变》，李季湄译，教育科学出版社2014年版。

［日］佐藤学：《课程与教师》，钟启泉译，教育科学出版社2003年版。

（二）专著

范良火：《教师教学知识发展研究》，华东师范大学出版社2003年版。

付永刚、王淑娟编著：《管理教育中的案例教学法》，大连理工大学出版社2008年版。

高熏芳：《师资培育：案例教学的发展与应用策略》，九州出版社2006年版。

李平、曹仰峰：《案例研究方法：理论与范例——凯瑟琳·艾森哈特论文集》，北京大学出版社2012年版。

慕凤丽、［加］金汉驰：《案例教学在中国：机遇与挑战》，北京大学出版社2015年版。

慕凤丽、［加］金汉驰：《走进经典案例教学：两堂管理案例课》，北京大学出版社2016年版。

（三）期刊论文

鲍银霞、孔企平：《舒尔曼案例教学思想评析及启示》，《教育导刊》2012年第7期。

陈学军：《什么是教育专业学位教学案例：概念框架与问题分析》，《教育学报》2023 年第 1 期。

冯晓敏：《我国教育专业学位案例开发的主题选择及其改进——基于教育专业学位入库案例的文本分析》，《教育学报》2023 年第 1 期。

顾泠沅、王洁：《教师在教育行动中成长——以课例为载体的教师教育模式研究（上）》，《课程·教材·教法》2003 年第 1 期。

顾泠沅、王洁：《教师在教育行动中成长——以课例为载体的教师教育模式研究（下）》，《课程·教材·教法》2003 年第 2 期。

刘刚：《管理学科案例教学的准备与组织工作》，《中国高教研究》2010 年第 5 期。

刘录护、扈中平：《教师教育中的案例教学：理念、案例与研究批判》，《教师教育研究》2015 年第 3 期。

石中英：《论专业学位教育的专业性》，《学位与研究生教育》2007 年第 1 期。

索桂芳：《面向基础教育新课程的高师教育学案例教学模式的构建》，《课程·教材·教法》2007 年第 7 期。

王少非：《教师教育中的案例法与教学案例的开发》，《高等师范教育研究》2000 年第 2 期。

魏小娜、张学敏：《深度学习视域下的案例教学：价值功能、标准再构和教学实施》，《教育学报》2023 年第 1 期。

夏正江：《案例教学法在职前教师教育中的应用探索——一项持续四年的行动研究报告》，《全球教育展望》2013 年第 7 期。

夏正江：《从"案例教学"到"案例研究"：转换机制探析》，《全球教育展望》2005 年第 2 期。

许立新：《案例教学：当代中国教师教育模式的新视野》，《中小学教师培训》2004 年第 1 期。

张东娇：《大班额线上案例教学的循证实践研究——以〈教育管理学〉课程为例》，《教育学报》2023 年第 1 期。

张新平、冯晓敏：《重思案例教学的知识观、师生观与教学观》，《高等教育研究》2015 年第 11 期。

张新平：《教育专业学位案例库建设的中国探索》，《教育学报》2023 年第 1 期。

张新平：《论案例教学及其在教育管理学课程中的运用》，《课程·教材·教法》2002年第10期。

郑金洲：《案例教学：教师专业发展的新途径》，《教育理论与实践》2002年第7期。

（四）学位论文

陈静：《我国专业学位研究生教育发展问题研究》，博士学位论文，西南大学，2013年。

陈威：《"实践取向"小学教育专业课程设置研究》，博士学位论文，东北师范大学，2013年。

冯锐：《基于案例推理的经验学习研究——学习科学的视角》，博士学位论文，华东师范大学，2011年。

苗学杰：《融合的教师教育——教师职前教育中理论与实践关系研究》，博士学位论文，东北师范大学，2012年。

徐延宇：《案例教学及其运用》，硕士学位论文，湖南师范大学，2002年。

许立新：《教师教育中的案例教学研究》，硕士学位论文，华东师范大学，2004年。

二 外文文献

（一）外文著作

Carter, K., *Teachers' Knowledge and Learning to Teach*, In W. R. Houston (ed.), Handbook of Research on Teacher Education, 1990.

Christensen, C. R., Hasen, A. J., *Teaching and the Case Method*, Boston: Harvard Bussiness School, 1987.

Katherine, M., *Case Studies in Educational Administration*, NewYork: Longman, 1997.

Lawrence, P., *The Preparation of Case Material. In K. R. Andrews (ed.), Case Method of Teaching Human Relations and Administration*, Cambridge, MA: Harvard University Press, 1951.

Merseth, K. K., *Cases and Case Methods in Teacher Education*, In J. Sikula (ed.) Handbook of Research on Teacher Education (2nd), New York: MacMillan, 1996.

Merseth, K. K., *The Case Method in Ttraining Educators*, Cambridge, MA: Harvard Graduate School of Education, 1981.

Richert, A. E., *Using Teacher Cases for Reflection and Enhanced Understanding*, in Ann Lieberman Lynne Miller (eds.) *Staff Development for Education in the 90s: New Demands, New Realities, New Perspectives* (2nd), New York: Columbia University, Teachers College Press, 1991.

Shulman, L. S., Grossman, P. L., *Final Report to the Spencer Foundation (Knowledge Growth in a Profession Publication Series)*, Stanford, CA: Stanford University, School of Education, 1987.

Stake R. E., *The Art of Case Study Research*, Thousand Oaks, CA: SACE Publications, 1995.

Theodore, J., Kowalski, *Case Studies on Educational Admisistration*, Addison Wesley Longman, Inc. 2001.

Towl, A. R., *To Study Administration by Cases*, Boston, MA: Harvard Business School, 1969.

Wassermann, S., *Introduction to Case Method Teaching: a Guide to the Galaxy*, New York: Teacher College Columbia University, 1994.

（二）外文论文

Amanda, C., Gwen G., Marcelle. C., "Case Writing for Collaborative Practice in Education Studies", *Qualitative Research Journal*, Vol. 15, No. 2, 2015.

Barletta, R., "An Introduction to Case – Based Reasoning", *AI Expert*, Vol. 6, No. 8, 1991.

Christensen, M. C., "Carlile R P. Course Research: using the Case Method to Build and Teach Management Theory", *Academy of Management Learning & Education*, Vol. 8, No. 2, 2009.

Shulman, J. H., &Colbert, J. A., "Cases as Catalysts for Cases", *Action in Teacher Education*, Vol. 11, No. 1, 1987.

Shulman, J. H., "Blue Freeways: Traveling the Alternate Route with Big – city Teacher Trainees", *Journal of Teacher Education*, Vol. 40, No. 5, 1989.

Shulman, J. H., "Now You See Them, Now You Don't: Anonymity Versus Visibility in Case Studies of Teachers", *Educational Researcher*, Vol. 19, No. 6, 1990.

Shulman, J. H., Colbert, J. A., Kemper, D., &Dmytriw, L., "Case Writing as a Site for Collaboration", *Teacher Education Quarterly*, Vol. 17, No. 1, 1990.

Shulman, L. S., "Knowledge and Teaching: Foundations of the New Reform", *Harvard Educational Review*, Vol. 57, No. 1, 1987.

Shulman, L. S., "Reconnecting Foundations to the Substance of Teacher Education", *Teachers College Record*, Vol. 91, No. 3, 1990.

Shulman, L. S., "Those Who Understand: Knowledge Growth in Teaching", *Educational Research*, Vol. 15, No. 2, 1986.

Wilson, S. M., "The Secret Garden of Teacher Education", *Phi Delta Kappan*, Vol. 72, No. 3, 1990.

后　　记

本书是在我的博士学位论文基础上修改完善而成的，倾注了我对学术的热爱与追求。2006年，我带着对职场的憧憬从东北师范大学毕业；时隔近十年，2015年，我带着对学习的渴望再次踏入这所熟悉的校园，此时已年近"不惑"，而四年的博士学习恰恰是我"解惑"的历程。读博是历练人生、自我蜕变的过程，让我明白了保持谦卑和感恩之心是丰富人生的密钥，更让我学会了不断审视自我、反思自我、认识自我。

感谢导师马云鹏教授赋予我前进的力量。让我在迷茫之际与"案例"相遇，挖掘"案例"饱含的丰富意蕴，沉浸于"案例"研究的广阔空间。在我思维阻滞时，他总是鼓励我要相信自己，尽可能启发我的思路；在我退缩犹豫时，他总是给我提供最大的锻炼空间，让我学会果断做事……我时刻幸享这份难得的师生缘分，这种缘分奠定了我的学术志向和学术生涯。所谓师者的最高境界：躬身垂范，山高水长！

感谢香港教育学院的林智中教授。林老师对待学术的严谨态度让我心生敬畏，那一行行密密麻麻的论文批阅痕迹和一遍遍不厌其烦的讲解，让我明白了学者要时刻保持一种学习者的态度。所谓学者的最高境界：踏实为学，孜孜以求！

感谢中国社会科学出版社的赵丽老师，从提交选题申请到书稿付梓，赵老师为我提出了富有思想性的建议，对该书进行了精益求精的校订和润色。感谢全国教育专业学位研究生教育指导委员会案例教学工作小组的各位专家，每一次讨论都让我醍醐灌顶，引领着我对案例进行深入思考。感谢博士学位论文开题和答辩中的各位老师，你们的意见一次次深化了我对研究内容的理解，你们严谨的治学态度是我努力的方向。感谢北华大学教育科学学院的领导和同事们对我的关心,给予我学习和思考的空间。感谢我的家人全力以赴支持我的学业,你们的无言付出是支撑我完成学业的最大动力。感谢远在天堂的爸爸,我相信您能看到我的努力与收获。

本书倾注了我大量的心血和精力,我对它的珍爱无以复加。谨以此书献给支持帮助我的师长和朋友。囿于本人的研究水平和研究视野,本书难免有疏漏浅薄之处,恳请各位专家和读者不吝赐教。

冯 茹
2023 年 6 月 14 日于吉林